# A Esquerda Difícil

Coleção Estudos
Dirigida por J. Guinsburg

Equipe de realização – Edição de texto: Adriano Carvalho A. Sousa; Revisão de provas: Lilian Miyoko Kumai e Bárbara Borges; Sobrecapa: Sergio Kon; Produção: Ricardo W. Neves e Raquel Fernandes Abranches.

**Ruy Fausto**

# A ESQUERDA DIFÍCIL
**EM TORNO DO PARADIGMA E DO DESTINO
DAS REVOLUÇÕES DO SÉCULO XX
E ALGUNS OUTROS TEMAS**

Dados Internacionais de Catalogação na Publicação (CIP)
(Câmara Brasileira do Livro, SP, Brasil)

Fausto, Ruy
  A esquerda difícil : em torno do paradigma e do
destino das revoluções do século XX e alguns outros
temas / Ruy Fausto. -- São Paulo : Perspectiva, 2007.
-- (Estudos ; 239 / dirigida por J. Guinsburg)

  ISBN 978-85-273-0784-0

  1. Direita e esquerda (Política) 2. Revoluções -
História - Século 20 3. Socialismo I. Guinsburg, J..
II. Título. III. Série.

07-1612                                    CDD-321.0940904

Índices para catálogo sistemático:
1. Revoluções : Século 20 : Ciência política
321.0940904
2. Século 20 : Revoluções : Ciências políticas
321.0940904

Direitos reservados à
EDITORA PERSPECTIVA S.A.

Av. Brigadeiro Luís Antônio, 3025
01401-000  São Paulo  SP  Brasil
Telefax: (011) 3885-8388
www.editoraperspectiva.com.br

2007

*À memória de Eduardo Kugelmas (1940-2006)*

Cientista Político,
Grande conhecedor do Brasil.

# Sumário

Prefácio ...................................................................................XI

Introdução ...............................................................................1

1. Totalitarismo ......................................................................11

2. Sobre a Política de Marx ....................................................33

3. Acertos e Dificuldades do *Manifesto Comunista* ..............51

4. Trótski, a Democracia e o Totalitarismo: A Partir do *Trotsky*
de Pierre Broué .....................................................................67

5. Kautsky e a Crítica do Bolchevismo: Bolchevismo
e Poder Burocrático ..............................................................97

6. O Comunismo Difícil ..........................................................135

7. O Zero e o Infinito ..............................................................155

8. A Teoria da Revolução do Jovem Marx ..............................165

9. Lênin, Outubro: O Charme Discreto da Ortodoxia .............171

10. Stálin: O Déspota e o Burocrata .........................................179

11. Adorno ou Lukács? ............................................................189

12. A Europa, o Tratado e os Referendos .................................203

13. China, Capitalismo e Repressão: A Propósito da Visita
do Presidente da República à China ......................................209

14. Para um Balanço Crítico das Revoluções [e de Alguns Movimentos de Reforma] do Século XX (A Esquerda onde Está?) 215

Notas Sobre os Artigos ............................................................253

# Prefácio

Os textos de que se compõe esse volume são de caráter em parte teórico, em parte jornalístico, em parte mais ou menos pedagógico. Alguns deles são inéditos, outros – a maioria – foram publicados (mas em geral com outro título, em versão muito reduzida ou com variantes) na imprensa de São Paulo. O subtítulo indica o que reúne a maioria deles: uma reflexão sobre temas que envolvem o problema do destino das revoluções (entenda-se as revoluções "comunistas") do século xx, e no mesmo movimento, ou separadamente, uma reflexão sobre o corpo de doutrina que forneceu o paradigma primeiro deles, já no momento da sua eclosão ou pouco tempo mais tarde, o marxismo. De forma mais genérica, como sugere o título, o tema é o do destino da esquerda em geral. Só dois ou três textos fazem referência a problemas brasileiros, inclusive a algumas questões de história da cultura. A América Latina entra na discussão do destino da revolução cubana. Mas não fazem parte da série nem meus artigos sobre a política brasileira, nem os textos – um deles relativamente longo – sobre o poder castrista, que publiquei em São Paulo e em Brasília. As conclusões do último ensaio privilegiam os problemas da esquerda européia. Não separei rigorosamente os artigos de caráter mais teórico dos que têm um teor mais jornalístico ou pedagógico. De maneira indicativa, diria que os três primeiros são mais teorizantes, o penúltimo e o antepenúltimo são de caráter mais jornalístico, o último tem alguma coisa de pedagógico. Creio que só um texto é de complexidade teórica maior, o segundo, sobre a política de Marx. O leitor poderá ler os textos na ordem que

XII A ESQUERDA DIFÍCIL

preferir e, como eles são independentes, as eventuais omissões, em princípio, não prejudicarão a leitura.

Minha formação é filosófica, mas meu interesse pela política vem de longe. A partir da segunda metade dos anos de 1990, os temas políticos e históricos deixaram de ser para mim um "violon d'Ingres" (um objeto de interesse, mas segundo), sem que com isso tenha abandonado meus projetos no plano propriamente filosófico. Na realidade, enquanto objeto de teoria, a política nunca foi adjetiva no que pude publicar até aqui, como mostra o título da série principal dos meus escritos. Mas, embora o estudo da literatura propriamente histórico-política fosse uma paixão antiga e, confesso, talvez a minha maior paixão, eu o fazia (o que vai bem com a idéia de grande paixão...) meio às escondidas, quase clandestinamente. Nos anos 90, mergulhando cada vez mais no tema do destino das revoluções do século xx, terminou finalmente, para mim, o tempo da clandestinidade. Isso posto, o leitor terá presente que não faço nem posso fazer obra do historiador que não sou; e a rigor também não faço ciência política. Um nome pretensioso para o tipo de trabalho que me proponho, pretensioso demais sem dúvida para o que pude oferecer nesse volume, seria "filosofia da história contemporânea". O leitor julgará[1] sobre a legitimidade dessa denominação. De qualquer forma, isso não é o essencial.

Para os artigos já publicados – em geral em versão reduzida – pretendia assinalar com colchetes todos os acréscimos e todas as eliminações. Para não sobrecarregar demais o texto, omiti, entretanto, os colchetes sempre que me limitava a expor de outro modo um mesmo argumento, ou a corrigir imprecisões de importância secundária. Em geral, refiz as traduções, embora tenha, freqüentemente, confrontado a minha versão com as traduções indicadas.

Agradeço aos meus amigos Cícero Araujo, Eduardo Kugelmas, Márcio Suzuki, Martha Gambini e Newton Bignotto, que se dispuseram a ler o texto e a discutí-lo comigo. Sem responsabilidade. Vários dos textos incluídos nesse volume, ou variantes deles, foram objeto de comentários por parte de amigos, colegas ou alunos. Impossível reconstituir todas as dívidas que contraí nessas conversas. Resta agradecer. Como o leitor informado deve se dar conta, o título do volume se inspira no de um livro já antigo de André Gorz. Não vi inconveniente nisso, e vale como homenagem a Gorz.

Meu plano inicial era reunir em um único volume o conjunto dos meus artigos publicados até aqui ou, pelo menos, a grande maioria deles, incluindo a série brasileira e, em geral, latino-americana; projeto

---

1. Um pouco, por meio do presente volume, mas, espero, também através de outros textos. Ver em particular a Introdução Geral de *Marx*: *Lógica e Política*: investigações para uma reconstituição do sentido da dialética, São Paulo: Editora 34, 2002, t. III, que tem uma relação muito estreita com os artigos que compõem o presente livro.

que, por razões internas e externas, abandonei. Para aquele livro em projeto, havia escrito uma introdução geral, apresentando de forma resumida o conjunto dos textos. Embora, com isso, eu antecipe uma parte das teses que virão no corpo deste livro, em particular no último ensaio, me pareceu útil reproduzir aqui, como introdução, a parte da antiga introdução geral que se referia à temática central dos artigos incluídos no presente volume.

Outubro de 2006

# Introdução

O socialismo democrático se encontra hoje numa fase difícil, mas, que sob certas condições, pode desembocar, paradoxalmente, numa situação muito favorável.

O socialismo burocrático, isto é, o neodespotismo burocrático igualitarista, está morto, depois de percorrer um ciclo de oitenta anos. Está morto? Restam, é verdade, dois ou três remanescentes, inclusive um na América Latina, além da sua presença como "momento" nesse regime autocrático *sui generis* que é o da China atual. Como a história é useira e vezeira em matéria de surpresas e viradas bruscas, nada se pode excluir, mas parece difícil que esses regimes remanescentes possam ter muito futuro. Hegel diria que eles têm existência, mas não realidade efetiva. O que não significa que, na América Latina mas também no mundo, eles não possam ter certa eficácia. Um deles disporia aliás de armamento atômico!

O fim do ciclo dos despotismos burocráticos abre um período – que deverá ser longo – de reflexão das esquerdas. A morte do "socialismo de caserna" ainda não foi bem resolvida. De um lado estão tanto as viúvas declaradas do "*Ancien Régime* revolucionário", como uma massa de nostálgicos mais ou menos inconscientes (nessa massa se incluem os que não se deram conta da importância do que ocorreu e continuam pensando a política da esquerda como se nada de decisivo tivesse acontecido); do outro lado, no extremo oposto, estão os que entenderam bem quanta água suja havia, mas querem se desembara-çar dela com a criança junto. A última categoria se encontra mais na

Europa, a primeira, mais na América Latina. Na América Latina não se trata apenas de nostalgia. Morta a URSS e transformada a China, o comunismo se encarna no governo "revolucionário" de uma ilha do Caribe. Sobre ela, os devotos dizem o que dizia a esquerda oficial dos anos de 1930; para lá se viaja como se viajava para a URSS nos bons tempos do stalinismo, e tudo mais segue o antigo modelo, como se nada tivesse acontecido. Não se deve supor, entretanto, que essas localizações sejam muito rigorosas. Há bastante mitologia nostálgica, em certos meios na Europa, e algumas ilusões pós-modernas, em círculos limitados, é certo, na América Latina. O problema é mundial. A via possível para um socialismo democrático passa entre esses dois escolhos. É uma via estreita e escarpada.

Começando pela crítica do primeiro bloco – e privilegiando a categoria dos nostálgicos semi-inconscientes e que não querem se dar conta do tamanho do que ocorreu (as "viúvas" assumidas interessam pouco). Em relação a eles é preciso insistir nas razões seguintes. É impossível, hoje, utilizar um discurso de esquerda do tipo daquele *que se supunha* válido, digamos, lá pela primeira década do século XX, quando se acreditava que a História se encarregaria, no final, de arranjar as coisas. Já que – como se admitia – a História acabaria tendo a última palavra, supunha-se que não era preciso falar muito dos objetivos finais. Mais do que isso, a tradição da esquerda revolucionária tinha razões internas e, a seu modo, bem fundadas, para recusar toda explicitação mais demorada dos fins. O argumento essencial era o de que com a posição dos fins corria-se o risco de transformar o discurso revolucionário em discurso utópico. Ora, com a experiência do século XX, essa maneira de lidar com o problema já não convém. Mas, por inconsciência ou apego à tradição, não são poucos os que continuam a pensar segundo os antigos parâmetros. De fato, uma parte considerável dos autores que se situam à esquerda, mais precisamente à extrema-esquerda, falam como se pensava que se podia falar há uns oitenta anos. Essencialmente: se eles criticam o capitalismo a propósito desta ou daquela de suas manifestações, ou em conjunto, nem por isso eles se julgam obrigados a se definir relativamente a *eventuais alternativas, boas ou más, ao capitalismo*. Tudo se passa como se não só uma alternativa desejável e possível existisse, o que deve ser verdade, mas como se ela continuasse sendo tão evidente, que não seria necessário, ou continuaria sendo nefasto, nomeá-la. Quanto às más alternativas – já que o problema não é só o de que o futuro é incerto, mas o de que houve e há *más* alternativas ao capitalismo – porque falar delas? No melhor dos casos – no pior há um *flirt* com o socialismo de caserna – eles diriam que o leitor há de ter suficiente boa vontade, para supor que um crítico do capitalismo não simpatiza com nenhum dos horrores cometidos nos últimos oitenta anos em nome da esquerda. Solução cômoda que evita grandes explicações, mas que tem o seu preço:

INTRODUÇÃO 3

o socialismo burocrático fica presente-ausente, vira uma espécie de sombra que paira sobre o texto. E essa sombra compromete mais ou menos a crítica do capitalismo, ou pelo menos tira muito da sua força e da sua clareza, por justificados que possam ser os argumentos sobre tal ou qual problema em particular. É essa ambigüidade que viso, principalmente, nos estudos e intervenções em que faço a crítica de discursos de extrema-esquerda. Porque não é mais possível – a rigor nunca foi, mas isso não era tão evidente como é hoje – àquele que escreve defendendo uma posição radical de esquerda, ou de esquerda em geral, supor que a sua posição é *a priori* superior à do adversário, pelo fato de que ele teria do seu lado o movimento da história. E que seria dispensável se explicar sobre o que pensa do socialismo burocrático nas suas finadas manifestações ou, mais importante, lá onde ele ainda está em vida. Quem escamoteia esses problemas, ou os silencia – apoiando-se eventualmente nas antigas razões dialéticas que impunham a não tematização, sem se dar conta que as coisas mudaram de figura –, não tem autoridade para falar do capitalismo. Pode fazê-lo, mas a sua fala está afetada por uma insuficiência radical.

No outro extremo se encontra um tipo de discurso que se pretende de esquerda, mas que se distingue mal do discurso liberal. Que ele tenha incorporado algo do liberalismo é não só admissível, mas necessário – a crítica marxiana do liberalismo, político em particular, é uma das questões a serem repensadas –, porém ele tem pontos cegos, que afloram nos momentos de crise.

A emergência desse tipo de discurso deve ser entendida não só no contexto da falência do socialismo neodespótico-burocrático, mas no contexto da figura que oferece o mundo no plano econômico, desde o final dos chamados "trinta anos gloriosos". Não é fácil falar dessa figura, não só porque a discussão passa por problemas bastante técnicos, mas porque não é seguro que, em geral, se saiba o suficiente a respeito. Não há, entretanto, como escapar dela. A crise do Estado-providência – digamos: o fato de que a partir de certo momento, e, ao que parece, antes do primeiro choque petrolífero, as clássicas medidas keynesianas, a começar pelos investimentos do Estado, não conseguiram mais absorver o desemprego, o que ainda por cima, e surpreendentemente, veio de braço com a inflação – liberou, como se sabe, um discurso econômico radicalmente "neo" liberal. Na realidade, como muitos já assinalaram, se há volta a alguma coisa não é ao pensamento de Smith, nem, ao que parece, ao de Ricardo, mas antes ao de certos epígonos extremistas dos economistas clássicos. Embora os resultados obtidos pela "nova" filosofia econômica sejam incertos e o modelo antigo não tenha desaparecido inteiramente, subsistindo mesmo, como momento importante lá onde menos se suporia que sobrevivesse, um certo discurso ambíguo de defesa da "economia de mercado" – discurso em cujo interior não se sabe bem onde termina o mercado e começa o capitalismo, e onde termina o capitalismo e começa um certo tipo de capitalismo – passou a impregnar de um modo devastador o espírito do tempo. Esse discurso, que, nas suas versões mais radicais, desemboca num verdadeiro fundamentalismo de mercado, tem como contrapartida sobredeterminante a idéia de que a morte dos "socialismos" despótico-burocráticos é o equivalente da morte do projeto socialista enquanto tal.

Até aqui falei de ideologia e de políticas de Estado. No plano das lutas, ocorre um processo que reforça ainda aquela sobredeterminação, ou, preferindo, que constitui a base dela.

O ciclo neodespótico-burocrático é mais ou menos a antítese do socialismo, e, de um ponto de vista democrático socialista, não só é possível, mas é necessário saudar o desmoronamento do império dito "soviético". Nesse sentido, o discurso nostálgico de certa esquerda, em torno da grande derrota que teria sofrido a esquerda, é o que pode haver de mais ilusório e nefasto. Há, entretanto, um grão de verdade trágico nessa argumentação, mistificada, uma segunda vez, pela maneira enfática com que esse grão de verdade é afirmado e instrumentalizado. Inimigos ou não de toda democracia socialista, os poderes despótico-burocráticos se apresentavam como defensores do socialismo e, infelizmente, uma parte considerável do movimento sindical e popular se reconhecia neles. O resultado é que, se o fim do império burocrático – que, repito, deve ser saudado lá onde ele já morreu, e acelerado lá onde ele estrebucha – abre a médio e longo prazo grandes perspectivas para o movimento socialista, a curto prazo ele deixa os poderes burgueses-capitalistas à vontade para impor a sua dominação. É indiscutível que vivemos uma época de ofensiva do capitalismo, mesmo se a democracia faz progressos "extensivos" no mundo. E se no plano da ideologia a filosofia hiperliberal se alimenta da crise do *welfare state* e da derrocada do socialismo de caserna – identificado freqüentemente com o projeto da esquerda e com o progresso da esquerda –, no plano da célebre correlação de forças, ela se fortalece pela debilidade do campo popular e sindical, paradoxalmente enfraquecido, mesmo se sob certos aspectos e só a curto prazo, pela derrota daqueles que na realidade (quase) foram os seus coveiros! A "aderência", senão a adesão, de parte do movimento sindical e popular ao neodespotismo igualitarista, teve e tem, assim, efeitos trágicos. Pagamos um preço pelas ilusões do passado, preço compensado pelas possibilidades que oferece o fim da hipoteca comunista, desde que se encontre uma saída prática e teórica para os impasses atuais.

Passando para o outro extremo. Não se trata de afirmar que o chamado social-liberalismo – e não se deve dar ao termo um sentido, sem mais, pejorativo – aderiu ao neoliberalismo. Diferenças subsistem, e é preciso dizer que as opções econômicas não são sempre límpidas e fáceis de serem definidas. De uma forma geral, creio que se pode afirmar

INTRODUÇÃO

o seguinte. Se a extrema-esquerda é incapaz de entender as exigências democráticas, o modelo dominante do discurso de esquerda moderada peca por um excesso de "juridismo" em detrimento do elemento "luta"; e, o que vem de mais longe, perde de vista a necessidade de fixar objetivos a longo prazo, por mais justificada que seja – o que, inversamente, falta à extrema esquerda – a necessidade de balizar os caminhos dos avanços no plano imediato. Dizer não à violência não significa abandonar toda idéia de luta; e recusar a idéia de uma revolução proletária não significa deixar de lado toda perspectiva a longo prazo.

A antinomia entre essas duas posições remete em parte à questão recorrente do destino do marxismo. Venho me ocupando do problema de maneira mais ou menos constante nos últimos vinte e cinco ou trinta anos, mas há sempre o que acrescentar ou equilibrar. Parece evidente que o marxismo não pode ser mais a referência central do pensamento socialista; mas, ao mesmo tempo, também parece evidente que ele comporta um certo número de elementos críticos, sem dúvida – para alguns deles pelo menos – encontráveis em outro lugar, mas que, no *corpus* marxiano, aparecem em forma muito rigorosa. De minha parte, a crítica do marxismo nunca significou uma negação absoluta, mas uma negação que conserva certos elementos, pelo menos no interior de determinadas "regiões". Isso não exclui a idéia de que mesmo o "melhor marxismo" deve ser criticado. Lá onde ele erra, ele o faz mesmo nas suas melhores versões. Se quisermos tentar uma esquematização, poderíamos dizer o seguinte. O pior em Marx, ou pelo menos o que se revelou mais perigoso no século XX, e mais suscetível de uma apropriação ideológica, foi o que poderíamos chamar a sua filosofia da história. Inversamente, o que se revela mais forte é a sua crítica do capitalismo. Como já me ocupei bastante do primeiro ponto[1] – e o que falta no interior dessa vertente, não pouca coisa é verdade, desenvolvo em outro lugar (em parte, no último ensaio desse volume) – limito-me a indicar as linhas gerais do argumento, para tratar de forma mais detalhada do outro lado da argumentação, daquilo que ficaria do marxismo.

As dificuldades do marxismo, as quais impedem que o movimento socialista possa hoje reivindicá-lo como bandeira, são principalmente três, todas no nível da política: o comunismo como objetivo, a ditadura do proletariado como governo de transição ao comunismo, e o recurso – que não é absoluto mas é, de algum modo, essencial – à violência como meio de realização da ditadura, e indiretamente, do comunismo. A isto se soma o problema da democracia, que discuto logo mais, em conexão com o outro lado da argumentação. A perspectiva de Marx a respeito da democracia não é, a meu ver, sustentável, mas essa perspectiva está ligada a certa constelação crítica muito importante, que, esta sim –

---

1. Ver sobretudo Introdução Geral em *Marx*: *Lógica e Política*: investigações para uma reconstituição do sentido da dialética, t. III, São Paulo: Editora 34, 2002.

desde que se saiba fazer as correções necessárias e tirar as conclusões que se impõem – guarda certo rigor e atualidade.

Os três pontos convergem para uma idéia da história – ou se pode dizer também, se fundam numa idéia de história – que é, em grande parte, incorreta. *Malgré lui* (apesar dele), Marx acabou fornecendo uma ideologia aos neodespotismos igualitaristas do século xx. *Malgré lui*, porque podemos supor que ele não simpatizaria com os autocratismos "comunistas" que surgiram no século xx. Mas a sua incapacidade em pensar na possibilidade deles – o argumento de que eles não existiam no seu tempo não procede, porque alguns dos seus contemporâneos refletiram sobre a sua possibilidade – mostra o quanto o marxismo não dá conta de um território importante da história do século xx e da história moderna em geral. A referência ao marxismo fecha a porta de acesso à compreensão crítica daqueles regimes, e é nesse sentido que o marxismo foi muito nefasto para as esquerdas no século xx.

O que vale em Marx, disse – o que é mais ou menos óbvio, porém importa precisar –, é a crítica do capitalismo. Para as necessidades do presente, há aí três pontos fundamentais: dois em que a crítica marxiana acerta essencialmente, e um terceiro que tem um núcleo muito rigoroso, mas que teria de ser desenvolvido de um modo diferente. O primeiro ponto é a idéia de que o sistema é naturalizado pelos seus agentes e ideólogos: ele é visto como se fosse da ordem da natureza. Diga-se de passagem, Marx não afirma que o sistema é "artificial", tese que ele critica como o oposto abstrato da naturalização; ele afirma que o sistema é "quase-natural". Tal é o verdadeiro significado da tão conhecida quanto mal interpretada crítica do fetichismo.

O segundo ponto é a idéia de que o sistema não tende ao equilíbrio, que a sua lei interna é, pelo contrário, de desequilíbrio e desarmonia.

Esses dois pontos podem parecer pouca coisa. Bem entendido, em forma geral, Marx não foi o único a defender essas duas teses. A crítica da naturalização do sistema permeia o conjunto do pensamento socialista, e pode ser encontrado, por exemplo, nos críticos pré-marxistas da economia política, como Thomas Hodgskin e outros (no que se refere ao capital, mas excluindo a circulação simples). Se a opção entre a versão marxista da crítica e a forma que dão a ela os críticos do tipo de Hodgskin não é sempre evidente – estes estabelecem uma ruptura radical entre a circulação simples e o movimento do capital, enquanto Marx supõe uma ruptura-continuidade –, não há dúvida que Marx desenvolveu o tema da naturalização (que se resolve em quase-naturalidade, o que, diga-se de passagem, também poderia ser objeto de discussão, se não na sua realidade, no seu alcance e intensidade) com um grande rigor e profundidade. O mesmo tipo de consideração vale para a idéia do desequilíbrio. Essa idéia não é apenas de Marx, ele não foi o único a desenvolvê-la. Ela está, por exemplo, em Sismondi no século xix e em Keynes no século xx, além de Kalecki, mas Kalecki

INTRODUÇÃO

era um leitor d'*O Capital*. Porém, pode-se dizer, sem afirmar com isso que as formas particulares da ruptura do modo capitalista supostas por Marx sejam as verdadeiras, que ele formulou os fundamentos do desequilíbrio (na teoria da oposição valor de uso/ valor, e na teoria do capital que ao mesmo tempo a desenvolve e contradiz) de uma maneira muito rigorosa, o que aliás é reconhecido por Keynes... nos seus manuscritos. De certo modo, poder-se-ia dizer o seguinte: Marx supera Keynes em termos de rigor, por causa da dialética, digamos, mas Keynes tem a vantagem de estar livre da hipoteca do comunismo.

O terceiro ponto é a oposição entre igualdade e desigualdade e entre liberdade e não-liberdade, no interior do modo de produção capitalista. Um dos temas centrais de Marx é a oposição interna do sistema entre um "extrato" jurídico-econômico fenomenal que supõe a igualdade dos agentes e a sua liberdade, e um extrato econômico-social essencial que os põe como desiguais, e não-livres, como dominantes e dominados, exploradores e explorados (A não-liberdade vale para os dois tipos fundamentais de agentes, mas diferentemente). O que se tem aí são, na realidade, as raízes da oposição entre democracia e capitalismo (só as raízes porque a igualdade é considerada apenas em determinado plano). Esse é um dos aspectos mais fortes da obra de Marx, aspecto que continua a ser mal conhecido. A oposição é dupla, porque se refere à igualdade e à liberdade. De um lado, tem-se a igualdade e a liberdade juridicamente reconhecidas entre os agentes do contrato. Esta igualdade e esta liberdade também existirão no plano político, pelo menos no momento em que se impôs o sufrágio universal masculino, e depois o sufrágio universal propriamente dito. Longo processo que se estende, nos países capitalistas mais avançados, por um período de um século e meio a partir da Revolução Francesa. Ora, igualdade e liberdade são ao mesmo tempo negadas pelo sistema e, na realidade, num duplo plano, formal e material. O proletário – hoje o trabalhador ou o assalariado pobre – é obrigado a vender a força de trabalho (a alienação desta não é um ato livre, pelo menos a partir do momento em que o sistema já está constituído), e, operada a venda, ele deve se submeter ao proprietário dos meios de produção, – ou do capital, em geral – de um modo, que, fora das condições de pleno emprego sobretudo, tende ao "despotismo". Este o conteúdo do importante, e tão pouco lembrado, tema do "despotismo de indústria", tema que nos revela as contradições internas da liberdade e da igualdade no interior do capitalismo.

Esses três pontos são atuais. A nova ideologia tem como fundamento a naturalização do sistema, que se supõe criador de harmonia, ou, pelo menos, da maior harmonia possível. Hoje se naturaliza o capitalismo como não se fazia desde os anos de 1920, ao menos. O "mercado livre" – precisariam explicar melhor o que isso significa – seria a melhor solução, a mais harmônica, e os "direitos do homem"

8    A ESQUERDA DIFÍCIL

nada teriam a ver com a questão do pleno emprego, como pude ler, aproximadamente, num texto de estilo liberal de esquerda. A ideologia dominante – ver Hayek – escamoteia completamente o que representa, em termos de limitação da liberdade e da igualdade, a venda da força de trabalho, pelo menos nas épocas em que não há pleno emprego – o que nos remete também ao segundo ponto –, e também a situação material do trabalhador durante o processo de trabalho (principalmente quando patrão e assalariado sabem que as possibilidades de encontrar outro trabalho são dramaticamente limitadas). As dificuldades, ou pelo menos os limites da crítica marxiana, não estão no fato de que ela vê, na relação entre igualdade e desigualdade no capitalismo, não só oposição mas também convergência – a primeira recobre a última e ao mesmo tempo lhe serve de base –, porém no fato de que *ela não vê na oposição uma verdadeira mola propulsora do progresso histórico.* Marx não quer desenvolver como projeto político o pólo igualitário das democracias capitalistas, e por isso mesmo ele não emprega essa última expressão: ele quer a explosão do conjunto da estrutura, e a ditadura do proletariado. Dado o que se viu, e o que é razoável pensar sobre o destino das explosões do conjunto do sistema, essa perspectiva limita o alcance do argumento, mas não tira o interesse da crítica da oposição liberdade/ não-liberdade, igualdade/ desigualdade, no interior do capitalismo.

Filosofia da história e crítica do capitalismo não deixam de ter pontos de contato em Marx, no entanto isso não impede a distinção entre as duas regiões, e não invalida a apreciação diferenciada que, a meu ver merece o *corpus* marxista, conforme se considere um lado ou o outro. Este é um aspecto da questão, muito complicada, da reorientação da esquerda nesse início de século.

A esquerda precisa de uma melhor definição geral, e como se não bastasse, também de um programa a curto prazo. Hoje, ela não tem nem uma coisa nem outra. Tudo o que se pode dizer é mais ou menos o seguinte: para os países capitalistas-democráticos mais desenvolvidos, o ponto de partida deve ser duplo. Há, de um lado, os partidos social-democratas, incluindo de algum modo os partidos comunistas ou ex-comunistas que aderiram mais ou menos à socialdemocracia, e de outro os movimentos sociais, ou certos movimentos sociais. O problema dos primeiros é a tendência de se perder no discurso liberal dominante. O perigo dos últimos é uma deriva populista senão totalitária. Mas, de certo modo, os dois se completam, podem se corrigir mutuamente; isto se o resultado não for uma multiplicação das insuficiências... Tudo se passa, na Europa Ocidental, pelo menos, como se o futuro da esquerda só se abrisse a partir de um caminho que é, ao mesmo tempo, o de uma radicalização da socialdemocracia ("radicalização" não no sentido de uma volta a um discurso de esquerda à antiga), e o de uma democrati-zação ou de um aprendizado da democracia por parte dos movimentos de massa – o que não significa aceitação do discurso dominante – que os proteja diante da sempre renascente tentação populista ou totalitária. É por aí que talvez se encontre a saída do túnel, para dar uma indicação, muito geral sem dúvida, mas que, em meio à confusão atual, talvez não seja inútil. Evidentemente, tudo isso se complica ainda mais, se dos problemas gerais da esquerda no mundo desenvolvido passarmos à América Latina e ao caso particular do Brasil. Mas, como já indiquei, com exceção do que pude incluir aqui a respeito de Cuba e do castrismo, e de algumas (poucas) passagens sobre o Brasil, essa temática ficou, essencialmente, fora do presente volume.

# 1. Totalitarismo

Tomo provisoriamente a noção de totalitarismo como um conceito que denota dois regimes (e formas sociais): o nazismo (1933-1945, porém mais especificamente de 1939 a 1945, o período da guerra), e um outro regime que é difícil de nomear. Chamemo-lo de "sociedade burocrática" ou "regime burocrático". A dificuldade [entre outras] dessa denominação é que também no nazismo havia burocracia[1]. Outras denominações não parecem, entretanto, satisfatórias. Quanto à sua delimitação no tempo, seria aproximadamente de 1930 até 1953, porém mais precisamente de 1930 a 1941. Como é sugerido por alguns textos, até a guerra, o nazismo não mostrou plenamente a sua essência. Enquanto que o regime burocrático atenuou os seus traços durante a guerra.

Digo desde logo que, a meu ver – concordando com a linha de interpretação de alguns autores –, esses regimes representam inovações sociais do nosso século (sem dúvida, inovações sinistras). O que

---

1. Ver a respeito, outros textos meus, entre os quais, "Trótski, a Democracia e o Totalitarismo", neste volume. Neles, propus a denominação "neodespotismo burocrático" e, mais precisamente, "neodespotismo burocrático igualitarista" (ou "paraigualitário"), o que permite distinguir o totalitarismo "de esquerda" do totalitarismo de direita. Assim, nas ocorrências da expressão "regime burocrático", acrescentei aqui, algumas vezes, entre colchetes, "igualitarista" ou "paraigualitário". Quanto à expressão "(neo)despotismo", eu a introduzi mais raramente; ela me pareceu menos indispensável, já que o artigo se refere desde o título ao "totalitarismo" (as duas expressões não são idênticas, mas seguem na mesma direção).

quer dizer que eles se apresentam como formas próprias, diferentes de todas as outras que encontramos no passado. Isso não foi reconhecido universalmente. Pelo contrário. A tendência geral foi a de tentar lê-los e interpretá-los como se fossem variantes ou espécies de formas conhecidas (formas que já haviam existido ou que existiam na história, ou formas inexistentes até então, mas estudadas como possibilidades pela teoria). Foi assim que um tipo de interpretação viu no nazismo uma variante do capitalismo ou do capitalismo monopolista. Assim, se interpretou e interpreta a sociedade burocrática como uma sociedade "socialista", ou de transição ao socialismo, mesmo se precisando que ela é deformada e até mesmo "degenerada" (falou-se de "estado operário deformado" ou "degenerado" [sic]). Não se trata disso. Temos aí formas que, pelas suas características, devem ser consideradas como *diferentes* de tudo aquilo que conhecemos antes, através da realidade ou da teoria. Sem dúvida, esses regimes *nascem de* – ou a partir de – formas ou de movimentos conhecidos, porque existentes e pensados pela teoria. Mas "nascer de" não significa ter a mesma essência, eles podem ter até uma essência oposta à dos regimes ou movimentos de onde provieram (isso foi, em geral, admitido só para um dos casos). Impõe-se, por razões que veremos, a idéia de que existe uma *descontinuidade* entre os regimes e os movimentos a partir dos quais surgiram os dois totalitarismos, e eles mesmos.

Outro problema, e este, mais do que nenhum outro, é um problema prévio, é o de saber se podemos reunir esses dois casos, e pô-los sob uma mesma rubrica. Nazismo e regime burocrático [paraigualitário] podem ser objeto de uma mesma denominação, a saber, totalitarismo, ou eles são essencialmente diferentes? A discussão desse ponto, como de resto da questão anterior, é antiga. De um lado há os que rejeitam todo paralelismo entre os dois tipos, é sobretudo o caso dos marxistas, ou de uma parte deles; de outro, há os que fazem do totalitarismo uma verdadeira espécie social, de que as duas sociedades consideradas são variantes. É a perspectiva de uma parte da opinião liberal. A minha posição, veremos, fica entre uma coisa e outra, ou tenta unir as duas respostas.

A existência dos regimes totalitários obriga a repensar muitas coisas. Por um lado, como disse um dos seus grandes estudiosos, ela revela, talvez, potencialidades do homem que desconhecíamos: até aqui conhecíamos a potencialidade do homem para o que chamamos de "mal", mas talvez não sob essa forma, e nesse grau. Mas eles obrigam também a repensar a história. A meu ver, os dois fenômenos não só não são pensáveis a partir das teorias tradicionais e em analogia com formas real ou virtualmente conhecidas como provocam uma ruptura de todas as visões da história que se teve até aqui. Isto não quer dizer que tudo o que se pensou antes era falso, mas que é preciso introduzir modificações radicais. Eles põem na ordem do dia a exigência de uma nova teoria da história (ou filosofia da história, como queria Merleau-Ponty), teoria que não está elaborada, como, de resto, ainda não está suficientemente elaborada a teoria das formas em questão. Já há bastante tempo se disse que os dois totalitarismos obrigam a repensar a questão do progresso, mas não acredito que o que se fez até aqui a esse respeito seja satisfatório (em particular, digo *en passant*, para voltar ao tema mais adiante: não creio que o "messianismo" de Walter Benjamin seja uma boa pista, porque ele se revela mais ou menos impotente diante de uma das duas formas).

Mas precisemos o conteúdo de nosso objeto. Exteriormente, as formas totalitárias se caracterizam: 1) por um domínio sobre os indivíduos que tende a atingir todas as suas manifestações. Um líder nazista dizia: "A única pessoa que ainda é um indivíduo privado na Alemanha é alguém que está dormindo"[2]; 2) em segundo lugar, esses regimes aparecem como aqueles em que se procedeu a extermínios de massa (freqüentemente, embora não sempre, com uso de técnicas modernas de exterminação).

Esses traços por si sós não parecem suficientes para distinguir, de maneira evidente, o totalitarismo de formas anteriores. Poder-se-ia tentar caracterizar a novidade, dizendo que no nazismo e no regime burocrático [paraigualitário], o controle quase absoluto e a exterminação aparecem de uma forma ou de outra ligados a alguma coisa como o "progresso", tomando o termo no sentido mais amplo, não só de progresso técnico (o que, sem dúvida, se ajusta aos dois casos), mas também de progresso "social" (de fato, um dos totalitarismos nasce na esteira de um movimento que estava na ponta da luta em favor dos explorados; quanto ao outro, remeto ao que direi mais adiante, digamos por ora que ele inventa formas sociais novas, e formas que, em duplo sentido, "passam por cima" da democracia).

Dar conta das diferenças entre os totalitarismos e as outras formas é inseparável da análise diferencial dos dois regimes, do estudo das suas diferenças. Parece-me melhor começar por esse último ponto.

Em que medida nazismo e sociedade burocrática [paraigualitária] são espécies de um gênero, em que medida, pelo contrário, é preciso separá-los radicalmente, questionando no limite a idéia de totalitarismo? No seu resultado – penso os dois regimes no auge do seu desenvolvimento – eles se assemelham bastante. Mas na sua *gênese* eles são muito diferentes e *essa gênese conta para definir cada um deles*. Os que acreditam que os dois regimes sejam muito diferentes são cegos diante de importantes convergências que aparecem nos

---

2. Robert Ley citado por Hannah Arendt, *Origens do Totalitarismo*, tradução de Roberto Raposo, São Paulo: Companhia das Letras, 1998, p. 388.

14 A ESQUERDA DIFÍCIL

resultados. Os que tendem a fundi-los no gênero totalitarismo unificam as duas gêneses[3].

O totalitarismo nazista tem uma longa pré-história. Certos fenômenos políticos e sociais que ocorreram no século XIX e no começo do século XX contêm traços que seriam retomados e radicalizados mais tarde pelo nazismo. Mas, já foi dito, não se trata de estabelecer continuidades. Tudo se passa como se o regime burocrático-capitalista, com um *intermezzo* democrático-capitalista, em que ele tem origem, se tivesse desagregado. Com a ruptura desse sistema, desenvolveram-se forças que utilizariam elementos ideológicos e políticos gestados anteriormente, radicalizando-os e mudando em maior ou menos medida o sentido deles, antes e depois da tomada do poder.

A pré-história do nazismo foi analisada de maneira muito brilhante por Hannah Arendt. A partir das *Origens do Totalitarismo*, e introduzindo alguns outros elementos, poderíamos dizer o seguinte: interessam à pré-história do nazismo, o nacionalismo – apesar de ele terminar por uma tendência que poderia ser considerada como um antinacionalismo –, o racismo, o imperialismo e também o bonapartismo. A emergência do nacionalismo é o primeiro ponto, e ele representa, diga-se de passagem, um verdadeiro ponto cego da análise marxista.

Referindo-se à legislação de 1789/1793, H. Arendt escreve que "a mesma nação era declarada, de uma só vez, como sujeita a leis que emanariam supostamente dos Direitos do Homem, e como soberana, independente de qualquer lei universal, nada reconhecendo como superior a si própria"[4]. Se, no início, a nação está de certo modo a serviço do Estado, que por sua vez se fundaria nos Direitos do Homem, a relação vai se invertendo desde as guerras napoleônicas. Nessas guerras, nos países que lutavam contra Napoleão, surge além disso uma outra forma de nacionalismo que desde logo se apresenta como primeiro em relação ao Estado. Fichte passa, em alguns anos, de um radicalismo ligado à primeira forma de nacionalismo a essa segunda forma.

Os movimentos "pan" da segunda metade do século XIX e começo do século XX (pangermanismo, pan-eslavismo) têm como centro o império austro-húngaro, e vão na direção da ruptura desse Estado plurinacional. Ao projeto de unificação dos alemães, o qual tem uma relação imediata com o nascimento do nazismo (ele é de certo modo o "caldo" em que o nazismo se desenvolve) e ao projeto de unificação dos eslavos, é preciso acrescentar os movimentos propriamente racistas dos quais uma das primeiras manifestações é a tentativa de legitimação de seus privilégios em termos de raça, por parte dos nobres

---

3. A importância atribuída à gênese não implica, em princípio, nenhuma valoração diferencial deles. Da diferença de gênese não se conclui que um seja "melhor" ou "pior" do que o outro.

4. Ver H. Arendt, op. cit., p. 262.

TOTALITARISMO 15

exilados pela Revolução. O racismo parece ter tido uma história relativamente independente, que o revela sob várias figuras, aristocráticas ou populares. O imperialismo, expansionismo ultramarino, diferente do expansionismo territorial dos movimentos "pan" e caracterizado pela sua relação com a expansão comercial e com os interesses burgueses, leva ao estabelecimento de governos burocráticos e autocráticos no além-mar, que virtualmente põe em risco os governos metropolitanos. A inferioridade suposta de certos povos é agora fundamentada teórica e praticamente no seu atraso "civilizatório" e na debilidade dos seus meios de defesa. O bonapartismo, forma sincrética de dominação que reúne elementos do *Ancien Régime* e características revolucionárias (equilibrando assim as forças em presença, inclusive, as forças novas em ruptura interna, burguesia, *sans-culottes*, camponeses), introduz a novidade – para os tempos modernos – de um autoritarismo fundado nos plebiscitos e mesmo no sufrágio universal; e desenvolve, mais do que qualquer outro regime, a burocracia de Estado.

A pré-história da sociedade burocrática [igualitarista] é de outra ordem, ainda que haja interferências entre as duas pré-histórias. Aqui a referência principal pode ser J. L. Talmon, cujo livro mais importante, contemporâneo do de Arendt, se chama *As Origens da Democracia Totalitária*. Utilizo livremente esse livro, modificando em parte a perspectiva. Costuma-se afirmar que o totalitarismo "de esquerda" tem as suas raízes no marxismo. Se o marxismo não é inocente nesse contexto, ele não representa o pior, pelo contrário[5]. A deriva totalitária dos movimentos democráticos e socialistas é antiga, e não há como pô-la em dúvida, ainda que a análise do seu significado ofereça dificuldades consideráveis. Podemos começar por Rousseau, teórico da democracia e admirador de Esparta, o que se lhe objetava pelo menos desde o início do século XIX. O essencial, como destaca Talmon, é que o totalitarismo não aparece por uma insuficiência das exigências democráticas, pelo contrário, por um "excesso" delas. É como se a democracia, ultrapassados certos limites, se intervertesse em totalitarismo. O jacobinismo não foi apenas a doutrina e o movimento revolucionários de uma parte da *sans-culotterie*, doutrina e movimento que propõe e põe em prática meios terroristas contra os moderados e os contra-revolucionários. Nele se desenha, para além do ideal democrático, um projeto autoritário que não se esgota na idéia de um republicanismo *sans-culotte*[6]. Não apesar dos seus ideais democráticos, mas através deles, o babouvismo, a ideologia de Babeuf e dos "iguais" tinha, por

5. Sobre a relação entre Marx e os socialismos anteriores, ver Hal Draper, *Marx's Theory of Revolution*, 4 v., Nova York: Monthly Review Press, 1977-1990, livro, apesar de tudo, excessivo na legitimação de Marx, mas notavelmente documentado, além dos trabalhos de Michael Löwy.

6. Ver a respeito o texto muito importante de Claude Lefort, La terreur révolutionaire, *Essais sur le politique*: XIXᵉ-XXᵉ siècles, Paris: Seuil, 1986, (Col. Esprit).

16 A ESQUERDA DIFÍCIL

sua vez, objetivos claramente utópico-totalitários, como se pode ver pelo livro famoso de Buonarrotti[7].

Nesse quadro, o marxismo é em parte "um respiro". Ao substituir os projetos, em geral, ditatoriais pela "autodeterminação do proletariado" (*Manifesto Comunista*)[8] dá-se certamente um passo à frente. Mas o marxismo não escapa de uma virtual interversão totalitária, porque o *télos* utópico-comunista e a ditadura do proletariado como meio da sua realização, operam, mesmo se a longo prazo, uma ultrapassagem dos limites dos movimentos democráticos e socialistas anteriores. Sem dúvida, é preciso distinguir, no plano da política, os Marx e Engels dos anos de 1850 do Marx posterior à Comuna, e sobretudo do velho Engels. A idéia de transição pacífica que se admitia para alguns países ganha maior extensão (mas sempre contrabalançada pela perspectiva, no fundo justificável, de que a burguesia se envolveria numa guerra *contra a legalidade*), e Engels acaba por fazer da república democrática a forma política da ditadura do proletariado[9]. Mas as ambigüidades subsistem, e é o marxismo dos anos 50, não o dos anos 80 e 90, que o bolchevismo – movimento que se estruturava de forma altamente centralizada e não democrática – tomará por base, agravando consideravelmente o seu lado autoritário.

Eis aí, em grandes linhas, a pré-história – ou alguma coisa da pré-história – dos dois monstros. Mas que sentido têm essas pré-histórias, e como cada um deles surge a partir delas?

A pré-história da sociedade burocrática [paraigualitária] é a história de [um movimento teórico e prático de crítica] do sistema. Mas o que era o sistema? O sistema era uma sociedade em que o capitalismo tomava corpo, mas em que se desenvolvia também a democracia. O objeto que a crítica socialista atacava era (ou, antes, viria a ser, na sua forma mais desenvolvida) o *capitalismo democrático*. Porém, desde o

---

7. *A Conspiração pela Igualdade Dita de Babeuf.* Ver Philippe Buonarrotti, *La Conspiration pour l'Égalité dite de Babeuf, suivie du procès auquel elle donna lieu....*, publicado por Robert Brécy e Albert Soboul, conforme a edição original de 1828, prefácio de Georges Lefebvre, 2 v. Paris: Éditions Sociales, 1957.

8. "Todos os movimentos até aqui foram movimentos de minorias no interesse de minorias. O movimento proletário é o movimento autônomo (*selbständige*) da imensa maioria no interesse da imensa maioria. Os inventores desses sistemas [os socialistas utópicos] vêem, na realidade, a eficácia dos elementos dissolventes na própria sociedade dominante. Mas eles não percebem do lado do proletariado nenhuma auto-atividade (*Selbsttätigkeit*), nenhum movimento político que lhe seja próprio (*eigentümliche*)". *Manifest der Kommunistischen Partei*, em Karl Marx; Friederich Engels, WERKE, Berlim: Dietz, v. 4, respectivamente, p. 472 e 490, grifos de RF.

9. "Se há uma coisa segura, é que o nosso Partido e a classe operária só podem chegar ao poder (*Herrschaft*) sob a forma da república democrática. *Esta última é mesmo a forma específica da ditadura do proletariado*, como já o mostrou a grande revolução francesa". Ver *Crítica do Programa de Erfurt*, Karl Marx; Friedrich Engels, *Werke*, Berlim: Dietz, 1990, v. 22, p. 235, abreviarei por *W,* grifo de RF.

início apareceu uma ambigüidade. A crítica do capitalismo (no início, a crítica da sociedade burguesa) era às vezes, ao mesmo tempo, crítica da democracia. E isto, pode-se dizer, por um mecanismo que poderia ser expresso de duas maneiras, na realidade complementares. De um lado, conforme o tema de Tocqueville, a compatibilidade entre igualdade e liberdade não se estabelecia facilmente. Sob certas condições, a exigência de igualdade entrava em contradição com a de liberdade. Por outro lado – por um movimento rigorosamente dialético –, passados certos limites, a igualdade (isto vale também para a liberdade, mas num outro registro) tendia a se interverter no seu contrário. As condições para que o resultado das lutas revolucionárias não fosse uma sociedade mais livre e mais igual estavam em certa medida presentes desde o início.

A pré-história do nazismo é de certo modo a da busca de uma nova forma de dominação com o esgotamento do modelo do *Ancien Régime*. "O fundamento do modo nacional-socialista de encarar a vida é a percepção da dissemelhança entre os homens", lê-se num texto nazista[10]. A forma antiga dessa filosofia da "vida" se havia esgotado, e era preciso encontrar um modelo que integrasse de algum modo a igualdade democrática. A nação e depois a raça ofereciam essa possibilidade. A desigualdade é assim camuflada internamente pela idéia de *comunidade popular*; e externamente ela reaparece sob a forma da desigualdade entre nações ou entre raças. O racismo interno, contra os judeus especialmente, era a contrapartida da exigência de expansão externa, com vistas a dominar as raças "inferiores". O nazismo integra antigos esquemas – em nome da raça mais do que em nome da nação – num novo registro.

No que se refere à passagem imediata aos dois totalitarismos, é como se em dois casos, sob o impacto de uma "grande guerra", o sistema se tivesse rompido, num país de rápido desenvolvimento tardio, e num país atrasado com um capitalismo emergente. Na Alemanha, fracassa a democracia de Weimar (no momento da subida de Hitler ao poder, o regime já não tinha muito de democrático), mas seria muito difícil, então, tentar restabelecer os modelos autocráticos tradicionais. O sistema desmorona[11] e o nazismo ocupará o seu lugar, apoiado por elementos freqüentemente oriundos da pequena burguesia. Além disso, não se pode esquecer o apoio que ele recebeu de grandes contingentes da juventude, inclusive da juventude estudantil. É um mito supor que o jovem quer sempre o progresso social; ele quer mudança radical, mas

---

10. Citado por H. Arendt, op. cit., p. 410, nota 51.

11. Esse "desmoronamento" é real, embora não seja tão radical, nem tenha caráter idêntico ao daquele que ocorre no momento da arrancada final do outro totalitarismo.

18 A ESQUERDA DIFÍCIL

esta pode ser, conforme as circunstâncias, progressiva ou regressiva[12]. Quanto ao outro totalitarismo: também sob o efeito da guerra, uma revolução democrática não conseguiu substituir de um modo estável o velho poder autocrático. A ruína da autocracia e da democracia abriu caminho para o movimento bolchevista de outubro.

Que significam estruturalmente os dois totalitarismos? Para pensá-los, é necessário bem definir o seu outro, e já indiquei que esse outro é, na sua forma mais desenvolvida, o capitalismo democrático (o que remete a uma formação que contém dois elementos os quais, pelo menos virtualmente, estão em oposição). Esse ponto é essencial. O outro não é simplesmente o capitalismo, como pretendem os marxistas. Se omitirmos a caracterização política, não temos elementos para pensar o significado do outro desse outro, que são os totalitarismos. Por outro lado, se, como pretendem os liberais, nos limitarmos a falar em democracia – o que é freqüente, hoje, na Europa –, um elemento essencial se perde, e a comparação também se fará dificilmente. É evidente, assim, que chamar os regimes ocidentais de "democracias capitalistas", e não simplesmente de "capitalismo" ou de "democracia" (quando se quer defini-los) implica em tomar distância tanto em relação ao modelo liberal quanto ao modelo marxista, ou significa pensar a unidade dos dois. Em particular, é preciso ressaltar o fato de que a noção marxista de modo de produção, que sem dúvida marca época na história da teoria social, revela-se entretanto impotente para construir uma teoria das formas sociais contemporâneas. Apesar da sua fecundidade e rigor, ou por isso mesmo, nas novas condições, ela acabou se tornando um obstáculo poderoso à compreensão dessas formas.

Se a democracia representou uma espécie de desengajamento do poder de Estado em relação a toda sorte de encarnação, se ela designa um espaço que não é encarnado por um indivíduo, rei ou déspota, mas um lugar vazio que será preenchido pelo mecanismo anônimo da escolha popular periódica[13], os dois totalitarismos restabelecem de certo modo essa encarnação pela entronização da figura do chefe, *Führer* ou *guia dos povos-secretário geral*. Nesse sentido, os totalitarismos são não só o avesso da democracia, mas de certo modo uma volta ao passado. No entanto os governos totalitários não são apenas isto, nem o são essencialmente. Em primeiro lugar, é preciso acrescentar a presença de uma imensa máquina burocrática. Burocratas são funcionários e, em particular, funcionários do Estado, e também

---

12. Hannah Arendt insiste, com razão, em que a "base social" do nazismo não é constituída propriamente por classes, mas primeiro pelo populacho (*mob*) e depois por massas. A originalidade do nazismo e, de um outro modo, também do comunismo, tem de ser mostrada tanto pelo "alto", isto é, no plano político em sentido estrito, como "em baixo", isto é, no plano social.

13. Ver a respeito, Claude Lefort, *La complication*: retour sur le communisme, Paris: Fayard, 1999, p. 189-190.

do Partido, nos totalitarismos. O seu poder emana de regras formais mais ou menos estritas, e nesse sentido a burocracia representa um elemento formal por excelência, em contraste com o antiformalismo de [muitas das] formas autocráticas tradicionais, mesmo se, no passado, houve despotismo mais burocracia. A encarnação do poder no chefe se complementa assim por algo que é, em certo sentido, o seu oposto, um poder fundado em regras formais abstratas. Se ao restabelecer o poder de um chefe, os totalitarismos parecem romper com o formalismo moderno e voltar ao passado, esse retorno aparente se conjuga com a retomada daquilo que há de mais formal nas sociedades modernas. O extremo do antiformalismo e do formalismo são assim reunidos nas formas totalitárias. Em terceiro lugar, contra as formas antigas, os regimes totalitários, já se disse muitas vezes, mobilizam o "povo", não são indiferentes a ele, e tentam ganhá-lo "de dentro". À sua maneira, terrível, o novo autoritarismo presta homenagem à democracia. Mas o significado mais preciso dessa questão, como de resto das duas primeiras, passa por uma análise diferencial das duas formas totalitárias.

Se há sem dúvida convergências importantes entre os dois sistemas (dominação total, extermínio de massa etc.), há entre eles diferenças consideráveis. Como distinguir o nazismo do regime burocrático [igualitarista]? Nos dois casos, têm-se três elementos: o chefe, a burocracia – burocracia de Estado e do Partido, e uma certa relação para com as massas. A forma geral dessas três instâncias é comum aos dois totalitarismos. Mas a articulação é diferente. Nosso ponto de partida poderia ser a ideologia dessas formas, seu conteúdo e sua função. Começo por compará-la, ainda sob forma geral, com a democracia capitalista.

Como se sabe, nas democracias capitalistas, a ideologia veicula, ao mesmo tempo, verdade e falsidade. A democracia não é pura forma, pura ilusão, ela é um "estrato" realmente existente, mas a ela subjaz uma desigualdade real que se lhe opõe. A ideologização – como tentei mostrar em outro lugar – consiste em *bloquear* a passagem da igualdade democrática no seu contrário, a desigualdade capitalista.

Nas sociedades totalitárias tem-se outra coisa. Dir-se-ia que, no nazismo, o que se tende a chamar de ideologia é, por um lado, pura mentira e, por outro, verdade, revelação do regime. Os elementos da ideologia nazista são, primeiro, a idéia de *Volksgemeinschaft* (comunidade popular), e depois um discurso delirante[14] em que o judeu aparece como o inimigo reunindo o capitalismo e o socialismo. A dominante geral da "ideologia" nacional-socialista é o naturalismo. É em nome das leis naturais que se propõe o projeto nazista. De um lado, já disse, há pura mentira, ou quase. Difícil afirmar que "a comunidade popular"

---

14. Ver sobretudo o *Mein Kampf.*

tenha alguma verdade. A ela correspondeu, sem dúvida, uma certa experiência vivida, mas, para além desta, ela tem muito menos conteúdo objetivo do que qualquer representação ideológica liberal. A organicidade dos laços que essa idéia pretende estabelecer visa obliterar todo projeto igualitário, mas obscurece ao mesmo tempo a própria idéia de desigualdade. Porém o elogio da força bruta, da violência, do direito dos mais fortes, que aparece no quadro do naturalismo, é uma espécie de *revelação* do sistema. Nesse sentido, a ideologia nazista, se podemos dizer assim, é o grau zero da ideologia, ou antes a sua dissolução. O regime nazista mostra-se como a afirmação pura e simples da força bruta e da violência. Quanto ao discurso delirante, que tem o judeu como pivô, é importante que no interior desse discurso se reconheça a crítica do sistema dominante – isto é, certos motivos socialistas – e ao mesmo tempo a crítica, ou antes, a dissolução dessa crítica do sistema. Assim, na ideologia nazista, menos do que o claro-escuro da verdade e da falsidade que se encontra nas ideologias das democracias capitalistas, tem-se uma espécie de polarização da pura mentira e da pura verdade, o ocultamento e a revelação do sistema.

A ideologia da sociedade burocrática [comunista] tem um outro caráter. Se no nazismo temos uma crítica aberta e direta à democracia, democracia que iria na mesma direção do marxismo, na sociedade burocrática [igualitarista] é o marxismo (um marxismo modificado) que serve de ideologia. Aqui reaparece um jogo de verdade e de falsidade, que é diferente entretanto do da ideologia burguesa, o que já se pode ver pelo fato de que uma instância crítica surge, *ela mesma*, como ideologia. A ideologia burguesa é bloqueio da interversão da instância "democrática", em instância capitalista enquanto tal. Nesse sentido, ela não é movimento mas o seu contrário. Se a ideologia totalitária "de esquerda" vai aparecer essencialmente como movimento (histórico mas também lógico)[15], é no fundo porque essa ideologia se funda no discurso crítico marxista que opera a interversão. Precisemos: a crítica marxista mostrara a existência de dois momentos na democracia capitalista, aproximadamente os da democracia e do capitalismo enquanto tal, um se intervertendo no outro. *É este discurso crítico sobre a interversão, que, ele mesmo, serve agora como ideologia.* Como isto é possível? Na realidade, para se tornar ideologia da sociedade burocrática [igualitarista], a crítica marxista deve sofrer certas operações. A mais importante delas é a seguinte: a crítica marxista supõe, no capitalismo, uma espécie de "supressão hegeliana" entre liberdade e não-liberdade, igualdade e não-igualdade, isto é, que a liberdade e a igualdade são negadas, mas são ao mesmo tempo afirmadas (o marxismo não foi suficientemente longe em reconhecer a afirmação, mas de qualquer modo ela estava presente na teoria). Na

15. Ver H. Arendt, op. cit.

versão burocrática, tem-se negação pura e simples, negação vulgar (o que configura um discurso paramarxista). A liberdade burguesa passa a ser simplesmente sinônimo de não-liberdade. Com isto se liquida a democracia; e a crítica do capitalismo abre o espaço para uma forma que não poderá ser democrática. Que forma é esta?

Aqui se impõe a análise diferencial do fenômeno burocrático em cada uma das formas totalitárias. Nas duas existe burocracia, mas no caso do nazismo, ela deixa subsistir o capitalismo, embora o submeta ao poder nazista. No totalitarismo de "esquerda" – e por isso a denominação sociedade burocrática, *faute de mieux* (por falta de algo melhor), poderia servir, embora também no nazismo haja burocracia – *o capitalismo não subsiste*. A exploração econômica se faz agora através do Estado, não mais através do mecanismo capitalista do lucro. Nesse sentido, entende-se a presença da crítica marxista ela mesma, modificada, como forma da ideologia: a crítica do capitalismo, verdadeira em si mesma, se faz agora a serviço de uma nova forma de exploração que é a forma burocrática. A utilização do marxismo serve assim para negar a democracia, e abrir espaço para uma nova forma de dominação. A burocracia é, nos dois casos, burocracia do Estado e do Partido, e nos dois totalitarismos o Partido domina o Estado, ou é primeiro em relação a este. A polícia, instituição privilegiada passa do Estado ao Partido e, para além do partido, é controlada de perto pelo chefe, ou por gente diretamente ligada a ele.

Ao mesmo tempo, é outra a relação com a massa. O nazismo atomiza ao máximo os indivíduos que ele submete, o que tem como efeito uma dispersão extrema que os torna idênticos, como indivíduos-de-massa. Cada indivíduo só se relaciona com os outros através do chefe. No caso da sociedade burocrática [igualitarista] tem-se também o culto do chefe, mas aqui a legitimação do sistema é de uma outra ordem, porque se trata da fidelidade a um projeto coletivo de ordem social. Sem dúvida, também no nazismo tem-se um projeto, mas ele é secundário diante do culto do chefe, e de certo modo se dissolve nele. No regime burocrático [igualitarista], pelo contrário, qualquer que seja o culto da personalidade, existe uma outra instância, essencial, que serve como motivação. Sob esse aspecto, o paralelismo entre o culto da história e o culto da natureza tem limites. No caso da sociedade burocrática [comunista], a *universalidade* está presente e tem um papel fundamental. A atomização é inseparável de uma universalização forçada. Haveria universalização no nazismo? Um dos colegas que me precedeu (no ciclo de conferências em que esse texto foi exposto; o colega é Francis Wolff) disse que, ao contrário do criminoso clássico, o criminoso nazista universaliza, porque está a serviço de um projeto. Sem dúvida, inserido no contexto de uma história do crime, o nazismo aparece como universalizante. Mas no contexto da análise das formas e dos projetos sociais, ele aparece sob muitos aspectos, por causa mesmo do seu naturalismo, como a negação do universal, como o elogio da violência pela violência, uma espécie de irrupção da *physis* (natureza) no interior do *nómos* (ordem artificial da cidade). Essa diferença, diga-se de passagem, explica o fenômeno, assinalado por outros, de que há muitos stalinistas arrependidos, mas de que há muito poucos nazistas que se arrependeram. Não havendo universalização, uma boa parte dos que subiram no barco do hitlerismo sabiam muito bem do que se tratava, o que certamente foi mais raro do outro lado.

Disso decorre também a diferença na estrutura psicológica de dominação que corresponde a um e a outro regime totalitário. Na sociedade burocrática temos um mecanismo essencial de *culpabilização*. O indivíduo se sente ligado a um "nós" que funciona como instância moral e faz com que ele aceite toda a sorte de violências contra a própria individualidade. No caso do nazismo, não se trata propriamente disto. Tem-se menos culpabilização do que exigência de *lealdade* em relação ao chefe. Não há uma lei quase-universal que exerça a coerção. Ela é dada imediatamente numa relação, de certo modo externa, de cada indivíduo para com o chefe. Por isso mesmo, a prática das confissões e auto-recriminações não é característica do nazismo, mas da sociedade burocrática. No nazismo, quando há ruptura, tem-se em geral liquidação pura e simples, e não confissão, autoculpabilização e depois liquidação.

Tentando organizar os resultados. As explicações clássicas se faziam em geral apelando para o interesse econômico e para o projeto político. Supunha-se que o nazismo poderia ser explicado como uma variante do capitalismo, e que o processo de acumulação, a busca do lucro deveriam explicar uma suposta superestrutura nazista. No caso da sociedade burocrática [paraigualitária], acreditava-se que se tratava de uma sociedade de transição para o comunismo. Aqui não era o motivo econômico o determinante, mas motivos políticos, a realização de certos objetivos sociais e políticos bem conhecidos enquanto ideais, sendo o fim último uma sociedade sem desigualdade e plenamente livre. Na realidade, o que se teve com o nazismo foi a irrupção de um movimento que não visa em primeiro lugar a acumulação do capital, nem mesmo a simples expansão política. Um movimento que tem como objetivo a exterminação de uma parte importante da população estrangeira e também nacional, em nome de um ideal de pureza racial, de supremacia dos mais fortes, em obediência a pretensas leis da natureza. Os fins que se costuma chamar de utilitários passam para um segundo plano, mas também a autofinalidade da acumulação do capital. Esse novo regime inverte brutalmente os valores tradicionais, na medida em que ele se centra na guerra[16], na morte e na destruição; assim como na mentira ou na ficção pura e simples. Além disso, ele acredita na pura necessidade

---

16. Ver, no *Mein Kampf*, as diatribes de Hitler contra os pacifistas.

histórica (coexistindo com o voluntarismo mais extremo), e tende a fazer com que desapareça a diferença entre o futuro e o presente. Tudo isso se resume no fim da diferença entre a loucura e a razão. O regime totalitário representa um novo registro, de puras determinações imaginárias, mas produzida por uma sociedade altamente tecnicizada e, à sua maneira, racionalizada. É como se com a desagregação política de uma formação capitalista, irrompesse uma espécie de não Estado, porém conservando um máximo de formalismo nos meios.

No outro caso, supunha-se que se tratava de uma sociedade revolucionária que abriria caminho, utilizando meios violentos considerados em geral como necessários, para uma sociedade igualitária e plenamente livre. Na realidade, ela representava outra coisa. No limite, uma máquina violenta e irracional como o nazismo, com as mesmas características: o fim da diferença entre ficção e realidade, entre inocentes e culpados (mas isto só pode ser atribuído ao nazismo se nos situarmos de fora da sua ideologia racista), uma lógica necessitarista etc. Porém o mecanismo interno é outro. Tomemos a questão do extermínio e do terror, que caracterizam uma e outra forma. Para o nazismo, a exterminação das "raças inferiores" dentro e fora do país não exige maiores explicações. Ela está dada pela ideologia da violência e da força bruta fundada no racismo. Os fins são irracionais, mas são claros, e os meios estão a serviço desses fins. Pelo menos globalmente, trata-se disso.

E a violência da sociedade burocrática? Como explicá-la? A explicação mais simples é a de que se trata de um movimento que visa fins irracionais, como o nazismo, só que a finalidade ou a referência essencial não é a natureza, mas a história. Na realidade, o objeto é mais complexo. Aparentemente dever-se-iam distinguir diferentes casos nas medidas de terror do totalitarismo "de esquerda". Um fenômeno como o da liquidação dos camponeses na Ucrânia no início da década de 1930 poderia ser explicado em forma paralela à da violência nazista. Decidiu-se liquidar os camponeses, considerados como "inimigos de classe", isto é, como inimigos na história, assim como os judeus eram inimigos (mas antes "seres inferiores") na natureza. Entretanto, para outros tipos de violência, que se revelam na sociedade burocrática, é difícil seguir o mesmo caminho. Os expurgos internos no partido, de que não se tem um equivalente exato no nazismo, apesar da liquidação de Röhm em 1934, parecem ter um outro caráter. Tem-se inicialmente a possibilidade de dar explicações funcionais, o que, genericamente, poderia lembrar de novo o nazismo, mas numa outra escala. No plano das explicações funcionais, os pontos decisivos seriam, aqui, a especificidade das relações entre o chefe e a camada em que ele se apóia, e – razão determinante – a natureza desta camada. Na sociedade burocrática [paraigualitária], essa camada é nova e *substitui* as antigas classes dominantes. No nazismo subsiste uma antiga classe capitalista

24 A ESQUERDA DIFÍCIL

neutralizada e posta a serviço do sistema, ao lado de uma massa atomizada. A ambigüidade inicial da ideologia nazista logo se desfaz, com a liquidação do grupo Röhm. As forças de contestação restantes, parte do exército e das igrejas, forças tradicionais, permanecem neutralizadas, até o momento da crise final do sistema, e tudo somado, nunca alcançaram maior eficácia. A burocracia "soviética", sem deixar de ter funções na direção econômica, foi de forma muito mais pura uma máquina política. Apesar de estar diretamente ligada ao chefe, ou por isso mesmo, foi sempre, virtualmente, uma ameaça. Mas se os expurgos são mecanismos de proteção do chefe diante da burocracia, a partir de certo momento (no interior da fase áurea do sistema burocrático "comunista") elas parecem ter tomado a forma de um automatismo social. Creio que na sociedade burocrática, muito mais do que no nazismo, há uma espécie de *automatismo social da violência* que faz pensar no automatismo do capital em relação à circulação simples. Assim como se passou da produção visando o produto e o consumo à produção visando o lucro, o que em última instância significa acumular por acumular, no caso do totalitarismo "comunista" tinha-se no início uma violência a serviço de certos objetivos (de um modo ou de outro irracionais, mas racionais na medida em que havia meios e fins) e se passa a uma espécie de automatismo, a uma violência que se alimenta de si mesma. Se isto for verdade, a sociedade nazista se caracteriza pela presença de fins irracionais de pura violência, a serviço da qual se põe uma máquina racional; a sociedade burocrática [comunista], em parte pelo menos, representa antes a autonomização dos meios violentos em relação a quaisquer fins. Nela se instaura um automatismo da violência, que devora todo tipo de finalidade (embora o modelo do meio racional para um fim irracional também esteja presente). Essas parecem ser as diferenças gerais entre nazismo e totalitarismo burocrático [paraigualitário], o que nos dá como resultado um quadro em que o nazismo se apresenta na ideologia e na realidade como muito mais consistente (por isso mesmo, diferentemente do seu outro imediato, ele só se decompôs pela ação de forças externas, embora "induzidas" por ele). Mas no final há convergência entre o automatismo da violência e a violência posta a serviço de fins irracionais.

Discutiu-se se o nazismo representa uma "volta ao passado". Em certo sentido ele o é. Pense-se na frase que Goebbels pronunciou em abril de 1933: "Com isto [com o advento do nazismo] o ano de 1789 será riscado da história". Do mesmo modo, Goebbels saudará a campanha de 1940, na França, "como uma vitória sobre 'os ideais pervertidos' e a 'revolução dos sub-homens' de 1789"[17]. Mas a volta

---

17. Ver K. D. Bracher, [1969], *Hitler et la dictature allemande*: naissance, structures et conséquences du National-socialisme, tradução francesa de Frank Straschitz, prefácio de Alfred Grosser, Paris: Éditions Complexe, 1995, p. 31 e p. 80, nota 15.

ao passado é real só no sentido de que os ideais antiigualitários são impostos de novo (no caso preciso, no país em que se deu uma das grandes revoluções feitas em nome da igualdade). O *Ancien Régime* reaparece transubstanciado em *physis*. No outro totalitarismo, não há um salto na *physis* que realiza o passado. O sistema nasce de um projeto radical de transformação social, e está imediatamente voltado para o futuro. Mas o futuro se revela continuação do passado sob uma outra configuração e essa figura é a do automatismo da violência social, o anti-social na sociedade, sem acento naturalista. De um lado, temos pois a negação da sociedade em natureza, como única forma de garantir a dominação; de outro, a da sociedade em anti-sociedade em nome de uma pretensa liberação social, mas finalmente como nova forma de garantir a dominação (uma forma também regressiva). Num caso, uma negação naturalista do social que retoma o passado, no outro, um salto na anti-sociedade que, à sua maneira, também continua o passado.

Já vimos o significado histórico global de cada caso. A sociedade burocrática [igualitarista] é o resultado da inversão de uma luta *que passa do outro lado do espelho* e inverte o seu sentido. A extrema esquerda que acaba se encontrando na extrema-direita. Isso é evidentemente diferente para o caso do bolchevismo e para o caso do stalinismo, mas o primeiro com o projeto de militarização do trabalho, por exemplo, ou com a liquidação de todas as oposições, já realiza num primeiro nível essa inversão. O totalitarismo nazista representa, propriamente, o descobrimento de um novo princípio, niilista – que a rigor é a eliminação de todos os princípios –, o qual realiza a desigualdade ("realizar a desigualdade" significa aqui destruir o [suposto] desigual inferior).

A interpretação que tento esboçar segue de perto os autores a que me referi, sobretudo Arendt e Lefort, mas se afasta deles em algumas coisas mais ou menos essenciais. Em relação a Arendt, o leitor se deu conta, propus duas gêneses, e não uma única, embora complexa, como ela faz. Não que inexistam pontes de uma pré-história a outra. Por exemplo, a idéia de origem hegeliana dos povos "sem história" que se encontra em Engels (onde se diz que há povos contra-revolucionários destinados à "desaparição" e que "isso também é um progresso")[18] não está longe dos temas dos movimentos racistas. Além disso, há muitos fenômenos individuais [e mais do que individuais] de passagem da extrema esquerda à extrema direita. Talvez o caso mais interessante

---

18. "A próxima guerra mundial não fará apenas com que desapareçam (*verschwinden*) do solo da terra classes e dinastias reacionárias, mas também povos reacionários inteiros. *E isto também é um progresso*". Der magyarische Kampf, *Nova Gazeta Renana*, 13/0 1/1849, em *W*, v. 6, p. 176, grifo de RF. Sobre o problema, ver o notável *Friedrich Engels e o Problema dos Povos sem História* de Roman Rosdolsky (utilizei a tradução espanhola de Conrado Ceretti, revisão de Maria Inés Silberberg, *Cuadernos de Passado y Presente*, México, n. 88, 1980).

26  A ESQUERDA DIFÍCIL

seja o de Georges Sorel que professava um antiformalismo radical, e um não menos radical culto da violência. Esse teórico da extrema esquerda se revelou afinal – e assim ele foi considerado pelos fascistas – como um teórico de extrema direita. Mas creio que apesar de tudo é necessário separar as duas pré-histórias, e que a reunião delas desequilibra e obscurece em alguma medida a análise de Hannah Arendt. Certos autores, como o historiador Yan Kershaw, afirmam que o que ela diz do nazismo é muito melhor do que diz sobre o totalitarismo "de esquerda". Arendt escreveu muitas coisas válidas também sobre esse último, mas alguns dos traços particulares deste, e sobretudo a sua gênese – que tem algo a ver com a sua essência –, desaparecem sob o manto do outro totalitarismo, que funciona até certo ponto como totalitarismo em geral.

Outra das minhas referências, Claude Lefort deu, com Castoriadis, a quem também devo muito, uma contribuição muito importante para a análise do fenômeno burocrático[19]. Mas se compararmos o seu último livro[20] com os livros que ele escreveu anteriormente, aparece talvez uma dificuldade. Nos textos anteriores há muitos materiais para a pré-história da sociedade burocrática: (por exemplo, uma análise notável da *Questão Judaica* de Marx, uma crítica do jacobinismo etc.). A idéia dessa pré-história está presente. Em seguida, Lefort teve de enfrentar o problema que oferecem as obras de François Furet, Martin Malia e outros autores, os quais tendem a estabelecer um *continuum* entre a pré-história das sociedades burocráticas (sob a forma do jacobinismo e, de modo mais geral, do iluminismo) e estas sociedades. O livro [de Lefort] sobre o comunismo se inscreve, com razão, contra essas tendências, mas o faz de uma forma que me parece excessiva, porque acaba cortando toda relação entre o totalitarismo "de esquerda" e aquelas manifestações "pré-históricas" (o totalitarismo teria nascido, pelo contrário, de uma simbiose entre traços capitalistas e o despotismo oriental etc.). Ora, sem recusar tais referências, acho que foi ele mesmo, Lefort, quem nos ensinou a levar a sério a relação entre o totalitarismo e certos movimentos e ideologias dos séculos XVIII e XIX. Entre a pura continuidade e a pura descontinuidade existe um caminho intermediário; mas pensá-lo exige talvez uma nova filosofia da história. Sem ter a pretensão de formulá-la, tentemos explorar um pouco a direção em que ela deveria ir.

Em primeiro lugar seria necessário repensar a noção de progresso. De Rousseau a Benjamin, passando por Marx, o pensamento ocidental não pára de criticar a idéia de progresso, mas de forma insuficientemente

---

19. As diferenças entre Castoriadis e Lefort na apreciação da história contemporânea são bastante importantes, pelo menos se considerarmos os textos dos anos 1980/1990.

20. *La complication*: retour sur le communisme, op. cit.

TOTALITARISMO

radical (radical não quer dizer extrema, mas rigorosa, o que às vezes é o contrário de extrema). Por um lado, retomando uma idéia antiga, que poderia parecer banal, mas que é ainda mal desenvolvida, seria necessário separar rigorosamente o que se poderia chamar de progresso moral e político (no sentido do ético-político), não só do progresso científico, do progresso técnico, do progresso econômico, *mas também de certo tipo de inovação (parademocrática) no nível social e político.* Isto é particularmente importante no caso do bolchevismo. A propósito, como já disse, não me parece que a crítica do progresso de Walter Benjamin seja boa, e uma expressão de suas dificuldades é sua atitude insuficientemente crítica em relação ao bolchevismo. O bolchevismo foi muito messiânico (ler os críticos da época) e se o messianismo bolchevique não é o de Benjamin, a idéia mesmo de messianismo tem uma afinidade genérica com o bolchevismo, o que é suficiente para comprometer consideravelmente o potencial da crítica do filósofo. Porém o bolchevismo é ao mesmo tempo uma *ideologia do progresso,* (o que não exclui, pelo contrário, que seja uma ideologia regressiva). Se isso é verdade, Benjamin, crítico do progresso, parece ter caído, *malgré lui,* na escarcela do progresso, pela via do messianismo. Quanto a Marx, a idéia de um progresso contraditório, tal como se encontra no *corpus* marxiano, é muito rica, mas, pelo que foi dito, pode-se ver, talvez, em que medida ela é insuficiente. O século xx obriga a pensar de uma maneira muito mais radical a contradição da *regressão-com-progresso.* Não se trata – somente – de um progresso contraditório, no sentido técnico, com uma exploração crescente, mas, digamos, de um progresso nas técnicas com inovações nas formas sociais, que é ao mesmo tempo regressivo do ponto de vista ético ou ético-político. Isso é [no fundo] estranho a Marx. Também não se trata de voltar a Rousseau, muito embora a convergência que ele sugere entre regressão moral e progresso científico seja um grande ponto de partida. Entre outras coisas, trata-se de introduzir uma complexidade maior nas noções de progresso e de regressão; e, num mesmo movimento, dar uma latitude também maior à idéia de possibilidade histórica.

Diria que há uma linha de progresso técnico ascendente e de inovação social que pode coexistir ou com formas de regime eticamente ou ético-politicamente *regressivas,* ou, pelo contrário, *progressivas,* ou, ainda com formas que representam o *status quo,* isto é, a simples conservação do que existe (os defensores do *status quo* são representados em geral pela direita não extrema). O nazismo e a sociedade burocrática [paraigualitária] são formas claramente regressivas, quaisquer que tenham sido as suas realizações técnicas e, em certo sentido, sociais. Isto é evidente, mas tem-se ainda muita dificuldade para efetuar plenamente essas distinções. Podemos pensar, por outro lado, em formas progressivas: algo como a socialdemocracia nórdica poderia ser qualificada assim. Há finalmente regimes do *status quo,* os que conservam a forma atual, sendo a forma atual dominante a da *democracia capitalista*. Essa última não é nem progressiva em sentido ético-político, nem regressiva, mas dadas as suas contradições internas do sistema e o seu poder explosivo, ela *pode* se revelar afinal regressiva.

Como interpretar o que foi dito anteriormente sobre as pré-histórias dos totalitarismos à luz dessa idéia de história? Creio que a coisa mais importante a ser dita é que a situação de um movimento, ou de um partido em relação à regressão e ao progresso moral, é sempre incerta. As posições políticas não se dispõe sobre uma linha reta, mas sobre uma linha curva: *não num espaço euclidiano, mas num espaço curvo*. Nesse sentido, quando se pede "uma política a mais à esquerda possível", como faz às vezes a extrema esquerda, perde-se de vista que a política mais à esquerda possível vai parar na direita. O regressivo não é necessariamente de direita – embora se possa dizer que o seu ponto extremo será à direita – ou, se preferir, o de esquerda não é necessariamente progressivo. A pré-história dos totalitarismos é tanto a história dos movimentos de regressão como a história da interversão dos movimentos progressivos em regressivos. Mas isso não significa condenar sem mais os movimentos progressistas, mesmo se podemos e devemos criticar desde logo alguns de seus traços. Esses movimentos não eram em si mesmos regressivos. É certo, entretanto, que continham em si mesmos possibilidades de regressão. Que eles se afirmassem afinal progressivos ou regressivos dependeria das circunstâncias históricas, o que inclui decisões de líderes, posições teóricas etc. O marxismo tem certamente *alguma coisa a ver* com as formas totalitárias, mas do primeiro não se chega sem mais às últimas. Nele havia essa possibilidade, é tudo. Lá estavam, porém, outras coisas, o que significa que é preciso criticá-lo. O erro de Furet e companhia não está em apontar elementos totalitários, mas em ir longe demais na "dedução", a partir desses elementos, daquilo que viria mais tarde.

Se um dos perigos para os partidos e movimentos de esquerda é ultrapassar os limites, indo à extrema direita pela extrema esquerda, há também um outro perigo (embora este vá além... dos limites do meu tema), o de se deslocar da esquerda ao *status quo*, isto é, à simples democracia capitalista. A tragédia do século é que, com o bolchevismo e depois o stalinismo, a esquerda foi da extrema esquerda à extrema-direita, enquanto que, com a socialdemocracia (ou uma parte dela), caminhou da esquerda à direita. A esquerda tem diante de si dois abismos, a direita, que representa o *status quo*, e a extrema direita, à qual ela chega *através da extrema esquerda*. Em geral só se vê o primeiro perigo, porque não se pensa a disposição das formas políticas em linha circular. Entre esses dois abismos há o projeto de uma democracia socialista, a partir do que existe hoje como democracia, mas por meio de uma mutação fundamental que é futura, mas deve ser pensada desde o presente.

Um problema que se levanta a respeito do totalitarismo é o de saber se o nazismo e a sociedade burocrática [paraigualitária] pertencem ao passado. É a resposta que se dá freqüentemente. Depois da queda do muro, e do fim da URSS, pode-se falar ainda em sociedades burocráticas [paraigualitárias] e em geral do perigo de uma derrapagem burocrática? Também se pergunta se o nazismo é um problema do presente, ou se o nazismo e os diferentes fascismos morreram com a derrota da Alemanha em 1945.

No que se refere ao primeiro ponto, creio que nunca é demais insistir: a burocratização não é fenômeno do passado. Ela continua existindo, e continua a ser um perigo. Diria mesmo que as organizações de esquerda segregam continuamente formas e idéias burocráticas, e no plano macrossocial ainda existem países em que se encontra esse regime. Que o problema da sociedade burocrática seja atual, se entende, porque, como vimos, ela pode emergir sempre que a esquerda critica o capitalismo junto com a democracia. Ora, a confusão entre as duas coisas (mesmo se historicamente elas podem coexistir, sob tensão) continua ocorrendo, e é mesmo dominante na América Latina. A esquerda [a latino-americana sobretudo] continua cega para o fato de que o que existe na maioria dos países ocidentais não deve ser definido simplesmente como capitalismo, mas como capitalismo democrático (o que, sem dúvida, significa democracia "impura", porque afetada de capitalismo, mas democracia apesar de tudo), e para o fato de que, se esse regime pode certamente levar a catástrofes e a regressões, existem *formas eminentemente regressivas* em relação a ele (pelo menos como possibilidades históricas). Se não se pensar que hoje há ou pode haver formas regressivas em relação ao capitalismo democrático (expressão contraditória, é certo, mas...) está-se sujeito a recair no burocratismo, fazendo do fim da democracia o preço do fim do capitalismo. Se não diretamente, indiretamente, essa falsa posição é freqüentemente defendida. A possibilidade de burocratização (refiro-me aqui ao sentido que dei nesse texto à sociedade burocrática, não à formação de burocracias em geral, como a das que se podem cristalizar em partidos democráticos, por exemplo) existe a cada instante. O stalinismo é apenas uma forma da sociedade burocrática [igualitarista]. Esta subsiste ainda, e poderá perdurar por bastante tempo sob forma macrossocial, além de ser recorrente no plano microssocial.

Quanto ao nazismo (e também ao fascismo), basta analisar os progressos da extrema direita em países como a França e a Áustria para ver a realidade do fenômeno[21]. Quando a extrema direita chega a obter mais de quinze por cento dos votos em uma eleição, é impossível

---

21. Os acontecimentos posteriores à publicação desse artigo mostraram que eu tinha razão em mencionar a Áustria. Mas esqueci de me referir ao caso da extrema-direita russa, evidentemente essencial (agradeço a referência a Carlos Fausto).

30  A ESQUERDA DIFÍCIL

dizer que o fascismo é coisa do passado. Por outro lado, a existência de amplas camadas de "apolíticos" e de abstencionistas, e de forças muito reacionárias, num país como os EUA (não me refiro ao seu governo, que poderia ser considerado de direita, mas não de extrema direita, e sim aos "radicais" do sistema)[22] representa um perigo real de um reaparecimento, no caso, catastrófico, do fenômeno.

Aqui se coloca a exigência de uma crítica do uso corrente do termo fascista ou totalitário a respeito de fenômenos que não correspondem bem a isso. E mais ainda: a exigência de uma crítica da tendência – que vai na mesma direção, e representa, de certo modo, a forma geral do tema – em pensar toda a história do século como uma simples história do capital e do capitalismo oprimindo as massas exploradas[23].

Há uma tendência recente em ver na globalização um totalitarismo. Sem dúvida a globalização e a ideologia neoliberal exercem um peso extraordinário, tornando difíceis as manifestações e ações de resistência. Mas chamar isso, hoje, de totalitarismo, é excessivo. Totalitarismo é outra coisa: controle quase total sobre os indivíduos, ausência de todas as liberdades democráticas e muito mais. É verdade que a longo prazo, e com uma outra direção na metrópole, a mundialização e a ideologia neoliberal podem desembocar em alguma coisa do gênero. Termino com duas referências polêmicas a textos que vão na direção que critico.

Não faz muito tempo, o suplemento hebdomadário de um importante jornal de São Paulo publicava um texto de um crítico alemão bem conhecido entre nós[24]. O texto começa assim: "O termo 'totalitarismo' tornou-se uma espécie de bicho-papão para a filosofia política ocidental. Totalitário é sempre aquilo que não passa por economia de mercado ou democracia". A essência da argumentação do articulista é a de pôr no mesmo plano o que ele chama de totalitarismo econômico, conceito que de resto designa para o autor não só o neoliberalismo, mas diferentes formas de modelos intervencionistas nas economias capitalistas, e as formas totalitárias nazistas ou stalinistas. Assim, o

---

22. Esse texto foi escrito na época do governo Clinton.

23. Creio mesmo que se a história do século for lida dessa maneira, fazendo do capital a única referência no plano social, não poderá haver nem boa história social, nem boa história da cultura (história literária, história da arte...). A história do século XX revela muitas coisas essenciais, em geral terríveis, que não têm muito a ver com o capital, e elas devem ter se refletido de um modo muito forte na literatura e na arte do século (Por outro lado, a relação entre os microcosmos e o macrocosmo é muito mais complicada, ou antes, surpreendente, do que em geral se supõe: ela pode ser até da ordem da não-relação).

24. Robert Kurz, Totalitarismo Econômico, *Folha de São Paulo*, São Paulo, 22 set. 1999, Mais!.

New Deal de Roosevelt, sem ser assimilado ao nazismo ou ao fascismo, aparece entretanto em nível idêntico aos destes:

Sob determinadas condições históricas como na Rússia e na Alemanha, o avanço desse processo social assumiu a forma do movimento totalitário de massas e de ditadura; mas também nos Estados Unidos a mobilização do New Deal foi acompanhada de paradas militares, cortejos, foguetes e fogos de artifício de propaganda política. Tratava-se de abarcar a sociedade "como um todo" e de lhe "dar uma sacudida", para muito além dos objetivos políticos e militares imediatos.

Assim a intervenção estatal de estilo Roosevelt seria, pelo menos genericamente, do mesmo tipo da de Stálin e de Hitler. O que significa provavelmente que, em caso de conflito entre Roosevelt e Hitler, seria inútil escolher um deles. Citando Hannah Arendt, que fala dos indivíduos expostos (no totalitarismo) "a processos sobre-humanos da natureza ou da história" o autor comenta: "o que [...] é denunciado como essência do totalitarismo nada mais é do que a própria essência do liberalismo", e isto porque a economia política burguesa e a filosofia iluminista tiveram "a pretensão de executar nos homens as leis da natureza e da história". Mas o problema é que do apelo à história ou à natureza, à maneira de Condorcet, de Smith ou de Stuart Mill, à de Rosemberg, ou a que está exposta no *Mein Kampf* vai uma "pequena" distância. O autor homogeneíza coisas essencialmente diferentes. E o segredo dessa homogeneização está, segundo o nosso autor, no fato de que tanto no nazismo e no stalinismo, como nas democracias capitalistas, existiam ou existem "as formas econômicas do moderno sistema produtor de mercadorias". Levando-o a sério, deve-se concluir desse texto que não há diferenças essenciais entre regimes como o da Suécia e da Dinamarca nos anos de 1960, da Alemanha nos 40, da Rússia nos 30, ou da França nos 90, e de que votar nos socialistas ou na extrema direita em eleições européias também não deve fazer grande diferença. O pior é que textos como este são apresentados como modelos de lucidez crítica. Na realidade, eles não são somente errados do ponto de vista da análise das formas sociais. Pior, eles nos desarmam diante dos fascismos renascentes e, dado o seu radicalismo caricatural, ainda tornam inócua toda a crítica do capitalismo.

Um segundo exemplo, para terminar. Há dois anos, uma revista marxista de São Paulo publicava um artigo traduzido do italiano intitulado "A Democracia, que Arapuca!"[25]. Pode-se ler nesse artigo: "Enquanto a sociedade inteira for governada pelas leis cegas de uma economia autonomizada, *qualquer que seja a forma de administração 'política' da sociedade*, continuará sempre obrigada a seguir o *'Diktat' que impõe o desenvolvimento da mercadoria*". "*O fim da política caminha pari passu com o fim do que habitualmente se chama de 'democracia'*"

25. *Praga*, n. 4, dez. 1997.

(grifos meus). Eis de novo a homogeneização das formas a partir do fetichismo da mercadoria. Há aí algo assim como um fetichismo do fetichismo da mercadoria (nos textos do autor citado anteriormente, além deste fetichismo, é também visível o da necessidade histórica; naquele artigo há traços de uma concepção providencialista da história, com juízo final e tudo). O autor do texto em italiano tenta desqualificar toda luta democrática a partir da idéia de que esta democracia não é a verdadeira. Sem dúvida ela não é, mas é infinitamente diferente da não-democracia; e há boas razões para supor que só a partir dos germes que estão aí será possível construir alguma coisa de mais sólido. A luta contra o capitalismo, entendida como luta contra a democracia, em nome da crítica da forma mercadoria, não é apenas utópica mas politicamente nefasta, pelas razões que apontei.

Citei esses dois textos, porque eles exprimem bem uma perspectiva que não é a minha, e que, a meu ver, deve ser combatida. O capitalismo não pode ser questionado de maneira eficaz enquanto se supuser que entre a democracia (mesmo burguesa) e a ausência de liberdades democráticas (para não falar do totalitarismo) as diferenças são desprezíveis. Esta crença é a "doença de maturidade" de uma boa parte da esquerda, na América Latina mais do que na Europa... onde as doenças da esquerda são outras...

# 2. Sobre a Política de Marx

Vou me limitar ao problema geral do comunismo como meta histórica (considerada numa vertente um pouco diversa daquela que introduzi no meu livro *Le Capital et la Logique de Hegel*[1]), e a certos pontos conexos relativos à idéia marxiana de história.

Como indiquei em outros textos, Marx se recusa a pôr, isto é, a tematizar plenamente o discurso sobre o comunismo, assim como se recusa a *fundar* a política revolucionária sobre um princípio ético.

Essas duas negações têm o sentido de duas *Aufhebungen* ("supressões", em sentido hegeliano). Elas devem ser entendidas como exigências do discurso dialético, que têm a função de evitar interversões[2]. Interversão do discurso revolucionário em discurso utópico, interversão do discurso ético, ou mesmo humanista, em discurso anti-humanista.

---

1. Ruy Fausto, *Le Capital et la logique de Hegel*: dialectique marxienne, dialectique hégélienne, Paris: L´Harnattan, 1997, parágrafo IX da segunda parte. O presente texto apareceu como posfácio a esse livro, inédito em português.

2. "[O] pensamento do entendimento abstrato é tão pouco algo de firme e de último, que ele antes se mostra como a constante supressão dele mesmo e como a *interversão em seu oposto*, enquanto, pelo contrário, o racional enquanto tal consiste precisamente em conter nele mesmo os opostos como momentos ideais", Georg Wilhelm Friedrich Hegel. [1830]. *Enziklopädie der philosophischen Wissenchaften im Grundrisse*, Erster Teil, *Die Wissenschaft der Logik*, Frankfurt: Suhrkamp, 1970, § 82, Zusatz, p. 179; *Encyclopédie des Sciences Philosophiques*, I, *La Science de la logique*, apresentação e notas de Bernard Bourgeois. Paris: Vrin, 1970, p. 518, grifo de RF.

# 34 A ESQUERDA DIFÍCIL

Desenvolvi em outro lugar a dialética do humanismo e do anti-humanismo. Seu resultado ["paradoxal"] era: "O humanismo é... um anti-humanismo". E também: o anti-humanismo se fixa em anti-humanismo. Marx não era nem humanista nem anti-humanista. A política de Marx remete à "supressão" (*Aufhebung*) do humanismo[3]. Consideremos esse desenvolvimento como a solução, *no plano da reconstituição da dialética de Marx*, da querela "infinita" do humanismo e do anti-humanismo marxianos.

3. A propósito dessa última interversão, ver *Marx: Lógica e Política*: investigações para uma reconstituição do sentido da dialética, 2 ed., São Paulo: Brasiliense, 1987 [1983], t. 1, p. 32-33. [A despeito da sua extensão, e mesmo se o nosso problema não será aqui o do humanismo e do anti-humanismo, mas o do "utopismo", creio que é útil citar o essencial desse desenvolvimento, dado o seu interesse lógico.] Evidentemente, o que se segue expõe simplesmente o que creio ser o "fundamento" da posição de Marx não as minhas posições: "O humanismo – entendendo por humanismo, a filosofia ou a política que põe o homem, o que quer dizer, para que a definição seja rigorosa, a que não só visa fins 'humanos', mas que igualmente só aceita meios 'humanos' (que recusa a violência) – o humanismo é na realidade um anti-humanismo (*o humanismo se interverte em anti-humanismo*). Porque pôr o homem, isto é postular uma prática 'humana' (não-violência, etc) em um universo inumano (o do capitalismo e em geral o de toda [a 'pré-história'] [*equivale*] *a aceitar* – a se fazer cúmplice d' – *esse universo inumano* [...] mas se a recusa do humanismo significa a necessidade de aceitar a violência, e em geral [uma espécie de] princípio 'não-humano' como ponto de partida (todo o problema está na explicação desse *não*-humano) – ela não implica, como se poderia pensar [seguindo] a representação corrente, a aceitação do anti-humanismo. [...] é que se, ao pôr o homem, o humanismo se interverte em anti-humanismo, o anti-humanismo – que deveria ser definido como a filosofia ou a política que quer dispensar toda referência ao homem (no nível dos meios como no dos fins) [...] só pode nos [confinar] na violência e no inumano. Não pode nos conduzir a outra coisa. Assim, se em conformidade com o princípio da lógica do entendimento, estivéssemos obrigados a escolher entre o humanismo e o anti-humanismo [...] ficaríamos, respectivamente, entre a interversão (isto é, a contradição: a não-violência *é* violência, o humano *é* o inumano), e uma espécie de tautologia (o inumano 'não' é 'senão' o inumano, a violência 'não' é 'senão' a violência). A resposta que nos permitiria pensar e formular rigorosamente a relação contraditória entre meios (necessariamente) inumanos e fins humanos [...] é a que recorre à idéia de 'supressão' (*Aufhebung*) do humanismo. *A política marxista não deve ser definida nem como um humanismo nem como um anti-humanismo (nem tampouco como um a-humanismo): ela deve ser definida [como a que remete] à "supressão"* (Aufhebung) *à negação (em sentido dialético) do humanismo*. Negar dialeticamente o humanismo não quer dizer expulsar o homem (o 'humano', a não-violência) em sentido absoluto, como faz a negação vulgar *anti-humanista*, mas negar a *posição* do homem (isto é, negá-lo conservando-o: expulsá-lo da *expressão*; operação que se torna necessária – e isto explica o caráter da negação – pelo fato de que, se se põe o homem, ou o princípio 'humano', o 'humano' se interverte em 'inumano'. Assim, *nega-se* o homem (a não-violência etc) *para que ele não se negue a si mesmo*. Não fosse assim, não o negaríamos. *Assume-se* a negação (dialética), para evitar que se *sofra* a negação (vulgar) [...] Assim, somente recusando as teses (consistentes) [...] do 'humano' e do 'não-humano' (anti-humano), [para pôr] a tese (dialeticamente contraditória da supressão (*Aufhebung*) do humanismo [...] é que se consegue escapar da contradição vulgar, sem no entanto se refugiar na 'tautologia'".

SOBRE A POLÍTICA DE MARX 35

O dispositivo é análogo, em Marx, no plano especificamente político. A posição dos fins políticos, isto é, do (discurso sobre o) comunismo, bloqueia a sua realização[4]. O discurso que põe o comunismo é, contraditoriamente, não um discurso comunista, mas um discurso *utópico*. Assim como a posição de um fundamento humanista produz uma interversão do humanismo em anti-humanismo, a posição (entendamos, a posição plena) dos fins revolucionários determina uma interversão do projeto revolucionário em projeto utópico. *É necessário "suprimir" o fim para que ele possa ser teórica e praticamente efetivo.* Tal é a solução que, na esteira da dialética hegeliana, e sem dúvida no espírito da dialética em geral, Marx fornecia para o problema dos fins da política revolucionária; solução que consiste em pensá-la sob a forma de uma *quase*-fundamentação ética e de uma *quase*-fundamentação propriamente política. Resposta freqüentemente mal compreendida, mas, sem dúvida, extremamente rigorosa e que marca uma época na história do pensamento[5].

Eis aí o nosso ponto de partida. Porém, uma vez compreendida esta resposta, o problema permanece intacto. Trata-se de saber se esta "supressão" não nos conduz, ela própria, a uma outra interversão. O que está em jogo se situa no nível da relação entre forma e conteúdo. A operação dialética de "supressão" dos fins para impedir a interversão do discurso em humanismo ou utopia é legítima e alcança o seu resultado, porém *sob a condição de que os próprios fins sejam legítimos e legitimados. Supondo que os fins estejam plenamente justificados*, a "supressão" da sua posição "salva" a sua efetivação. Assim, é preciso primeiro que eles se revelem justificados. Caso contrário, a "supressão"

---

4. "[Marx e Engels] eram inimigos da utopia no interesse (*um...willen*) da sua efetivação", Theodor Adorno, [1966], *Negative Dialektik*, Frankfurt am Main: Suhrkamp, 1970, p. 314; *Dialectique Négative*, tradução francesa de G. Coffin, J. Masson, O. Masson, A. Renaut e D. Trousson, Paris: Payot, 1978, p. 252.

5. Entretanto, Marx não tematiza o problema no plano filosófico. Tematizá-lo, como faço aqui, não é, sem dúvida, inocente. Mas os efeitos dessa tematização – observo para responder a eventuais objeções – não são, a meu ver, da mesma ordem dos da posição dos conceitos de homem e de humanismo (ou de anti-homem e de anti-humanismo) no discurso primeiro. Sem dúvida ao tematizar em conjunto o discurso primeiro, o metadiscurso filosófico tematiza necessariamente aqueles conceitos, e à sua maneira os põe – *mas para validá-los ou invalidá-los*. Isto é, embora a tematização do problema implique na tematização e, de certo modo, na posição dos conceitos, a tematização do *problema* filosófico não tem o mesmo significado do da posição dos conceitos: ao contrário do que ocorreria (para um dos dois opostos) no discurso primeiro, tematizar os conceitos no metadiscurso filosófico não implica em legitimá-los. Mesmo se é verdade que o simples fato de se engajar no discurso filosófico implica estabelecer alguma distância em relação à "maneira de ser" do discurso marxiano, não creio estar dando, com esse procedimento, uma descrição inexata do pensamento de Marx (nos limites deste parágrafo só se trata de apresentar o pensamento de Marx), descrição inexata que ocorre, sem dúvida, cada vez que se o caracteriza, sem mais, como humanista ou como anti-humanista.

só tem, no melhor dos casos, um alcance formal, mesmo se se trata de uma forma dialética; no pior, ele tem um efeito oposto ao que é visado.

Somos, portanto, levados a discutir o conteúdo, isto é, a validade da perspectiva marxiana do comunismo, a qual não deve ser confundida, bem entendido, com os "comunismos" do século xx. Já havia assinalado em outro lugar[6] uma dificuldade que afinal é maior. Mesmo se Marx pensa todas as passagens históricas, de modo a modo, como rupturas, e mesmo se a passagem que nos levaria ao comunismo se apresenta como uma empreitada de liberdade, que tem só como *pressuposições* – no sentido dialético de pontos de partida a serem negados mediante um movimento descontínuo – as condições do presente, não é menos verdade que Marx não concebe a possibilidade de nenhum outro desenvolvimento futuro (à parte, talvez, as soluções negativas do tipo retorno à barbárie ou um "chafurdar" (*enlisement*), no capitalismo). Não há para ele um *tertius* histórico. Se o capitalismo, para Marx, não é mais do que condição necessária[7] do comunismo – a sua simples existência não é condição suficiente – essa condição é entretanto "exclusiva". Exclusiva, no sentido de que o capitalismo não aparece como condição necessária para a emergência de um outro regime que não seja o comunismo. Em outras palavras, não há – não é pensável – uma série paralela de condições incluindo o capitalismo, que serviriam à constituição de um outro regime. O comunismo pode não vir. Mas a alternativa a ele é mais ou menos da ordem do nada (incluindo o "apodrecimento" do modo atual). A decisão, coletiva e individual de lutar pelo comunismo, seria, sem dúvida, uma decisão livre, mas, seríamos de algum modo obrigados a ser livres, para retomar em outro contexto uma expressão célebre. Não haveria outro caminho, bom ou mau, no terreno do pós-capitalismo. O "jogo" seria dual. Se a história, em Marx, é lida a partir de uma grade que privilegia o tempo, no sentido de que se pensa essencialmente a sucessão das formas e não a sua contemporaneidade[8], o futuro, se de fato ele o representa como não determinado no sentido de que pode ocorrer ou não, é mostrado, apesar de tudo, como exclusivo porque uniforme. Há alternativas, mas elas não têm forma. Estamos diante do que há de mais perigoso no esquema marxiano. O preconceito dual, fonte das ideologias de esquerda do século xx, é o mais difícil de erradicar. Na

---

6. Cf. *Le Capital et la Logique de Hegel...*, op. cit., p. 114-115.

7. É condição necessária no sentido de que é preciso que haja pelo menos *algum* desenvolvimento capitalista para que o comunismo seja possível.

8. Jacques Bidet, cuja leitura d'*O Capital* é de resto essencialmente diferente da minha, tem razão em insistir sobre os inconvenientes desse privilégio mais ou menos unilateral da sucessão, na sua *Théorie de la Modernité* suivi de *Marx et le marché*, Paris: PUF, 1990.

SOBRE A POLÍTICA DE MARX          37

realidade, contra o que supõem os marxistas, tínhamos no século, e de certo modo ainda temos, não dois, mas três termos (senão quatro, se pensarmos no fascismo e nas formas que se lhe aparentam): o capitalismo (democrático ou autocrático), a sociedade despótico-burocrática paraigualitária – ou outro modelo autocrático de "esquerda" – e um projeto democrático, este, sem dúvida, a construir. Pensar essa pluralidade é condição necessária de toda crítica do capitalismo, condição que foi escamoteada desde o início[9].

Há um segundo aspecto. Ele nos remete, mas agora no plano do conteúdo, à questão do utópico e do não-utópico. A idéia fundamental de Marx é a da desaparição "catastrófica", global, do capitalismo. É o conjunto do sistema que deve desaparecer, das suas bases às suas "conseqüências". É, pois, por meio de uma luta contra o conjunto do sistema, e visando a destruição de todas as suas determinações, que Marx define um projeto político não-utópico, realista. Utópica seria, pelo contrário, a política que visasse eliminar somente certas determinações (certas determinações, mas essenciais: Marx não era contra as lutas por objetivos imediatos, visando modificações inessenciais à sobrevivência do sistema)[10]. Particularmente representativa da sua posição é a crítica dirigida àqueles que querem eliminar o capital, mas conservar o dinheiro. Na perspectiva de Marx, isso equivaleria a querer eliminar as consequências, conservando as "bases". Compare-se, a esse respeito, o texto bem conhecido do prefácio à *Contribuição à Crítica da Economia Política*[11], em que se diz que a humanidade só põe os problemas (*Aufgaben*) que ela é capaz de resolver, com um texto muito menos conhecido, dos *Grundrisse*, texto aparentemente contraditório em relação ao primeiro, onde se fala de certas exigências que não podem "ser satisfeita[s] senão nas condições em que [elas] não

9. A idéia de que da situação presente, tudo somado, só pode resultar uma forma social é uma idéia dos dois últimos séculos. Mas propor uma alternativa utópica ao mundo presente, e com isso eventualmente comprometer o alcance e a legitimidade da crítica, é um procedimento antigo. Até o século XVIII, essa referência se localiza no passado e não no futuro, e ela é, em geral, a Antiguidade clássica em uma de suas figuras (Roma, Esparta, Atenas). A partir da Revolução Francesa, a crítica política radical ao sistema tenderá a se cristalizar não só num ideal comunitário como objetivo último, mas num modelo ideológico-organizacional privilegiado e exclusivo, primeiro o jacobinismo, e depois o bolchevismo.

10. A observar que, no interior dessas últimas, a luta pela redução da jornada de trabalho tem um privilégio que, não por acaso, se deve ao fato de que a duração da jornada é definida por Marx como teoricamente *indecidível*. O espaço de tal luta é aberto pelo sistema, que não o preenche através de uma lei unívoca. Aqui, a lei é... a luta (juízo de reflexão).

11. *Zur Kritik der politischen Ökonomie, Werke*, Berlim: Dietz, 1990, v. 13, p. 9; *Contribution à la critique de l'économie politique*, tradução francesa de M. Husson e G. Badia, Paris: Éditions Sociales, 1957, p. 5.

# A ESQUERDA DIFÍCIL

pode[m] mais ser posta[s]"[12]. No primeiro caso, trata-se do problema relativo às contradições globais do sistema, no segundo, de exigências concernentes a contradições pontuais, mesmo se básicas, no caso, as contradições do dinheiro. O estatuto da relação entre problemas e respostas se inverte de um caso para outro. No primeiro caso, não há problemas sem solução, no segundo, não há solução para os problemas, o que significa: ou o problema não tem solução enquanto subsiste o modo, ou há solução, mas ela não corresponde mais ao problema; isto é, a solução ultrapassa o universo daquele problema, não é mais solução para *aquele* problema, porque para muito mais do que ele.

É certo que Marx supõe uma descontinuidade, e mesmo uma oposição, entre dinheiro e capital, mas nem por isso deixa de considerar como utópica toda tentativa de *frear* o movimento de transformação de dinheiro em capital. Para ele, seria necessário, pelo contrário, questionar o conjunto da produção capitalista e, nesse caso, capital e dinheiro deveriam ser ambos erradicados, a menos que se aceite o sistema, e então temos de conservar tanto um quanto o outro. Toda solução intermediária seria utópica. *O não-utópico é pois definido pelo desenvolvimento da contradição até o extremo, o utópico pela tentativa de impedir o seu desdobramento*:

> É um voto tão piedoso (*fromm*) quanto tolo (*dumm*) pedir que o valor de troca não se desenvolva em capital, ou que o trabalho que produz valor de troca não se desenvolva em trabalho assalariado. O que distingue esses senhores [os socialistas, principalmente os socialistas franceses] dos apologetas burgueses é por um lado o sentimento [que eles têm] das contradições que contém o sistema; de outro o utopismo, [o fato de que eles] não compreendem (*begreiffen*) a diferença entre a figura real e a figura ideal da sociedade burguesa[13].

É mais ou menos do mesmo modo que Marx denuncia a "democracia" ou a "democracia burguesa"[14] – na realidade, os socialistas – quando ela faz da igualdade ou da liberdade a sua bandeira. A igualdade e a liberdade são categorias próprias à circulação simples, lá estaria o seu lugar "natural"; e, nesse lugar natural, tal como ele se dá no interior do capitalismo (a circulação simples como "momento") elas *se intervertem necessariamente* em seu contrário. Querer frear a sua interversão seria pura utopia:

---

12. Karl Marx, *Grundrisse der Kritik der politischen Ökonomie (Rohentwurf) 1857-1858, Anhang 1850-1859*. Viena: Europäische Verlagsantalt, 1953, p. 89 abreviarei por *G*; *Manuscrits de 1857-1858* [Grundrisse], tradução francesa sob a responsabilidade de J.-P. Lefebvre, Paris: Messidor-Éditions Sociales, 1983, t. I, p. 109, abreviarei por *G* (L).

13. *G*, p. 160; *G* (L), v. I, p. 189, grifo de RF. "[N]ão se vê que a oposição entre o trabalho assalariado e o capital já está [em forma] latente (*latent enthalten*) na determinação simples do valor de troca", *G*, p. 159; *G* (L), v. I, p. 188.

14. *G*, p. 81, 152; *G* (L), v. I, p. 180, 181.

SOBRE A POLÍTICA DE MARX          39

Por outro lado, mostra-se igualmente a tolice (*Albernheit*) dos socialistas (sobre-tudo os socialistas franceses que querem provar que o socialismo é *a realização das idéias da sociedade burguesa expressas pela revolução francesa*), que demonstram que *a troca, o valor de troca* etc., originariamente (no tempo) ou segundo o seu conceito (*Begriff*) (na sua forma adequada), são um sistema de liberdade e de igualdade de todos, mas que eles foram falseados (*verfälschen*) pelo dinheiro, pelo capital etc. [...] Eis o que se lhes deve responder: *O valor de troca, ou mais precisamente o sistema do dinheiro, é na realidade o sistema da igualdade e da liberdade, e o que se opõe a isto no desenvolvi-mento mais preciso do sistema são perturbações imanentes*, [é] precisamente *a efetivação da igualdade e da liberdade que se fazem conhecer (ausweisen) como desigualdade e não-liberdade* (*Ungleicheit und Unfreiheit*)[15].

Esses textos não afirmam apenas que o desenvolvimento do valor em valor de troca e do dinheiro em capital implica uma interversão da liberdade em não-liberdade, mas que essa interversão é necessária em sentido absoluto, e mais, que esse sistema é o da liberdade e da igualdade. Estabelece-se assim uma quase-equivalência que, à primeira vista, parece paradoxal entre, por um lado, a liberdade e a igualdade enquanto tais, e, por outro, a forma burguesa dessas determinações. Mas o argumento se explica: o problema subjacente é o da possibili-dade, ou impossibilidade, de, pela via daqueles conceitos, estabelecer certo tipo de continuidade entre as revoluções burguesas e a revolução comunista.

Denunciar como utópica a tentativa de guardar o dinheiro sem conservar o capital (ou de conservar o valor de troca eliminando o dinheiro), não deixa de ter alguma justificação, principalmente se se pensar em certas versões históricas de um tal projeto. Entretanto, po-der-se-ia objetar: se o projeto de uma mudança como essa – que embora radical é, em termos descritivos, pelo menos, parcial – aparece como utópico, o projeto marxiano de uma mudança global não o seria ainda mais? Qual dos dois projetos é mais utópico, o que quer introduzir uma sociedade em que o capital seria mais ou menos neutralizado, subsistindo o dinheiro entretanto, ou aquele que visa uma sociedade comunitária sem capital e sem dinheiro, realização da promessa de uma transparência social mais ou menos completa? Para Marx, a primeira perspectiva é evidentemente utópica, e a segunda realista. Mas as razões que ele dá para mostrar a necessidade na não-neces-sidade do comunismo não são convincentes. De um modo geral, seria preciso se perguntar se a tese da necessidade do desdobramento das contradições internas do capitalismo – tese que se supõe realista – e seu complemento, a rejeição, por ilusório e utópico, de todo projeto que pretenda de algum modo frear aquele desdobramento, não remete a uma simplificação dogmática.

Que há utopismo na perspectiva de Marx poderia ser mostrado pelo tratamento que ele dá à questão da individualidade. Evidentemente

---

15. *G*, p. 160; *G* (L), p. 188-189, grifos de RF.

40          A ESQUERDA DIFÍCIL

e, em parte, com razão, ele insiste sobre o caráter histórico da forma
atual da individualidade:

Esta conexão somente coisal (*sachlicher Zusammenhang*) [a ligação mediatizada
pelas coisas que ocorre no interior da sociedade burguesa] é um produto histórico. Ela
pertence a uma fase determinada do desenvolvimento da individualidade. O caráter
estranho (*Fremdartigkeit*) e a autonomia (*Selbständigkeit*), na qual existiu até aqui
relativamente aos indivíduos, prova somente que *eles estão ainda criando as condições
da sua vida social*, e não começando esta vida social partindo dessas condições[16].

O texto fala da situação atual em que se encontram os indivíduos
e da possibilidade da emergência de uma nova "conexão". Mas até
onde poderão ir as novas condições? E em que medida essas novas
condições criarão indivíduos capazes de bem se ajustar a elas? O texto
evita entrar nos problemas relativos à estrutura da individualidade[17].
Esta aparece, implicitamente, "colada" ao sistema social. Se, a partir
de textos como esse, nos perguntássemos o que pensa Marx da individualidade, a resposta seria:

1) que a figura que assume atualmente a individualidade é histórica;

2) que, mais precisamente, essa figura revela um caráter *pré*-his-
tórico (no sentido marxiano de que "história" é história de sujeitos, e
sujeito o indivíduo atual ainda não é).

Por ora, deixemos de lado o segundo ponto. Sobre o primeiro
ponto. Há aí uma ambigüidade essencial. A tese da historicidade da
forma atual do indivíduo – historicidade como qualificação de alguma

16.  *G*, p. 79; *G* (L), p. 98, grifos de RF.

17.  Há vários textos em que Marx fala da condição da individualidade para além
do capitalismo. "[...] essa forma antagônica é ela mesma [uma forma] que desaparece
(*verschwindend*) e produz as condições reais da sua própria supressão. O resultado é: a
sua tendência potencialmente (*dinamei*) em direção ao desenvolvimento geral das forças
produtivas – da riqueza em geral – como base (*Basis*), assim como a universalidade do
comércio, e por isso do mercado mundial como base. *A base como possibilidade do
desenvolvimento universal do indivíduo e o desenvolvimento efetivo dos indivíduos a
partir dessa base como supressão constante dos seus obstáculos*, que são conhecidos
como obstáculos e não são tidos como limites sagrados. *A universalidade do indivíduo
não como universalidade pensada ou imaginada, mas como a universalidade das suas
relações reais e ideais.* Por isso também a compreensão da sua própria história como
um processo e o saber da natureza (*Wissen der Natur*) (existente também como potência
prática sobre esta) como seu corpo real". *G*, p. 440, *W*, v. 42, p. 447; *G* (L) v. II, p. 34,
citado por Maximilien Rubel, *Pages pour une individu socialiste*, Paris: Payot, 1970, v. 2,
p. 43 (retraduzido e grifado por RF). "É somente nesse nível que a auto-afirmação
(*Selbstbetätigung*) coincide com a vida material, *o que corresponde ao desenvolvimento
dos indivíduos até [a condição de] indivíduos totais* (zu totalen Individuen), *e o des-
pojamento de toda naturalidade originária* (Naturwüchsigkeit); e então dessa forma a
transformação do trabalho em auto-afirmação corresponde à transformação do comércio
até aqui condicionado no *comércio dos indivíduos enquanto tais*". *Die Deutsche Ideolo-
gie*, *W*, v. 3, p. 68, citado por M. Rubel, op. cit., p. 232, tradução e grifos de RF.

coisa que nasce na história ou da história – *vem ligada à idéia de que esta forma poderia ser modificada radicalmente.* Entretanto, as duas coisas não vão necessariamente juntas. A individualidade, na sua forma atual, pode ser histórica, como ela de fato deve ser em grande medida. Mas, se ela é, sem dúvida, suscetível de ser despojada de tal ou qual caráter específico, isso não impede que ela possa ser irreversível, culturalmente irreversível na sua forma geral. A natureza histórica de um traço não implica na sua reversibilidade, nem na sua plasticidade "infinita". De fato, a hipótese comunitária de Marx – é assim que ela deve ser chamada – supõe a possibilidade da emergência de "homens novos" (e mesmo, pelo menos em certos textos, como já indiquei, do "Homem"), isto é, de homens absolutamente liberados de todo tipo de egoísmo relativo à disposição dos bens e de toda agressividade "anti-social" (mesmo se não, de toda agressividade). Pode-se contar com esta possibilidade? Ou, pelo contrário, seria preciso convir que, muito mais do que o projeto de uma sociedade em que subsistem, "regionalmente", "egoísmo" e agressividade anti-social mas onde o capital é mais ou menos neutralizado, tal desígnio de refundação da humanidade remete a um universo utópico?

Quaisquer que sejam as diferenças culturais, a individualidade humana se desenvolveu por meio da história com características tais que é difícil aceitar, mesmo se "no horizonte", os pressupostos (aqui em sentido geral) antropológicos do comunismo. Seria necessário admitir a possibilidade – a "desejabilidade" é o outro problema – da "produção" de indivíduos que aceitassem a propriedade comum de todos os bens, e igualmente, já que o comunismo no seu estágio final supõe o fim do Estado e também do Direito, de indivíduos perfeitamente identificados com o interesse social, cuja conduta excluiria em absoluto a possibilidade de transgressão. O problema pode parecer secundário e foi tradicionalmente recusado, como se ele só interessasse à direita. Na realidade, essa recusa nunca foi justificável, mas ela passou a ser absolutamente injustificável no momento em que a idéia da indeterminação da história futura se tornou uma verdade comum. A partir daí o problema das bases antropológicas do comunismo passou a ter uma importância crítica de primeira ordem. Sobre o primeiro aspecto, é difícil dar uma resposta absolutamente segura. Nas sociedades capitalistas contemporâneas pode haver propriedade comum dentro da família, por exemplo (a propriedade estatal não é propriamente comum). Mas isso se dá numa esfera muito limitada e com características especiais. Seria pensável, mesmo no horizonte, uma ordem social construída de qualquer forma a partir dos indivíduos atuais, em que existisse propriedade comum da generalidade dos bens (excluindo embora, digamos, certos bens menores de uso pessoal)? A outra questão é mais grave. A resposta positiva supõe a produção de um verdadeiro "homem novo", capaz de dominar em todas as circunstâncias a sua agressividade "anti-social",

42     A ESQUERDA DIFÍCIL

isto é, capaz de impedir em todos os casos (para todos os homens, e em todas circunstâncias) as violências incompatíveis com a ordem social. Isso é dificilmente pensável. É verdade que a experiência mostra que a agressividade de alguns coexiste com comportamentos pacíficos e mesmo generosos. No plano coletivo, eles aparecem – mesmo se conduzindo muitas vezes à violência, genericamente, o seu contrário – por ocasião de grandes movimentos coletivos (Assim, a atitude generosa de muitos perante a Revolução Francesa oferecia a Kant razões para crer na *idéia* de uma história suscetível de criar as bases de uma sociabilidade futura, em conformidade com a lei moral[18]). Porém, uma total neutralização da agressividade "anti-social" e também o fim de todo egoísmo material parecem muito duvidosos, mesmo como perspectiva para um futuro remoto. Mas é com isto que Marx conta. Ele rejeita toda idéia da sobrevivência de uma camada de "egoísmo material", e sem dúvida de agressividade associal nos membros da futura sociedade comunista. É verdade que os textos são ambíguos, mas essa ambigüidade é um defeito: "É inepto [*abgeschmacht*] conceber tal *conexão somente coisal* como sendo [uma conexão] natural [*naturwüchsig*] (*em oposição ao saber refletido*), imanente à natureza da individualidade e indissociável dela"[19]. Por trás de um texto como este existe uma dupla ambigüidade: entre mudanças específicas e relativamente superficiais de um lado, e mudanças profundas de outro; e a que consiste em confundir o histórico, no sentido de algo produzido pela história, com o mutável. Desmontando as duas "anfibolias", não se poderia supor que as formas específicas que toma hoje a individualidade não são eternas, sem supor entretanto que esta individualidade seja suscetível do grau de plasticidade que exigiria a comunidade dos "produtores"? Quanto ao conteúdo das determinações antropológicas. Admitindo a possibilidade de que haja traços ao mesmo tempo históricos e irreversíveis, não se deveria supor, no que se refere ao problema da agressividade e do seu contrário, a coexistência dessas duas camadas como sendo, na sua forma geral, aquisições antropológicas com as quais, de um modo ou de outro, seria necessário contar?

Essas considerações sobre a individualidade tendem a introduzir o esquema de uma história antropológica de algum modo cumulativa.

Se passarmos da questão do indivíduo ao problema da igualdade e da liberdade, nos deparamos com exigências do mesmo tipo. Não é que Marx não fale da liberdade sob o comunismo (a questão da igualdade é um pouco mais complicada, ver a *Crítica do Programa de Gotha*, mas

---

18.  Kant parece evocar duas ordens de razões para justificar o seu relativo otimismo histórico. Por um lado, uma astúcia da natureza, a idéia de uma resultante finalmente feliz – mesmo se frágil – do entrechoque dos interesses egoístas. Por outro lado, e é aquilo de que se trata na referência, um certo progresso consciente rumo à moralidade. As duas razões parecem fundadas.

19.  *G*, p. 79; *G* (L), v. I, p. 98, grifo de RF na passagem entre parêntesis.

a dificuldade não está aí). Há, por outro lado, muitos textos em que ele fala da liberdade burguesa como uma forma ilusória de liberdade. Mas o problema é saber se, na diferença, ele reconhece algum tipo de continuidade entre as duas liberdades. A resposta a essa pergunta não é muito simples, mas ela o é pelo menos nos textos citados, pois é esse o sentido da crítica aos "socialistas", especialmente aos franceses.

Se há liberdade no comunismo, ela é *radicalmente* outra. Essa alteridade radical vem não só do conteúdo dessa liberdade, mas também da forma, isto é, da sua "situação lógica": se para a época capitalista, a liberdade aparece como motivo central (ideológico, dir-se-á, mas ao afirmar que a liberdade burguesa é *a* liberdade – ver texto dos *Grundrisse* citado acima – Marx reconhece de certo modo a verdade essencial dessa conexão), a liberdade, que habita o universo do comunismo, por "verdadeira" que ela seja, não define este último entretanto (Defini-lo pela liberdade, pôr a liberdade no centro da idéia do comunismo, nos conduziria precisamente, do ponto de vista de Marx, a mais uma variante da interversão descrita anteriormente). A luta por uma efetivação plena da liberdade, entendida como uma liberdade que só teria sido realizada em forma imperfeita na época burguesa, é uma luta que, sob essa forma, seria mistificante, para Marx, e que, como tal, deveria ser recusada.

Se a crítica do marxismo põe em evidência, contra Marx, a continuidade "de base" que deve existir entre o indivíduo de hoje e aquele de uma "sociedade reconciliada" (de resto, sem fundamentar apenas nisso a argumentação, lembremos em que deu a produção do "homem novo"), a crítica deve também insistir sobre as implicações e dificuldades de uma ruptura radical entre as duas liberdades. Tal ruptura implica, precisamente, numa história catastrófica, na inanidade de toda luta pela democracia, na impossibilidade de estabelecer um *continuum*, pressuposto (em sentido dialético) ou não, para as lutas pela liberdade em diferentes momentos da história. E finalmente isto nos remete de volta ao problema: se tanto para Marx como para seus críticos socialistas o sistema é contraditório, e liberdade e igualdade passam no seu contrário, o que seria mais utópico, a tentativa de frear essa passagem ou o projeto de quem a considera inevitável enquanto houver esses termos, e se dispõe a provocar a "explosão" do sistema como única saída possível para uma outra sociedade?

A negação ou afirmação da continuidade dos fins (das revoluções "burguesas" em relação à revolução comunista e em geral ao projeto socialista), diga-se de passagem, não diz nada sobre o problema dos meios (pelo menos dos meios "específicos") das duas revoluções[20].

---

20. A recusa da continuidade dos fins está, como vemos, em Marx, pelo menos em uma parte dos seus textos. A continuidade dos meios existe também, no sentido geral de que Marx propõe, salvo exceções, um caminho violento. Mas isso não significa

44 A ESQUERDA DIFÍCIL

Poder-se-ia mesmo dizer até certo ponto que, curiosamente, os que tendem a afirmar a continuidade dos fins (pelo menos no sentido de que não recusam a idéia de que se luta pela liberdade e pela igualdade) são em geral partidários de uma ruptura radical nos meios. Inversamente, a recusa da continuidade dos fins aparece em conexão com uma transposição acrítica dos meios. Assim, pode-se afirmar que a ideologia bolchevista não vai em geral na direção da continuidade dos fins (pelo menos, a face mais conhecida do bolchevismo não é a do defensor ou "realizador" da liberdade e da igualdade, mas antes a do "produtor" do homem novo). Entretanto, o bolchevismo será o campeão da retomada dos métodos radicais de 1793. A revolução socialista deveria, ainda uma vez, cortar cabeças, mas a serviço de um fim radicalmente novo. Ao que dever-se-ia responder que, pelo contrário, é preciso *mudar* os meios, e *preencher* os fins antigos, justos em geral, mas indeterminados ou, mais precisamente, afetados pelo seu contrário. [A discussão pode parecer um pouco bizantina. Quando se considera o lado mais anti-socialista da Revolução Francesa por exemplo, digamos, a proibição de toda organização operária ou sindical, não se poderia dizer corretamente que não aperfeiçoamos nada, mas vamos em outra direção? Isso é verdade pontualmente. A tese da continuidade não elimina as descontinuidades. Mas a tese da descontinuidade elimina o essencial da continuidade: o projeto democrático. Toda a discussão gira finalmente em torno dele, e é nesse sentido que ela é essencial].

Qual a relação entre esse Marx descontinuista aqui criticado e os textos (que se encontram principalmente nas obras de juventude mas não só) em que Marx fala da história como um processo de constituição de que resultaria o nascimento do Homem? A resposta é difícil. Aparentemente, o esquema de constituição do Homem se opõe ao discurso

continuidade dos meios no plano específico, no sentido de que o tipo de violência que pode ser encontrada na Revolução Francesa, considerada classicamente como "revolução burguesa", deveria reaparecer na "revolução socialista". A tese dessa continuidade específica só se encontra nos "herdeiros", e caracteriza mesmo uma das tendências em que se cinde a posteridade política de Marx. Há em Marx, mas sobretudo em Engels, vários textos bastante críticos em relação aos métodos do jacobinismo. Ver a carta de Engels a Kautsky de 20/02/1889, *W*, v. 37, p. 155-156; a carta de Engels a Victor Adler de 4/12/1889, *W*, v. 37, p. 317; e a carta de Engels a Marx de 4/9/1870, *W*, v. 33, p. 53, textos comentados por Hal Draper em *Marx's Theory of Revolution*, New York: Monthly Review Press, 1976-1990, 4 v. Ver particularmente no volume III, a nota c "the meaning of terror" and "terrorism", (principalmente 1. "Marx on the jacobin terror"), p. 360 e ss., assim como o capítulo 9 "Marx and Blanqui" (principalmente 1. "Marx and babouvism"), p. 120 e ss.; e no volume IV, "Marx and the French Revolution a Suplementary Note", p. XII e ss. do prefácio. Ver igualmente Michael Löwy, *La théorie de la révolution chez le jeune Marx*, Paris: Maspero, 1970. A crítica da assimilação dos métodos do movimento socialista ao do jacobinismo se encontra nos escritos de Rosa Luxemburgo, assim como no importante texto de juventude do Trótski não-bolchevique, *Nos tâches politiques*, tradução francesa revista e corrigida por B. Fraenkel, Paris: Denoël/Gonthier, 1971, (Bib. Médiations, n. 81).

radicalmente descontinuista, precisamente porque descreve o conjunto do processo histórico como um processo único (sem dúvida no plano das pressuposições, em sentido dialético). Mas ao mesmo tempo, na medida em que esse processo único não é concebido como um desenvolvimento (passagem do ente ao ente, *alôiosis*), mas como uma *gênese* (passagem do não-ser ao ser), estabelece-se uma ruptura entre o estágio final e as figuras (ou o conjunto das figuras) do processo de constituição (As figuras da pré-história são, por sua vez, de certo modo fundidas num processo único: as determinações capitalistas aparecerão como o universal concreto que unifica essa pré-história. Porém a questão principal é a das implicações da passagem da pré-história à história). O esquema de constituição (nos *Grundrisse*, ele não aparece enquanto tal, isto é, como pré-história do homem, mas estamos muito próximo disto, porque o tema recorrente é o da alienação dos indivíduos, da sua subordinação a uma quase-natureza, num processo de criação das condição para a livre e plena individualidade, que terá a natureza como seu corpo orgânico) não é, assim, incompatível com a descontinuidade radical, e pode mesmo induzi-la (em princípio ela articularia continuidade pressuposta e descontinuidade posta, mas o nosso problema, de ordem pós-marxista, é o de como, em Marx, a descontinuidade acaba levando a melhor). Ocupei-me bastante em outro lugar desses textos, em que se pensa a história como processo de constituição do homem. Como indiquei mais de uma vez, eles têm um interesse lógico-dialético considerável, pelo simples fato de introduzirem a idéia de gênese (em oposição ao simples desenvolvimento [*alôiosis*]), e isto porque a idéia de *gênese* tem implicações lógico-dialéticas interessantes: de certo modo, na gênese, uma coisa aparece como o oposto de si mesma. No plano "histórico-dogmático", o valor deles é ambíguo. A idéia de que a história é processo de constituição do homem e, assim, não realmente história mas pré-história do homem, introduz um universo escatológico que abre a porta, de uma maneira um pouco paradoxal, para as rupturas "catastróficas" que assinalei. Ao mesmo tempo, deve-se reconhecer que aqueles textos têm um interesse considerável também para uma teoria da história, porque, *lidos de uma certa forma*, eles *podem* fornecer um quadro que vai em sentido inverso ao da ruptura e da descontinuidade (No que se refere à integração da "história-até-aqui" num "universal concreto" representado pelo capitalismo, isso é imediatamente evidente). A meu ver, para conservar o lado positivo que oferecem esses textos, o essencial seria eliminar precisamente a idéia de uma oposição entre "pré-história" e "história". Mas o que restaria então? Resta o movimento de uma história, que é sempre história de um sujcito (em sentido muito geral) e não gênese do sujeito, mas história que se supõe suscetível de uma *mutação radical. Se se quiser, não da passagem da pré-história à história, mas de uma história a uma outra história.* Ao esquema da constituição do homem, é preciso opor, assim, o de uma história do homem, ou melhor, de sucessivas histórias do homem, se considerarmos o que estaria inscrito num de seus horizontes de possibilidade. Esse esquema não representa uma simples volta ao desenvolvimento, pensado em forma *aufklärer* (iluminista) (embora, como motivo crítico, ele vá, em geral, na direção da *Aufklärung*), porque nele se introduz a idéia da possibilidade de mudança, de ordem radical e, à sua maneira, brusca [passagem a uma outra história]. Acho que esse trabalho está de algum modo presente na *Dialética Negativa* de Theodor Adorno. Adorno não fala em pré-história, ou em gênese do homem, mas em "história natural" (expressão que também se encontra em Marx, e, como as outras, vem de Moses Hess), o que não deve ter sido acidental. A diferença é sutil, mas ela evita a escatologia e uma descontinuidade que é afinal de ruptura [Emprego o termo "mutação" também para precisar que a idéia de continuidade não implica, passando ao plano propriamente político, numa posição "reformista". O reformismo poderia ser definido pela ausência de perspectivas a longo prazo, *que estas impliquem ou não no recurso à violência*. Este o sentido mais geral do famoso "o movimento é tudo...". Assim, nesse plano propriamente político, há também, em analogia com a teoria da história, três posições e não duas: reformismo; reforma e depois mutação não violenta; violência revolucionária e ditadura].

Podemos voltar agora ao nosso ponto de partida. As dificuldades que encontramos no *conteúdo* da política de Marx alteram o significado da "supressão" (*Aufhebung*) dialética dos fins (a qual, como vimos, visava, em Marx, impedir a interversão do discurso revolucionário em discurso utópico). Se o conteúdo não se legitima, a "supressão" tem um efeito totalmente diverso. Em lugar de impedir uma queda na utopia (e um bloqueio do projeto revolucionário – ou, em geral, crítico –, bloqueio resultante de um movimento de interversão análogo àquele cuja possibilidade Hegel descobre na razão prática kantiana) *a supressão reforça o caráter utópico do discurso*. Esse caráter vem do conteúdo, não da forma, mas a forma dialética o reforça, porque, recusando a posição dos fins, ela oculta mais ou menos a natureza utópica do conteúdo: ela o põe numa zona de sombra (em sentido vulgarmente negativo). A não-posição, que se destinava a evitar uma interversão, e que era (ou seria), por isso, a condição do discurso crítico, se transforma num instrumento dogmático; não se vê mais, ou, pelo menos, vê-se com dificuldade, a fragilidade de um objetivo político que permanece pouco tematizado. Se a "supressão" dos fins visava impedir a queda na utopia, descobre-se que *a própria supressão é produtora de um efeito utópico*. A "supressão" se interverte em utopia. *A alavanca antiinterversão sofre ela própria a dialética da interversão*.

O movimento homólogo, no plano dos meios, dessa anfibolia da interversão – movimento que vem de Marx, mas que ultrapassa os seus limites com as ideologias "marxistas" do século xx (Marx é

SOBRE A POLÍTICA DE MARX                47

também responsável, mas só no sentido de que não viu a inevitabilidade dessa ultrapassagem) – é apresentar e justificar como produtora de uma situação futura de não-violência, segundo o modelo dialético clássico, uma violência que de fato só reproduz a si mesma. Fechou-se o círculo. O fim, o conteúdo, é irrealizável (e dificilmente justificável). Os meios não são suscetíveis de produzir esse conteúdo, mas servem para um outro fim – os "comunismos" do século XX –, o qual vem aureolado pelas supostas virtudes do antigo fim, e cuja imperfeição é ocultada por sua não-posição enquanto fim. Ou preferindo, a imperfeição material do antigo fim faz de seus meios, meios de outros fins. A "pressuposição" (negação) formal do primeiro, operada em nome da sua realização, oculta a sua sub-repção. A "supressão" se inverte em bloqueio definitivo do conteúdo antigo, cristalizado em ideologia do conteúdo novo.

Não é necessário insistir sobre os grandes méritos da crítica marxiana da economia política. Enquanto crítica, o edifício é, em *grandes linhas*, sólido. Isto significaria que não sobra nada da política de Marx nem da sua "filosofia da história"?

Disse no início desse texto que Marx tem uma idéia "catastrófica" da mudança histórica. "Catastrófica" poderia significar três coisas. Primeiro, que os dois pólos da contradição interna do sistema deveriam cair (trata-se não da antítese proletariado/ burguesia, mas a da igualdade/ desigualdade, liberdade/ não-liberdade, ou mesmo do dinheiro e do capital). Tentei, aqui, criticar essa idéia. Em segundo lugar, poderia significar que uma sociedade nova só poderia nascer por um processo revolucionário, levado adiante pelas classes exploradas. Aqui, não discuto diretamente essa questão. A esse respeito, remeto à "Introdução Geral" de *Marx: Lógica e Política,* tomo III, e ao último texto deste volume. Em terceiro lugar, isso poderia significar que a forma social atual deveria conduzir a uma catástrofe social (visa-se, nesse terceiro sentido, o momento propriamente negativo da noção). Ora, a esse respeito, não parece que Marx tenha errado. Há um grande risco de que as sociedades atuais conduzam a catástrofes, mesmo se estas não devam ter necessariamente a figura que Marx lhes atribuía. Se não é contraditório falar em catástrofe crônica, poder-se-ia dizer que o desemprego que afeta um número importante de países, às vezes por períodos muito prolongados, tem alguma coisa de catastrófico (As causas não são inteiramente conhecidas, mas há razões para supor que a redução progressiva do peso relativo do trabalho, fenômeno cujas raízes são estruturais, tem alguma coisa a ver com isso. Sob esse aspecto, de todos os textos de Marx, são os *Grundrisse* os que oferecem maior interesse[21]). Mas estamos tam-

---

21. Do que se escreveu a respeito, há que destacar os trabalhos de André Gorz, *Metamorphoses du travail*: critique de la raison economique, Paris: Galilée, 1988; *Adieu au Prolétariat*: au delà du socialisme, Paris: Galilée, 1980, etc.

bém diante de ameaças, várias vezes efetivadas, de catástrofes agudas, de ordem ecológica ou (como chamá-las?) antropológica, cuja origem se encontra na corrida desenfreada pelo progresso técnico e econômico, e isto ou por parte do poder de Estado (assim, os acidentes ligados à utilização das novas energias), ou por parte da indústria privada (assim, os "acidentes" relativos à saúde das populações). O exemplo mais famoso dessa segunda categoria é particular e tragicamente interessante. Sabemos que a busca do lucro e da acumulação sempre foi indiferente à sorte das populações e provocou hecatombes humanas no século XIX (Irlanda) e estragos no meio natural. Mas nas condições técnicas de hoje, o problema muda de figura. Se o vendedor, como bom *homo economicus*, sempre foi indiferente ao destino posterior da sua mercadoria e ao do seu comprador e consumidor, os limites da técnica impediam que as eventuais conseqüências negativas dessa indiferença ultrapassassem em geral certa medida. Em boa ideologia liberal, se dizia que o vendedor tem sempre interesse em fornecer mercadoria de boa qualidade e inócua, sem o que ele seria excluído do mercado. Mas o que ocorre quando a complexidade e sofisticação dos meios têm como resultado a produção de mercadorias cujos efeitos funestos só se manifestam num prazo, digamos, de quinze ou vinte anos? O vendedor é indiferente a esses efeitos que, no pior dos casos, só irão penalizá-lo muito mais tarde. A complexidade e a sofisticação das técnicas destrói assim, de um modo inédito, a credibilidade da ideologia do "bom egoísmo". Pois foi em nome dessa ideologia que o governo britânico confiou à própria indústria privada o controle de qualidade dos produtos animais; do que resultou e ainda resultará a morte de não se sabe quantas centenas ou milhares de pessoas. Isso tudo mostra como é ilusória a tentativa de invalidar toda crítica do sistema em nome do "bom senso", em oposição ao fanatismo: conforme o que dizia a tese clássica, o sistema é ele próprio "fanático".

Mas nem por isso existe aí uma razão para opor ao sistema, por mais "explosivo" que ele seja, uma sociedade comunitária – comunista – mesmo se no sentido, autêntico, em que ela é proposta por Marx. Pode-se dizer sem grande risco de erro: a experiência histórica mostra que toda tentativa de opôr uma perspectiva comunista ao capitalismo pode (ou deve) nos conduzir a uma terceira forma social, o neodespotismo burocrático [igualitarista]. Pensar hoje uma política socialista é abrir um caminho difícil, que supõe:

1) com Marx, que o sistema contém um núcleo importante de irracionalidade; e que, nesse sentido, não se exclui o pior;

2) contra Marx, que é preciso supor como alternativa não uma sociedade que faz tábula rasa da forma atual da individualidade; mas uma sociedade em que – independentemente das modificações que ela poderia eventualmente operar sobre a estrutura da individualidade – seja capaz de organizar e canalizar em alguma medida o poder das

pulsões de egoísmo e agressividade. A propósito do problema do trabalho, André Gorz pensa numa sociedade dual, em que coexiste a presença inevitavelmente heterônoma do trabalho – mas dentro de limites muitos estritos: sua duração vai se reduzindo tendencialmente – com o tempo do não-trabalho, de lazer e criação. Ora, também a propósito do indivíduo, seria preciso pensar em termos de dualismo: haverá sempre uma esfera de egoísmo que, à maneira de Fourier, será preciso canalizar sem inibir. Mas coexistindo com ela, uma ampla esfera de expansão para o melhor que oferece a individualidade.

Entre o comunismo de Marx e os comunismos do século xx houve, e ainda há, ao mesmo tempo, uma oposição absoluta e uma afinidade objetiva oculta. Oposição absoluta: a sociedade comunista, tal como Marx a pensava, e mesmo a sua concepção da ditadura do proletariado não tinham nada a ver com a ditadura stalinista (em cuja emergência, convém lembrar, Lênin e Trótski têm uma parte importante de responsabilidade). Afinidade objetiva oculta: porque encarava o futuro sob a forma da alternativa capitalismo/comunismo (que fosse socialismo, o problema da alternativa permaneceria) e porque visava uma finalidade ilusória e que, pelas razões indicadas, se recusava a pôr, o pensamento de Marx continha um "ponto cego", onde pôde se aninhar a ideologia burocrática. A sociedade neodespótico-burocrática [igualitarista] investiu nesse ponto cego, e fez do próprio marxismo, devidamente relido, sem dúvida, a sua ideologia. A teoria que continha esse ponto cego, enquanto continha esse ponto cego, oferecia logicamente, e pelo contexto, também historicamente, as melhores condições para essa instrumentalização ideológica. Eis porque o trabalho do presente deve ser duplo. Separar o comunismo de Marx dos comunismos do século xx; mas ao mesmo tempo mostrar como, apesar da sua grandeza, as fraquezas do primeiro serviram bem aos desígnios do último. Se fizermos somente o último trabalho, corremos o risco de nos desfazer da crítica marxiana do capitalismo, o que não constituiria uma pequena perda. Mas se fizermos só o primeiro, como de tempos em tempos quer a moda, correremos o risco de perder de vista o fio que liga as ideologias burocráticas ao marxismo – e também a algumas outras correntes da tradição socialista –, o que nos tornaria inermes diante dos perigos atuais. Porque, apesar das aparências, a ameaça que constituem as sociedades burocráticas – macroburocracias mas, à sua maneira, também as micro – é sempre real.

O sentido dos argumentos desenvolvidos neste texto é duplo, e se relaciona de modo simetricamente inverso aos dois extremos, em relação aos quais a dialética se apresentou e se apresenta como unidade resolutiva: o entendimento abstrato e de estilo *aufklärer*, e o "entendimento imaginativo" ou razão romântica.

Que a história se confirme antes como história do que como pré-história do Homem, mesmo se, em certo sentido, como "história natural"; que venha a ser necessário introduzir continuidades na história antropológica e na das lutas; eis algumas teses que – embora elas não relancem sem mais a idéia de progresso, antes a compliquem, nem restabeleçam o universo *aufklärer* – valem sem dúvida como retificações desse tipo de universo a introduzir no interior do núcleo da herança marxiana. É o entendimento *aufklärer* que intervém aqui como instância crítica.

Insistir sobre o poder destruidor – para a espécie – do progresso, tal como ele ocorre na sua forma atual, tem, pelo contrário, o sentido de uma crítica antiiluminista. Significa opor argumentos *antiaufklärer* ao caráter, tudo somado, prometeano, da idéia marxista do progresso. Marx, o da maturidade pelo menos, conhecia bem o lado destruidor do progresso, mas não os seus efeitos no nível da espécie.

De qualquer modo, não vamos nem na direção de uma nova *Aufklärung*, nem na de um novo romantismo – há de resto uma vertente crítica, a acrescentar, cuja significação geral não se afasta do universo clássico –, mas no sentido de uma nova maneira de pensar e de ultrapassar a sua unidade. Essa maneira de pensar mereceria o nome de "crítica dialética", ainda que o pensamento de Marx, a rigor não o de Hegel, já fosse suscetível de receber essa denominação. Hoje, porém, se infunde um outro conteúdo nessa crítica, já que, no interior dela, os dois opostos negados, sem deixar de ser momentos, ganham uma nova ressonância. O termo "crítica", que Marx herda de Kant, pode evocar um deles. Se recusarmos a idéia de uma dialética romântica, a presença do outro momento não é explicitamente evocada. Pergunto-me em que medida esse segundo momento não se prolonga ou se anuncia também como crítica – regional – da dialética [quando a dialética se torna ideologia, o entendimento aparece, embora regionalmente, como instrumento crítico].

# 3. Acertos e Dificuldades
## do Manifesto Comunista

"A história de toda sociedade até hoje é a história das lutas de classes". "As idéias dominantes de uma época sempre foram as idéias da classe dominante". "O poder de Estado moderno não é mais do que um comitê, que administra os negócios comuns do conjunto da classe burguesa". "Os trabalhadores não têm pátria". "Os proletários não têm nada a perder [numa revolução comunista] senão as suas cadeias". "Em lugar da velha sociedade burguesa, com suas classes e suas oposições de classes, surge uma associação na qual o livre desenvolvimento de cada um é a condição para o livre desenvolvimento de todos". "[A burguesia] afogou nas águas gélidas do cálculo egoísta os sagrados frêmitos da exaltação religiosa, do entusiasmo cavalheiresco, do sentimentalismo pequeno-burguês (*spiessbürgerlich*)"[1].

O *Manifesto* é conhecido, antes de mais nada, por algumas frases famosas. Algumas delas, como as que falam da trajetória histórica da burguesia, são essencialmente verdadeiras; outras, como a que considera os trabalhadores como "sem-pátria" não são literalmente verdadeiras

---

1. Karl Marx; Friedrich Engels, *Manifest der Kommunistischen Partei*, em *Werke*, Berlim: Dietz, 1990, v. 4, respectivamente p. 462, 480, 464, 479, 493, 482 e 464; *Manifesto do Partido Comunista*, organização e introdução de Marco Aurélio Nogueira, tradução de Marco Aurélio Nogueira e Leandro Konder, 8 ed., Petrópolis: Vozes, 1998, respectivamente, p. 66, 85, 68, 84, 99, 87 e 68. Não retomei literalmente a boa tradução de Nogueira e Konder, mas a consultei ao longo de todo o texto. Abreviarei os dois textos respectivamente por *W*, v. 4 e *M*.

e se legitimariam antes no interior de um projeto político; outras, como a que cito no início do texto, são problemáticas.

A história não é – apenas – a história da luta de classes, pelo menos por três razões. Uma, indicada por Engels na edição inglesa de 1888, porque que parece haver existido sociedades sem antagonismos, pelo menos comparáveis com os antagonismos modernos; outra é a de que as oposições existentes na maioria das sociedades anteriores ao modo de produção capitalista não foram a rigor oposições de classes (o conceito de classe, como já diz um texto da *Ideologia Alemã*, só se aplica rigorosamente ao modo de produção capitalista). Uma terceira é a de que, como Marx e principalmente *O Capital* ensinam abundantemente, a história não é só luta, ela é também inércia. A história até hoje é também história das "estruturas", em relação aos quais os indivíduos não são agentes-sujeitos mas suportes. A tensão entre "sujeitos" e suportes, dupla função das individualidades, é um dos achados dialéticos de Marx, infelizmente reduzido ao imperialismo das práticas ou ao imperialismo das estruturas, ambos no registro do "entendimento" [em oposição à razão]. O próprio *Manifesto*, que por mais de uma razão – por ser um manifesto, e por pertencer a um período determinado do pensamento de Marx, de que falarei mais adiante – privilegia as práticas, refere-se de qualquer forma à função de suportes: "O progresso da indústria, cujo suporte (*Träger*) sem vontade (*willenlos*) e sem resistência (*widerstandlos*) é a burguesia"[2]. Há problemas assim relativamente às lutas, às classes e às lutas de classes, mas a frase com que se abre o *Manifesto* não é propriamente falsa: o marxismo não é uma teoria geral da história, é uma crítica do capitalismo que pressupõe apenas (em sentido dialético: o pressuposto é ao mesmo tempo posto e não posto) um esquema geral da história. As dificuldades, veremos, são outras.

O *Manifesto* pode ser apreciado de um ponto de vista estritamente teórico ou de uma perspectiva política (claro que há teoria política, mas aqui tomo "política" num sentido mais estreito). Num outro plano, ele pode ser lido ou como momento da história das lutas socialistas, ou como momento da história do pensamento e da prática do seu autor principal, ou de seus autores.

Enquanto momento da história do pensamento de Marx, o *Manifesto*, independentemente do gênero a que pertence, corresponde bem nitidamente a um período de transição de que faz parte igualmente, entre outros textos, *A Ideologia Alemã*. As obras desse período se caracterizam por certos traços peculiares que as distinguem, por um lado, do momento dos *Manuscritos* de 1844 e, por outro, das obras de maturidade, sobretudo *O Capital* e os *Grundrisse*. No momento dos *Manuscritos* de 184, Marx escreve como filósofo, mesmo se filósofo

2. *W*, v. 4, p. 474; *M*, p. 77 e 78.

ACERTOS E DIFICULDADES DO *MANIFESTO COMUNISTA*          53

não-filósofo à maneira de Feuerbach – o texto é feuerbachiano mas com um componente hegeliano; na época de transição, que consideramos, o discurso de Marx se pretende, pelo contrário, claramente antifilosófico; e na época da maturidade poder-se-ia falar em "supressão" em sentido hegeliano, supressão-conservação da filosofia. Além de antifilosófico, nas suas intenções pelo menos, o discurso da transição tende a uma espécie de historicismo: a teoria e todas as formas de consciência aparecem mais ou menos no nível da história (enquanto que em 1844 elas se elevam como uma espécie de transcendental; na maturidade, tem-se uma posição intermediária). Finalmente, o pensamento da transição tende a evitar todo tipo de totalização. Em particular, faz-se um imenso esforço para apresentar a revolução como do mesmo tipo genérico das outras, a qual, se encerra a história da exploração, é apenas porque o modo de produção burguês é o *último*. Nos *Manuscritos*, a revolução é pensada como visando antes o conjunto da "pré-história"; enquanto n'*O Capital* e nos *Grundrisse*, o alvo é, sem dúvida, o capitalismo, mas pensado como *universal concreto*, que contém em si mesmo, de certo modo, o conjunto do desenvolvimento anterior. No período de transição, em vez da universalidade, têm-se antes a generalidade:

> O que caracteriza o comunismo não é a abolição da propriedade em geral, mas a abolição da propriedade burguesa.
>
> Mas a moderna propriedade burguesa é a última e a mais perfeita expressão da fabricação e apropriação de produtos, que se baseia em oposições de classes, na exploração de uns pelos outros [da maioria pela minoria: Engels, 1888]. Nesse sentido, os comunistas podem *resumir* sua teoria nessa única expressão: supressão (*Aufhebung*) da propriedade privada[3].

Como momento da história da crítica socialista, o *Manifesto* – como, em maior ou menor medida, os escritos de Marx, em geral – traz a novidade de fazer da autodeterminação do proletariado o motor da transformação revolucionária, e considerar a revolução como um processo cujo sujeito é a *maioria*: "Todos os movimentos precedentes foram movimentos de minorias ou no interesse de minorias. O movimento proletário é o movimento *autônomo* (*selbständige*) da imensa maioria no interesse da imensa maioria"[4]. Do mesmo modo, lê-se mais

3. Ver *W*, v. 4, p. 475; *M*, p. 80, grifo de RF. Um texto exemplifica bem a perspectiva quase-historicista da transição; é uma passagem bem conhecida da *Ideologia Alemã*: "O comunismo não é para nós um *estado* (*Zustand*) que deva ser criado, nem um *ideal* pelo qual a realidade se deve reger. Chamamos de comunismo o movimento efetivo (*wirklich*) que abole o estado atual. As condições desse movimento resultam das pressuposições atualmente existentes", ver *W*, v. 3, p. 35, grifo de Marx, tradução francesa dirigida por G. Badia, Paris: Éditions Sociales, 1968, p. 64. Na realidade, se o comunismo não é um *ideal*, ele também não é, [mesmo] na perspectiva de Marx, o simples movimento real que abole o modo de produção capitalista. O verdadeiro estatuto do "comunismo", tal como [ele aparece] nas obras de maturidade, fica entre uma e outra coisa.

4. *W*, v. 4, p. 473; *M*, p. 77, grifo de RF.

54 A ESQUERDA DIFÍCIL

adiante, a propósito dos socialistas utópicos: "Eles não vêm nenhuma *auto-atividade* (*Selbsttätigkeit*) histórica de parte do proletariado, nenhum movimento político que lhe seja próprio"[5]. Essa perspectiva rompe com as formas tradicionais de pensar o processo de ruptura da velha sociedade. Nessas formas têm-se ou a figura do educador, ou a figura do ditador[6], de qualquer forma um socialismo "de cima", que como diz a terceira tese sobre Feuerbach, tende a separar a sociedade em duas partes. A referência clássica do socialismo pré-marxista era freqüentemente o *Discurso sobre a Origem da Desigualdade* de Rousseau, sem que se supusesse a possibilidade do contrato (é duvidoso que o próprio Rousseau o supusesse) no interior de uma sociedade corrompida. Também o recurso à figura do legislador rousseauniano é insuficiente. Necessita-se de um "mestre", ditador ou educador. Mas quem educará o educador? A novidade de Marx é a de ter encontrado um elemento inerente à sociedade corrompida, capaz de auto-educação, o qual se auto-educando poderia reconstruir toda a ordem social.

O *Manifesto* foi escrito em nome da Liga dos Comunistas, organização de artesãos alemães que sucede à Liga dos Justos, cuja direção se trasladara de Paris a Londres. Publicado em Londres, em alemão, algumas semanas antes da eclosão da revolução de 1848 na França, ele pretende exprimir as posições "dos comunistas".

Em termos organizatórios, se o *Manifesto* afirma que "os comunistas não constituem (*sind*) *nenhum partido particular* diante dos outros partidos operários (*Arbeiterparteien*)", ele diz ao mesmo tempo que "os comunistas se distinguem dos *outros partidos* proletários somente por [...]"[7] e que "o objetivo imediato dos comunistas é o mesmo que o de todos os *demais partidos* proletários"[8]. Na realidade, Marx parece propor a estratégia de um partido dentro de um outro, de que seriam exemplos a atividade da seção londrina da Liga no interior do cartismo, por meio de uma outra organização intermediária, e a da Social Reform Association dos comunistas alemães de Nova York no interior da National Reform Association (a qual é caracterizada pelo *Manifesto*, junto com o cartismo, como um partido operário ou dos trabalhadores (*Arbeiterpartei*))[9].

Do ponto de vista tático, o *Manifesto* tem a particularidade de propor para a Alemanha uma luta "junto com a burguesia" – ainda que

---

5. *W*, v. 4, p. 490; *M*, p. 96, grifo de RF.
6. Essa passagem deve alguma coisa a uma discussão que tive com Pablo Ortelado [então] graduando em filosofia. Não posso assinalar a cada passo o que devo às discussões com os alunos. Mas agradeço por tudo.
7. *W*, v. 4, p. 474; *M*, p. 79, grifo de RF.
8. Idem, ibidem; *M*, p. 80, grifo de RF.
9. *W*, v. 4, p. 492; *M*, p. 98. Esta é a solução proposta para a leitura do texto por Michael Löwy, em *La théorie de la révolution chez le jeune Marx*, ed. francesa, Paris: Maspero, 1970, p. 158 e ss.

ACERTOS E DIFICULDADES DO *MANIFESTO COMUNISTA*    55

com a ressalva: "sempre que ela se conduzir como revolucionária" –, luta cujos adversários são "a monarquia absoluta, a propriedade fundiária feudal e *a pequena burguesia*"[10]. Como assinala Hal Draper[11], essa posição é diferente da que exprimira Engels pouco antes, e da que adotariam Marx e Engels, imediatamente depois. O *Manifesto* afirma "que o primeiro passo da revolução operária é [...] a conquista da democracia (*die Erkämpfung der Demokratie*)"[12]. Mas, para Engels, representavam "a democracia", "o proletariado, o pequeno campesinato e *a pequena burguesia*"[13]. E, segundo Draper, já num panfleto escrito pelos dois autores um mês depois da publicação do *Manifesto*, eles se manifestam favoravelmente ao bloco das três classes "democráticas", tal como o definira Engels[14].

Quanto à aliança com a burguesia, ela vai igualmente desaparecendo como proposta. Na célebre Mensagem da Direção Central [da Liga dos Comunistas] à Liga, de março de 1850, o aliado eventual, de resto duramente criticado, é a pequena burguesia, não a burguesia. A perspectiva do *Manifesto* é assim, talvez, excepcionalmente "progressista", no mau sentido do termo [para quem prefere, como aliado, a pequena burguesia à grande] – a experiência de 1848 teria tido o papel de reforçar a crítica –, mas essa perspectiva estratégica tem alguma ambigüidade (cito agora o texto completo): "Já vimos acima que o primeiro passo na revolução dos trabalhadores (*Arbeiterrevolution*) é a elevação do proletariado a classe dominante, a conquista da democracia"[15]. É possível que o texto pense em três momentos: vitória da burguesia com o apoio do proletariado, vitória da "democracia" (mas, excluída a pequena burguesia, o proletariado talvez só compusesse forças políticas e não propriamente sociais na "democracia"), dominação progressiva do proletariado. De qualquer maneira, como nos textos anteriores e posteriores, o processo é de "revolução em permanência" (*die Revolution in Permanenz*)[16]. Para o caso do *Manifesto*, ela toma a seguinte forma: é preciso não deixar de desenvolver em nenhum instante nos operários "uma consciência a mais clara possível da oposição hostil entre burguesia e proletariado", para que, utilizando as condições

10. *W*, v. 4, p. 492; *M*, p. 99, grifo de RF.
11. Ver Hal Draper, *Karl Marx's Theory of Revolution*: the politics of social classes, New York/London: Monthly Review Press, 1978, v. 2, p. 195-200.
12. *W*, v. 4, p. 481; *M*, p. 86.
13. F. Engels, Os Comunistas e Karl Heinzen, *W*, v. 4, p. 312, grifo de RF, citado por H. Draper, op. cit., v. 2, p. 186, ver idem, 1978, p. 190.
14. Ver H. Draper, op. cit., p. 198-200. O panfleto se chama "Exigências do Partido Comunista na Alemanha". Salvo engano, ele não se encontra nas *Werke*. Draper o cita a partir de Dirk J. Struik (ed.), *Birth of the Communist Manifest*, New York: International Publishers, 1971.
15. *W*, v. 4, p. 481-486.
16. Expressão com que Marx encerra a *Mensagem* de março de 1850, *W*, v. 7, p. 254.

56 A ESQUERDA DIFÍCIL

criadas pela dominação da burguesia "imediatamente após a derrubada das classes reacionárias na Alemanha, comece imediatamente a luta contra a própria burguesia"[17].

Voltando aos problemas teóricos. Se o texto do *Manifesto* pertence a uma fase que tem alguma coisa de "historicista"[18], a dialética não está inteiramente ausente dele. Um exemplo é o emprego da noção de classe. Em vários momentos[19] fala-se em "organização do proletariado em classe" (*zur Klasse*), o que levou os críticos do entendimento [isto é, que têm a perspectiva do "entendimento"] a quebrar a cabeça. O proletariado não organizado já não é uma classe? O resultado foi que, de parte de certos althusserianos, denunciou-se a falta de rigor do *Manifesto*. Na realidade, a expressão implica que antes de ser organizada *a classe é e não é classe*. O estatuto da classe é nesse "momento", que pode ser recorrente, contraditório. A classe só é classe quando posta como classe. O que, em termos filosóficos, significa um escândalo para o entendimento: contra o que afirma Kant na crítica do argumento ontológico, a posição não se acrescenta à determinação, *ela lhe é constitutiva* (Com algum pedantismo, mas também com alguma verdade, dir-se-ia que para entender bem a lógica do *Manifesto* é preciso ter lido Santo Anselmo e a sua formulação clássica do argumento ontológico...). De qualquer forma, é verdade que, mesmo nesse texto "prático" (ou talvez por ser ele um texto prático, as duas coisas às vezes convergem), há um investimento considerável – embora limitado em relação a outros textos – das "máquinas de guerra" do idealismo alemão. Quanto à frase "mas toda luta de classes é uma luta política"[20], frase que representou para o entendimento o escândalo máximo, ela provavelmente deve ser entendida como se o "é" não exprimisse a predicação usual, mas sim o que chamei de juízo de reflexão: "toda luta de classes é... uma luta política", isto é, toda luta de classes se reflete em, ou se torna, luta política.

Outro momento dialético é o movimento barbárie/civilização. Limito-me aqui ao mais belo texto. A crise, que nas obras posteriores é pensada como irrupção da memória – como memória posta – do sistema, é vista no contexto da idéia de uma civilização afetada de barbárie:

---

17. *W*, v. 4, p. 492, 493; *M*, p. 99.

18. Bem entendido, não vai aí, da minha parte, nenhum elogio ao "anti-historicismo". O marxismo clássico, que de resto não deixarei de criticar, não é nem historicista nem anti-historicista. Ver a esse respeito, o meu texto Dialética Marxista, Historicismo, Anti-historicismo, em *Marx: Lógica e Política*, t. III, São Paulo: Editora 34, 2002. A primeira versão do texto é de 1973, mas, anteriormente a MLP III, só fora publicado parcialmente, ou integrando uma tese de livre-docência.

19. Ver por exemplo, K. Marx, *W*, v. 4, p. 471, 474, 490; *M*, p. 75, 96, p. 80.

20. *W*, v. 4, p. 471; *M*, p. 75.

ACERTOS E DIFICULDADES DO *MANIFESTO COMUNISTA*          57

Nas crises irrompe uma epidemia social, que em todas as épocas precedentes teria parecido um absurdo (*Widersinn*) – a epidemia da superprodução. A sociedade vê-se repentinamente reconduzida a um *estado de barbárie momentânea*: é como se uma [situação de] miséria (*Hungernot*) ou uma guerra geral de extermínio houvesse suprimido todos os meios de subsistência; a indústria, o comércio, parecem aniquilados, e por quê? Porque a sociedade possuiu *demasiada civilização* (*zuviel Zivilisation*), demasiados meios de subsistência, demasiada indústria, demasiado comércio[21].

Tentando fazer um balanço, se posso dizer assim, quais são os acertos e os desacertos do *Manifesto*? O problema é complicado, porque implica de uma forma ou de outra numa avaliação global do marxismo.

Já falei da grande densidade teórica do texto. A novidade de Marx é ter investido em ciência, e aqui em política, a herança lógica muito rica e complexa do idealismo alemão. Apesar dos limites assinalados, não conheço nenhum manifesto político que incorpore desse modo um legado lógico-filosófico daquele porte.

É costume criticar o *Manifesto*, porque ele supõe uma simplificação das oposições de classe[22] que não teria ocorrido. A observação me parece válida, mesmo se há uma discussão a respeito do alcance da temática da decadência das classes médias no *Manifesto*[23]. Mas as observações críticas que farei mais adiante não enveredarão por aí.

A análise da história do capitalismo é sólida, e está bem mais próxima d'*O Capital* que da *Ideologia Alemã*[24]. Nela se reconhecem a história material e a história formal do modo de produção capitalista, e o capital já é tratado como potência (*Macht*) social[25]. O modo de produção capitalista[26] aparece numa passagem clássica, efetuando uma espécie de desencantamento do mundo. Mas o paralelo com Weber é em parte enganoso. O universo do capitalismo é para Marx um universo *encantado*; só que o seu encanto é o das *abstrações* desencadeadas. É como se houvesse um desencantamento semântico do

---

21. *W*, v. 4, p. 468; *M*, p. 72, grifos de RF.

22. *W*, v. 4, p. 463; *M*, p. 67.

23. Ver *W*, v. 4, p. 460, 461; *M*, p. 73. Hal Draper (op. cit., p. 615 e ss.) insiste sobre o fato de que Marx se refere às velhas classes médias, às classes médias que existiram até então (*bisherige*) e que em outro texto (*W*, v. 4, p. 484; *M*, p. 90) ele se refere a uma nova classe média cujo destino é mais complexo.

24. Observemos também que a análise da decadência das formas históricas é diversificada: as formas sociais terminam "ou com uma transformação (*Umgestaltung*) de toda a sociedade ou com a derrocada (*Untergang*) comum das classes em luta". Ver *W*, v. 4, p. 462; *M*, p. 66.

25. Ver *W*, v. 4, p. 476; *M*, p. 81.

26. A noção de modo de produção se encontra, por exemplo, em *W*, v. 4, p. 466; *M*, p. 70, 71.

58          A ESQUERDA DIFÍCIL

mundo, mas não um desencantamento sintático, o que Weber parece ter perdido de vista[27]:

> Onde quer que tenha chegado ao poder, a burguesia destruiu todas as relações feudais, patriarcais, idílicas. Dilacerou impiedosamente os laços feudais multicores que ligavam o ser humano aos seus superiores naturais, e não deixou subsistir entre homem e homem outro vínculo que não o interesse nu e cru (*das nackte Interesse*), o insensível "pagamento em dinheiro"[28].

O fato de o texto ter assinalado a tendência cosmopolita e globalizante do sistema[29], inclusive no plano da "produção espiritual", assim como a tendência a universalizar a relação salarial[30], são pontos fortes e atuais. Já falei das crises. Politicamente, a ênfase no automovimento do proletariado, e na revolução das maiorias, fazem do *Manifesto*, apesar das opiniões correntes, um texto que em primeira instância é dificilmente compatível com a "leitura" da política marxista que farão alguns, no século XX: creio que a política do *Manifesto* – que não fala em "ditadura do proletariado", só em "dominação" (*Herrschaft*) do proletariado, mas não é isso o essencial – *é em primeira instância incompatível com o vanguardismo bolchevique*. Do *Manifesto* é difícil tirar a idéia de partido único. Entretanto, como veremos, a partir de uma outra vertente, ele pode dar armas a um projeto antidemocrático. Nos limites desse texto, diria que são os direitos da "minoria" não-revolucionária – não necessariamente contra-revolucionária – que ficam vulneráveis. Mas a partir dessa brecha, tudo se torna possível, mesmo a autodeterminação do proletariado acaba sendo ameaçada.

As dificuldades do *Manifesto* são em geral dificuldades do marxismo, embora a fase particular do pensamento de Marx, a que o texto pertence, talvez as tenha agravado. Retomo aqui, no contexto do *Manifesto*, uma linha de pensamento que desenvolvi no posfácio sobre a política de Marx do meu livro *O Capital e a Lógica de Hegel*[31].

A dificuldade do *Manifesto* – como a meu ver, em maior ou menor medida, do marxismo em geral – está em ter pensado que deve haver uma passagem "catastrófica" do capitalismo ao socialismo. Não me refiro especificamente ao problema da revolução violenta em oposição à transição pacífica, embora a questão a discutir tenha efeitos sobre ele. Quero dizer que Marx não pensa que possa haver *alguma continuidade*

---

27. Ver a esse respeito o apêndice ao meu livro, *Dialética Marxista, Dialética Hegeliana*: a produção capitalista como circulação simples, São Paulo: Paz e Terra/Brasiliense, 1997, p. 150-153.

28. Segue-se a passagem já citada onde se lê das "águas gélidas do cálculo egoísta". Ver *W*, v. 4, p. 464-465; *M*, p. 68.

29. Cf. *W*, v. 4, p. 466; *M*, p. 69 e 70.

30. Cf. *W*, v. 4, p. 465; *M*, p. 69.

31. Incluído no presente volume ("Sobre a Política de Marx").

ACERTOS E DIFICULDADES DO *MANIFESTO COMUNISTA*     59

*de formas* na passagem do modo de produção capitalista ao que ele chama de comunismo. Isto significa que, no plano *das formas* (políticas ou econômicas), ele não vê nenhum tipo de acumulação. O comunismo deve destruir as formas capitalistas e construir novas formas (se há progresso político no capitalismo é essencialmente porque – ou no sentido de que – ele permite a eclosão da revolução)[32]. Essas características remetem a uma noção muito estreita de *forma*. As formas aparecem fundamentalmente como expressões ilusórias, sem densidade própria e sem um mínimo de verdade própria. A ideologia é vista menos como uma forma contraditória do que como uma forma negativa em sentido corrente. Vai na mesma direção a idéia de uma história com "terceiro excluído" (isto é, sem "terceiro"). Há de um lado o modo de produção capitalista, de outro, o comunismo como movimento futuro. Mesmo se o processo não é considerado como fatal[33], não se pensa a possibilidade da emergência de outras formas de exploração e de dominação. Ora, o século XX parece ter mostrado essa possibilidade. Pensando numa passagem catastrófica (no sentido indicado) do capitalismo ao que chamamos de socialismo, recusando em geral qualquer progresso político que não seja o da criação de condições favoráveis à revolução, reduzindo as formas jurídicas e ideológicas a pouco mais do que a uma tênue camada ilusória, o *Manifesto* contribui para a constituição do que chamei de ponto cego no marxismo, o qual torna este último susceptível de uma utilização relativamente cômoda como ideologia das sociedades burocráticas do século XX.

Vejamos alguns textos. "Os proletários nada têm de seu para salvaguardar, *têm de destruir toda segurança privada* (*Privatsicherheit*) *e todas as garantias privadas* (*Privatversicherungen*) *existentes até aqui*"[34]. Texto extremamente perigoso e que pode facilmente ser instrumentalizado por poderes burocráticos. Abuso de leitura por parte desses poderes? Sem dúvida, mas não inteiramente. Muito dificilmente Marx seria favorável aos regimes burocráticos. Mas o problema é que ele não viu o risco da emergência deles (cf. sua discussão com Baku-

---

32. Há, entretanto, um texto do *Manifesto*, texto modificado por Engels, de onde se poderia tirar a idéia de um progresso acumulativo de formas: "Cada um desses graus de desenvolvimento da burguesia foi acompanhado por um progresso político correspondente", cf. *W*, v. 4, p. 464; *M*, p. 68. Engels neutraliza essa possibilidade, acrescentando a "progresso político" as palavras "dessa classe". Na parte final do *Manifesto*, as condições políticas que a burguesia deve criar, uma vez obtido o poder, são consideradas como um progresso, mas sobretudo no sentido de que elas representarão armas nas mãos da revolução. Claro que o *Manifesto* saúda o progresso técnico-científico, em geral o das Luzes, que se opera sob o domínio da burguesia. Mas o problema é se há ao mesmo tempo, para Marx, de maneira rigorosa, o que se poderia chamar de progresso ético-político.

33. O texto diz que ele é inevitável. Ver *W*, v. 4, p. 474; *M*, p. 78.

34. *W*, v. 4, p. 472; *M*, p. 76, grifo de RF.

60         A ESQUERDA DIFÍCIL

nin). Por isso também não viu a importância das garantias jurídicas obtidas.

"As leis, a moral, a religião são para [o proletário] igualmente tantos preconceitos burgueses, por trás dos quais se ocultam tantos interesses burgueses"[35]. Interessam-me aqui as leis e a moral (embora evidentemente eu seja defensor da liberdade religiosa). Marx e Engels não condenam estas ou aquelas leis, nem esta ou aquela moral. O problema é discutido explicitamente no texto, e tem a ver com a questão da generalidade tratada anteriormente (mas mesmo com a universalidade introduzida pelas obras de maturidade, o problema subsiste). Trata-se de erradicar, a longo prazo sem dúvida, mas erradicar, de qualquer modo, o direito e a moral. Com isso, imediatamente, direito e moral se tornam suspeitos. São expressões da história da exploração. Novamente a convergência entre os interesses burocráticos e o discurso de Marx (mesmo se Marx – e Engels – visavam de fato o capitalismo) é evidente. Quem quer que faça apelo a leis ou à ética, diante desses poderes, pode facilmente ser neutralizado, com algum abuso é certo, mas também com uma semijustificação, a partir desses textos.

Marx pensa numa situação final de transparência social, em que não haverá mais Estado. Os textos são conhecidos:

Quando no curso do desenvolvimento as diferenças de classe desaparecerem e toda a produção se concentrar nas mãos dos indivíduos associados [observe-se que ele faz dos indivíduos os sujeitos, contra todo "holismo"], o poder público (*die öffentliche Gewalt*) perderá o caráter político (*politischer Charakter*). O poder político em sentido próprio é o poder organizado de uma classe para opressão de outra"[36].

Muito bem, "poder público" mas não poder político, já que este é identificado com a opressão de classe... A dificuldade é que Marx e Engels supõem o desaparecimento do direito e de todo sistema de formas. Além do caráter provavelmente utópico do projeto – falarei disso logo adiante –, essa perspectiva lança suspeita sobre a idéia de forma jurídica em geral. Nas condições do exercício arbitrário do poder burocrático, essa suspeita tem conseqüências desastrosas.

"[N]o lugar das inúmeras liberdades reconhecidas e bem adquiridas (*wohlerworbene*), [a burguesia] colocou *unicamente* a liberdade de comércio, sem escrúpulos"[37]. Entende-se que objeto visa o *Manifesto*: o grande comércio liquida a liberdade do pequeno produtor. [Digamos, os direitos das "guildas" medievais, ou o de usar terras comunais]. O problema é que a liberdade burguesa não se limita a isto. Sua expressão em lei contém certos "extratos" que interessa preservar. Mais adiante, Marx e Engels dirão que acusam os comunistas de querer destruir a

35. *W*, v. 4, p. 472; *M*, p. 76.
36. *W*, v. 4, p. 482; *M*, p. 87.
37. *W*, v. 4, p. 465; *M*, p. 69, grifo de Marx.

ACERTOS E DIFICULDADES DO *MANIFESTO COMUNISTA*          61

liberdade e a personalidade. Mas se trataria só de eliminar a liberdade e a personalidade burguesas. Muito bem. Só que o texto continua da seguinte maneira:

> Por liberdade se entende, no interior das atuais relações burguesas de produção, o livre comércio, a livre compra e venda.
> Mas se o tráfico desaparece, desaparece também o livre tráfico. *A fraseologia* (Redensarten) *sobre o livre tráfico, assim como todas as demais bravatas sobre a liberdade, de nossa burguesia, só têm sentido diante do tráfico vinculado, e os oprimidos moradores dos burgos da Idade Média; não têm [sentido] diante da supressão comunista do tráfico, [da supressão] das relações burguesas de produção e da própria burguesia*[38].

Vê-se que a partir do presente só há duas possibilidades, a sociedade burguesa e o comunismo. [Fora isto] há [somente] as formas pré-burguesas ultrapassadas. Nesse contexto, "as bravatas sobre a liberdade" só valem contra a situação do passado. O que significa que não se pode utilizar o tema da liberdade para se defender de outras formas que não sejam as do passado. [Ou seja: não é pensável que ele sirva para que nos defendamos] de formas de opressão pós-capitalistas e anticapitalistas. De novo, Marx não pretendeu defender essas formas, simplesmente não pensou na sua possibilidade. Daí um discurso verdadeiro enquanto crítica da burguesia, mas instrumentalizável [pelas "novas tiranias"].

E para terminar esse ponto:

> Quando o mundo antigo estava declinando, as antigas religiões foram vencidas pela religião cristã. Quando no século XVIII as idéias cristãs cederam diante das idéias da *Aufklärung*, a sociedade feudal travava a sua luta final com a burguesia então revolucionária. *As idéias de liberdade de consciência e de liberdade religiosa só exprimiam a dominação da livre concorrência no campo da consciência*[39].

A idéia de liberdade de consciência exprimia apenas – ainda exprime, apenas? – a livre concorrência no plano da consciência ou do saber. Eis o tipo de frase que, hoje, um socialista não pode pronunciar, sob pena de perverter inteiramente o seu projeto. Temos aí um formidável instrumento nas mãos dos inimigos da liberdade de consciência. De novo, entende-se o que Marx queria dizer. Em 1848 a frase não tinha grandes inconvenientes imediatos, embora já nessa época, ou não muito mais tarde, alguns já previssem o que iria acontecer.

Finalmente, as dificuldades do *Manifesto* aparecem na parte III, na qual Marx e Engels fazem a crítica das outras formas de socialismo. Abrevio esse ponto, para não prolongar excessivamente esse texto. Gostaria de dizer alguma coisa sobre a crítica de Marx a três figuras,

---

38. *W*, v. 4, p. 476; *M*, p. 82, grifo de RF.
39. *W*, v. 4, p. 480; *M*, p. 88, grifo de RF. (1872 e ed. posteriores: "no campo do saber")

62  A ESQUERDA DIFÍCIL

duas individuais e a terceira mais propriamente coletiva. Refiro-me à crítica que ele faz a Proudhon (que é incluída no tópico Socialismo Conservador ou Burguês), a que ele faz a Sismondi (incluída no tópico Socialismo Reacionário, na subdivisão "Socialismo Pequeno-Burguês") e a crítica à filosofia alemã (Socialismo Reacionário, subdivisão, "Socialismo Alemão ou Socialismo 'Verdadeiro'").

A propósito do "socialismo conservador ou burguês", o texto começa dizendo que "uma parte da burguesia deseja remediar os *males* (*Misständen*) *sociais* para garantir a existência da *sociedade burguesa*"[40]. "Como exemplo podemos citar a *Philosophie de la Misère* de Proudhon"[41].

> Os burgueses socialistas querem *as condições de vida da sociedade moderna* sem as lutas e os perigos que delas necessariamente decorrem. *Querem a burguesia* sem o proletariado [...] Quando [o socialismo burguês] convida o proletariado a realizar seus sistemas para entrar na nova Jerusalém, nada mais faz, fundamentalmente, do que dele exigir que *permaneça na sociedade atual*, mas renuncie à representação odiosa que faz dela[42].

Todo o problema desta crítica é saber o que se entende nesse contexto por "sociedade burguesa", "sociedade moderna" ou "sociedade atual". Porque são possíveis duas interpretações. Ou sociedade burguesa é aquela em que existe capital. Nesse caso, a crítica de Marx teria muita força. Mas talvez se trate – e é este em geral o caso de Proudhon – de querer conservar não uma sociedade em que subsiste o capital, mas uma sociedade em que subsistem mercadorias, ou certas esferas de troca. Ora, nesse caso, é difícil condenar sem mais o seu projeto. Se ele aparece como utópico para Marx e Engels, e porque elas só pensam na possibilidade de uma solução catastrófica, no sentido indicado. Ora, se a idéia de conservar a mercadoria ou dinheiro sem o capital pode ser discutida, já que a realização desse projeto não se faria sem dificuldade, o projeto de instauração de uma comunidade transparente, em que desaparecem todas as relações mercantis e monetárias, aparece como ainda mais discutível e problemático. No universo de Marx, esta última solução não seria utópica, porque a história traria esse resultado. Mas para além do projeto político de Marx, a idéia da conservação de certas relações mercantis, neutralizando o capital, parece menos utópica do que a instauração da harmonia da transparência[43]. A dificuldade vem: 1) da suposição de Marx de que não pode haver conservação de formas históricas (pelo menos de formas econômicas e políticas essenciais)

---

40. *W*, v. 4, p. 488; *M*, p. 94, grifo, respectivamente, dos autores e de RF.
41. Idem, ibidem.
42. *W*, v. 4, p. 488; *M*, p. 94, grifos de RF.
43. Ver, a esse respeito, o posfácio do meu livro em francês incluído nesse volume a que me referi acima.

ACERTOS E DIFICULDADES DO *MANIFESTO COMUNISTA*

na passagem do capitalismo ao socialismo; 2) da ambigüidade do uso, nesse contexto, da noção de "sociedade burguesa".

A propósito de Sismondi, o problema é mais ou menos o mesmo. Se Marx e Engels consideram Proudhon um socialista burguês, eles reconhecem em gente como Sismondi a qualidade de defensores dos trabalhadores, ainda que Sismondi os defenda "do ponto de vista da pequena-burguesia"[44]. O *Manifesto* reconhece, de resto, os méritos do "socialismo pequeno-burguês". "Ele pôs a nu as hipócritas apologias dos economistas. Demonstrou irrefutavelmente os efeitos destruidores da maquinaria e da divisão do trabalho [...] [mostrou] a superprodução, as crises [...] a acintosa desproporção na distribuição das riquezas" etc[45]. Seu erro é pretender

restabelecer os antigos meios de produção e de troca e com eles as antigas relações de produção e de troca, ou então o de desejar aprisionar de novo, à força, os modernos meios de produção e de troca no quadro das antigas relações de produção, que se fizeram explodir por aqueles, e que não podiam deixar de se fazer explodir. Em ambos os casos, tal socialismo é ao mesmo tempo reacionário e utópico[46].

O problema é parecido com o anterior. Sismondi quer voltar ao passado? Mesmo que isto seja verdade, Marx o critica essencialmente por querer conservar relações mercantis ao mesmo tempo em que combate o capital. Por que essa solução seria necessariamente utópica, por que seria "reacionária"? Marx é injusto com Sismondi (em outros lugares, fala dele em termos consideravelmente elogiosos). O projeto político de Marx – porque é disso que se trata – não aparece hoje como menos utópico do que o de Sismondi.

Em último lugar, a filosofia alemã, e a filosofia em geral. Já falei da relação de Marx com a filosofia, nesse texto e em outros. Nas passagens que vou considerar, ela reaparece na forma da crítica de uma modalidade de socialismo. Os filósofos e semifilósofos críticos alemães importam as idéias francesas que estão ligadas às condições francesas, sem poder importar essas condições. Na Alemanha, a luta contra o absolutismo feudal apenas começa, e por isso "a literatura francesa perdeu todo significado prático imediato"[47] "Ela devia aparecer como especulação ociosa sobre a verdadeira sociedade[48], sobre a realização da essência humana". Segue-se uma comparação com a situação no século XVIII: "Do mesmo modo, para os filósofos alemães do século XVIII, as reivindicações da primeira revolução francesa não foram mais do que reivindicações da 'razão prática' em geral, e as manifestações

44. *W*, v. 4, p. 484; *M*, p. 90.
45. *W*, v. 4, p. 484, 485; *M*, p. 90, 91.
46. *W*, v. 4, p. 485; *M*, p. 91.
47. Ibidem; ibidem.
48. Na ed. de 1872: omite-se "sobre a verdadeira sociedade".

64 A ESQUERDA DIFÍCIL

da vontade da burguesia revolucionária francesa expressavam a seus olhos apenas as leis da vontade pura, da vontade como deve ser, da vontade verdadeiramente humana"[49].

"O trabalho dos literatos alemães consistiu [...] em se apropriar das idéias francesas a partir do seu próprio ponto de vista filosófico" (486/ 92). Como os monges da Idade Média que recobriam os manuscritos clássicos com histórias de santos, "[os literatos alemães] escreviam seus absurdos (*Unsinn*) filosóficos por detrás do original francês. Por exemplo, por detrás da crítica francesa do Estado burguês escreveram 'alienação da essência humana', por detrás da crítica francesa do Estado burguês escreveram 'supressão do domínio do universal abstrato' e assim por diante.

Batizaram essa interpolação da sua fraseologia filosófica nos desenvolvimentos [que haviam sido feitos pelos] franceses com o nome de 'filosofia da ação', 'verdadeiro socialismo', 'ciência alemã do socialismo', 'fundamentação filosófica do socialismo' etc"[50].

Há aí dois aspectos. Por um lado, Marx ataca os "semifilósofos" e "belos espíritos" alemães, que abundavam na época. Porém, há mais do que isto: o texto contém uma crítica geral da filosofia e uma teoria sobre o discurso filosófico, que são aliás, em parte, autocríticas[51]. O discurso filosófico aparece como simples transposição ilusória de discursos de alcance "prático". A segunda crítica kantiana, por exemplo, é tratada na figuração clássica de simples tradução especulativa "ociosa" do discurso francês (mais adiante, ler-se-á que este discurso é "castrado" pelos alemães). Ora, se é verdade que há uma correspondência entre Kant e a realidade revolucionária francesa, o interesse de Kant não se reduz a isso. Esse tipo de simplificação limita o interesse do kantismo a um registro puramente histórico. Se a correspondência entre prática revolucionária francesa e ética kantiana é pensável, se por outro lado, é claro, sempre se pode discutir e criticar esse modelo de fundamentação da ética, é indiscutível que ele nos interessa, hoje, enquanto tal. A ética kantiana tem, de resto, implicações políticas, e implicações que ultrapassam a política de Marx e em parte se opõem a ela[52].

Quanto à tentativa de ridicularizar a "fundamentação filosófica do socialismo", ela poderia ser legitimada enquanto visa certos semiteóricos e ideólogos da época. Mas o projeto de pensar filosoficamente o socialismo – talvez de fundamentá-lo filosoficamente – não tem nada de intrinsecamente "ideológico" após quase cem anos de violência e arbítrio em nome do socialismo. Hoje, inibir esse projeto filosófico não é mais questionar tal ou qual ideólogo; é servir aos interesses dos novos déspotas, diante dos quais a filosofia aparece de novo – quem diria? – como uma atividade crítica.

49. *W*, v. 4, p. 485, 486; *M*, p. 91, 92.
50. Idem, ibidem.
51. Cf. o Marx de 1844.
52. Ver a respeito a *Dialética Negativa* de Adorno.

O *Manifesto* é um grande texto, que pertence ao melhor da tradição socialista. Mas cento e cinqüenta anos depois, é preciso manejá-lo com cuidado. Ele pode ser ainda um instrumento de análise e de combate. Porém, ele (ou parte dele) pode servir também – e com certa "base" – como ideologia de novas formas de exploração e de opressão. O pior que se poderia fazer hoje é transformá-lo naquilo que ele nunca foi: num texto religioso. Infelizmente esta transfiguração ainda ocorre em certos meios, com os resultados que conhecemos.

# 4. Trótski, a Democracia e o Totalitarismo: A Partir do Trotsky **de Pierre Broué**[*]

A biografia de Trótski de Pierre Broué é um livro importante por mais de uma razão. Broué, historiador do mundo contemporâneo (devemos a ele, entre outras coisas, uma história do partido bolchevique e uma história da III Internacional, livros sobre a revolução e a guerra da Espanha e sobre a revolução alemã, além de um texto... sobre a destituição de Fernando Collor...), é um grande conhecedor da vida e da obra de Trótski, provavelmente o maior. Editor de [parte dos artigos] do líder bolchevique, diretor dos *Cahiers Léon Trotsky*, a sua biografia se baseia, entre outras fontes, nos "Trotsky's Papers" de Harvard, e nos papéis de Leon Sedov, filho de Trótski. Broué foi literalmente o primeiro a consultar a parte do arquivo de Harvard que só foi aberta em janeiro de 1980. Quanto ao arquivo de Sedov, que se supunha definitivamente perdido, ele foi identificado em Stanford, em 1985, pelo próprio Broué. O autor entrevistou, além disso, um grande número de contemporâneos de Trótski, inclusive Mario Pedrosa e Fulvio Abramo. Uma referência constante do livro, a quem, aliás, ele é dedicado, é o lógico e matemático Van Heijenoort, co-descobridor do arquivo Sedov, que foi um dos secretários de Trótski de 1932 a 1939, e morreu assassinado no México, em 1985 (crime não político). Quem conhece a trilogia clássica sobre a vida e a obra de Trótski de Isaac Deutscher (*O Profeta Armado, O Profeta Desarmado, O Profeta*

[*]. Pierre Broué, *Trotsky*, Paris: Fayard, 1988.

68 A ESQUERDA DIFÍCIL

*Banido*), biografia admirada quase unanimemente no interior da galáxia não stalinista, descobrirá que o livro de Broué pretende ser também, entre outras coisas, uma crítica ao trabalho de Deutscher. O autor não só corrige erros de fato e imprecisões, mas se opõe a Deutscher no plano do julgamento político. Broué é trotskista, Deutscher foi membro do grupo polonês da oposição trotskista, mas teve divergências com Trótski, às quais ele se refere *en passant* no volume final da sua trilogia. Broué o acusa de "acertar contas" com Trótski, ao preço de certas concessões na leitura dos fatos. Não se conclua daí que o *Trotsky* de Broué é pouco objetivo. O livro tem evidentemente um viés polêmico, mas é um trabalho historicamente muito sólido, e embora publicado em 1988, até onde sei, ainda não foi superado. Por essa razão, e porque a discussão sobre Trótski e o bolchevismo é de atualidade em formas diversas, tanto na Europa como no Brasil, vale a pena tratar dele e tentar uma crítica dos seus pressupostos políticos.

A história de Trótski como militante revolucionário é extraordinária. Para entender os problemas que o livro de Broué levanta, é preciso contá-la com algum detalhe. Fugindo do exílio siberiano a que fora condenado, Trótski, que nascera em 1879, encontra Lênin em Londres, em 1902, o qual propõe o seu nome para o comitê de redação da *Iskra*. (Plekhánov impede que ele seja cooptado). Mas no congresso de 1903, em que se dá a primeira ruptura entre bolcheviques e mencheviques, Trótski acaba por apoiar a posição dos mencheviques. No ano seguinte, escreve *Nossas Tarefas Políticas*, um pequeno livro notável onde critica o bolchevismo e Lênin, e faz o processo do "substituísmo" (a organização do partido substitui o partido, o comitê central substitui a organização do partido, o chefe substitui o comitê central). No mesmo ano, abandona o grupo menchevique, sem aderir, entretanto, ao grupo oposto. Em 1905, com 26 anos, preside o soviete de Petrogrado, e vai presidi-lo de novo em outubro de 1917, dois meses depois da sua adesão ao bolchevismo. "Comissário do povo" para as relações exteriores do governo instalado após a insurreição de outubro (6, 7 de novembro, pelo novo calendário), insurreição de que ele é um dos principais senão o principal dirigente, participa da conferência de Brest-Litovsk, de que resulta o acordo de paz com as potências centrais. Em 1920 defende um projeto de militarização do trabalho e a integração dos sindicatos ao Estado. Mas começa a denunciar a burocratização do Estado e do partido. No posfácio ao seu "testamento", Lênin, que propusera a Trótski um bloco contra a burocracia, recomenda que Stálin seja afastado do posto de secretário-geral. Após a morte de Lênin, Trótski enfrenta a tróica Stálin-Zinoviev-Kamenev. Quando os dois últimos rompem com Stálin, constitui com eles a "oposição unificada" (1926). Exilado no Cazaquistão em 1928, expulso da URSS em 29, organiza no exterior a chamada oposição de esquerda, e funda em 1938, a IV Internacional. Forçado a sair da França e, depois, da Noruega, consegue asilo no

México, onde, em agosto de 1940, é assassinado por um agente de Stálin.

O problema que levanta a posição de Trótski, como o bolchevismo em geral, e que um leitor do livro de Broué não pode, hoje, deixar de propor, é, numa primeira aproximação, o da possibilidade da coexistência de uma democracia interna[1] num partido revolucionário dominante, com a ausência de democracia externa (embora houvesse instituições conservando a denominação de sovietes). Esse problema conduz a questões mais vastas, em última análise, como a da viabilidade do caminho revolucionário e da violência como opções preferenciais para a esquerda. A elas remete também o outro tema que importa discutir: o da natureza do regime russo antes e depois de 1924/1925, e o da maneira pela qual Trótski o concebe. É claro que, nos limites desse texto, só poderei desenvolver parte dessa constelação de problemas.

Rigoroso no registro dos fatos, mas através de um recorte que será preciso discutir, o livro de Broué, embora não se fechando a toda crítica ao líder bolchevique, esposa em grandes linhas o juízo de Trótski sobre a história do século XX e sobre o papel que ele teve nessa história. Broué consagra várias páginas a *Nossas Tarefas Políticas*, o livro antileninista de 1904. Mas se refere a ele como uma "diatribe loucamente excessiva contra Lênin [...] que, apesar de tudo, não havia excluído e *a fortiori* não havia executado ninguém" (sic)[2]. Que o texto do jovem Trótski possa ser considerado como premonitório (não no sentido de que o leninismo viria a realizar todos os passos no caminho do despotismo, previstos por Trótski, mas no de que o leninismo realizaria os dois primeiros, e o stalinismo o terceiro) fica fora do horizonte de Broué. No mesmo sentido, a descrição e a análise da insurreição de outubro e dos primeiros anos do poder bolchevique, comportando embora um certo número de críticas, vão na esteira da leitura de Trótski.

Na sessão de abertura do Congresso Pan-russo dos sovietes, que coincidiu com o levante de outubro (6, 7 de novembro), Trótski faz um pronunciamento célebre em resposta a Martov, que propusera um acordo geral entre todos os partidos socialistas. Aludindo ao abandono da sala por uma parte dos representantes não bolcheviques que protestavam contra o levante de outubro (abandono que, diga-se de passagem,

---

1. No período que considero, havia democracia no interior das instâncias dirigentes do partido, mas não no conjunto do partido. As concepções organizatórias do bolchevismo haviam sido expostas por Lênin nos seus opúsculos da primeira década do século. O funcionamento real do partido parece, entretanto, ter sido menos rígido do que previa a teoria leninista, e menos ainda durante o ano de 1917, quando o partido ganhou um número imenso de aderentes. Depois de outubro "os bolcheviques começam finalmente a praticar o que pregavam há muito tempo" (Robert Service). Mas essa inflexão não excluiu, de imediato, a democracia interna no nível da direção.

2. P. Broué, op. cit., p. 90.

70 A ESQUERDA DIFÍCIL

foi um grave erro, fazendo o jogo dos bolcheviques), Trótski termina o seu pronunciamento com as seguintes palavras : "Aos que saíram e aos que nos dizem que façamos isto [um acordo com os outros partidos], devemos dizer: Vocês são 'destroços miseráveis, seu papel terminou, vão para onde deveriam estar: na cesta de lixo da história'"[3]. Broué não parece se comover com o episódio. Ora, o que se decidia aí era o destino da insurreição de outubro. Quem era Martov, o socialista que interpelava Trótski, e que, como os outros também estaria destinado, nas palavras de Trótski, "à cesta de lixo da história"? Era um velho militante menchevique internacionalista (ele morrerá no exílio em 1923), adversário do governo provisório, que, depois de uma longa luta, ganhara um peso decisivo no interior do partido menchevique. Uma atitude favorável por parte dos bolcheviques na noite da insurreição, ou pouco mais tarde, quando o Vikjel, o comitê pan-russo do sindicato dos ferroviários, fez de novo a proposta de um governo plural[4], talvez tivesse mudado as coisas. Mas os bolcheviques já haviam escolhido um outro caminho.

A análise do período "ultrabolchevique" de Trótski (o seu percurso entre 1920 e 1921 foi assim denominado por um analista) é bastante objetiva e crítica. Entretanto, como Lênin se opõe a Trótski nas duas questões principais discutidas nesse período, a crítica de Broué não atinge o bolchevismo enquanto tal. A primeira questão aparece com a proposta de Trótski de um projeto de militarização do trabalho, que ele começa, aliás, a pôr em prática no setor dos transportes, de que se tornara o responsável. A segunda é a sua atitude na discussão sobre os sindicatos. Trótski quer integrar os sindicatos ao Estado e fazer com que eles realizem a "sua verdadeira vocação" no interior do "Estado operário", isto é, pôr-se a serviço da produção. Por isso mesmo, ele é favorável às nomeações, em lugar das eleições, para os postos sindicais.

> No Estado operário – afirma Trótski – [...] a existência paralela de organismos econômicos e de grupos sindicais não pode ser tolerada senão a título transitório [...] É preciso que os pensamentos e as energias do partido comunista, dos sindicatos e dos organismos governamentais tendam a amalgamar os organismos econômicos e os sindicatos num futuro mais ou menos imediato[5].

Lênin se opõe a Trótski tanto a propósito de um ponto como do outro, embora, no primeiro caso, não imediatamente. A respeito da

---

3. P. Broué, op. cit., p. 187, cita por extenso só a parte da declaração que vem imediatamente antes desta; cf. Nikolai N. Sukhanov, *The Russian Revolution 1917*, Oxford: Oxford University Press, 1955, p. 640; e Leonard Schapiro, *Les bolchéviks et l'opposition: les origines de l'absolutisme*: communiste, premier stade (1917-1922) tradução francesa de Serge Legran, Paris: Albatros Les Îles d'or, 1957, p. 71.

4. P. Broué, op. cit., p. 207 e L. Schapiro, op. cit., p. 74.

5. L. Schapiro, op. cit., p. 231.

TRÓTSKI, A DEMOCRACIA E O TOTALITARISMO

pretensa função essencialmente "produtiva" dos sindicatos no interior do "Estado operário", Lênin objeta com bastante lucidez: "Um Estado operário é uma abstração. Na realidade, temos um Estado operário, primeiro com a particularidade de que é a população camponesa e não operária que predomina no país e, segundo, que é um Estado operário com uma deformação burocrática"[6]. Mas não nos iludamos com o democratismo de Lênin. Se ele se opôs ao ultrabolchevismo de Trótski, a diferença entre os dois não era tão grande. Se o que afirma Leonard Schapiro é verdade (e não há razão para duvidar disso), nem Lênin e nem mesmo a chamada Oposição Operária propunham "conceder aos operários o direito de eleger livremente os seus representantes e, em conseqüência, escolhê-los entre os outros partidos se o desejassem"[7]. A disputa não era entre sindicatos livremente eleitos e o Partido, mas entre a direção do partido e a sua fração sindical. Por isso, a vitória da posição de Lênin não significou muito. De resto, no final do x Congresso do Partido, que se reúne no momento da revolta de Cronstadt, Lênin apresenta duas moções que foram aprovadas, uma condenando um "desvio sindicalista e anarquista" (referência à Oposição Operária) [havia também outro grupo oposicionista, o dos Centralistas Democráticos] e outra proibindo as frações e plataformas particulares no interior do partido, sob pena de exclusão.

A partir de 1922, começa a luta entre Trótski e Stálin, enquanto luta contra a burocratização interna do partido bolchevique. Falou-se bastante sobre o imobilismo de Trótski, no período de 1924/1925[8]. Broué descreve o processo, observando, com razão, que se Trótski foi criticado pela sua inação, poucos se deram conta da insuficiência da reação de Lênin. É só no último momento, na realidade entre a redação do corpo do chamado testamento (dezembro de 1922) e a redação do seu posfácio (janeiro de 1923), que Lênin perde definitivamente as suas ilusões com aquele que ele chamara de "magnífico georgiano".... Tarde demais: um novo ataque vai imobilizar Lênin até sua morte, em janeiro de 1924.

A bandeira de Trótski é a da democratização do partido; mas em que medida, ou em que limites, seria também a da democracia fora do partido? Durante um longo período, é apenas a democracia dentro do partido que ele reivindica. Ele escreve em *Novo Curso*: "É somente através de uma colaboração ativa, constante, com a nova geração no quadro da democracia que a Velha Guarda conserva seu caráter de fator revolucionário"[9]. A democracia de que ele fala é evidentemente a

6. Cf. P. Broué, op. cit., p. 286.
7. Cf. L. Schapiro, op. cit., p. 237-238.
8. Cf. os textos de Claude Lefort.
9. L. Trotsky, *Cours Nouveau*, Paris: Union Générale d'Éditions, 1963, p. 151 (coleção 10/18).

72 A ESQUERDA DIFÍCIL

democracia *no interior do partido*[10]. Entretanto, pelo menos a partir dos anos 30, já no exílio, ele começa a falar em liberdade para os "partidos soviéticos". Assim, em "Estado Operário, Termidor e Bonapartismo", lê-se o seguinte:

O arbitrário burocrático deve ceder seu lugar à democracia soviética. O restabelecimento do direito de crítica e de uma liberdade eleitoral verdadeira são condições necessárias para o desenvolvimento do país. O restabelecimento da *liberdade dos partidos soviéticos*[11], a começar pelo partido bolchevique, e o renascimento dos sindicatos são implicações disso[12].

Com isso, Trótski dá um passo adiante. Mas como conciliar essa proposta com a declaração de fé no bolchevismo? Enquanto ele fala apenas em democracia no partido, já existe um problema – ou um fato problemático – para alguém que reivindica a herança do bolchevismo: a decisão, proposta por Lênin, em 1921, de proibir as frações. Esse problema é contornado sem muita dificuldade por Trótski, entretanto, mediante a afirmação de que a medida era excepcional e imposta por uma conjuntura muito especial[13]. Mas a justificação é mais difícil quando se propõe a liberdade para todos os partidos "soviéticos". Tal reivindicação vai em cheio contra a prática do bolchevismo; e não é remetendo ao caráter excepcional da proibição das frações em 1921 que se resolverá a dificuldade. No caso da resolução de 1921, já vimos, o que está em jogo é a liberdade interna do partido. Da liberdade externa, isto é, para os outros partidos, nem se cogita[14]. Nos anos 20, Trótski é evidentemente um adversário da legalização dos outros partidos "soviéticos"[15] (Pelo que parece, só um homem dentro do partido bolchevique foi desde o início favorável à liberdade para todos os partidos, G. I. Miasnikov[16]. Detalhe interessante: obrigado a abandonar a URSS – é Broué quem conta – Miasnikov, que estava numa situação material muito difícil, vai procurar Trótski na Turquia. Este o ajuda a ganhar a Europa ocidental. Da conversa que tiveram os dois, tudo o que nos é informado é que Trótski o aconselha a não se deixar levar pelo ressentimento[17]). Justificando, nos anos 20, o monopólio do partido bolchevique, Trótski se vale do argumento de que "a maioria dos mencheviques" e os socialistas-revolucionários estariam a serviço

---

10. Cf. o resumo de outros textos de Trótski que vão no mesmo sentido. P. Broué, op. cit., p. 784, 821 e 274.
11. Grifo de RF.
12. Cf. P. Broué, op. cit., p. 823, cf. p. 943.
13. Cf. idem, p. 560.
14. Cf. L. Schapiro, op. cit., p. 291, 292.
15. Cf. também P. Broué, op. cit., p. 315.
16. Ver a respeito, L. Schapiro, op. cit., principalmente, p. 270 e 345, n. 36 e 37.
17. Cf. P. Broué, op. cit., p. 620.

TRÓTSKI, A DEMOCRACIA E O TOTALITARISMO          73

dos brancos e da contra-revolucão[18]. Porém isso é duvidoso para o momento da guerra civil: a direção menchevique se propôs a apoiar o poder bolchevique, e mais do que isso, mencheviques lutaram e morreram sob uniforme "vermelho". Mas o problema de base é o da política bolchevista em relação aos "partidos soviéticos" no período anterior, isto é, logo após o movimento de outubro. Na realidade, embora tenham feito uma aliança com os socialistas-revolucionários de esquerda (mas era uma aliança tática feita para não durar, como o próprio Trótski o reconhece), os bolcheviques foram liquidando progressivamente as outras tendências, e asfixiando os sovietes. De tal modo, que no verão de 1918, *antes que a guerra civil tivesse realmente começado*, os sovietes já eram um simulacro de poder popular[19]. (A propósito: o que são exatamente "partidos soviéticos"? Observo. Depois de retomar uma palavra de ordem de tipo análogo, "liberdade para todos os partidos operários", um documento da IV Internacional, dos anos 60 ou 70, assinado por um de seus dirigentes, Ernest Mandel, explicava em nota: "o soviete decidirá quais são os partidos operários". Soviéticos seriam, assim, os partidos que o soviete designaria como tais. Mas mesmo supondo uma verdadeira democracia no interior dos sovietes, eles legalizariam partidos republicanos que não fossem de esquerda? Na visão e no projeto de Mandel, a resposta seria, sem dúvida, negativa[20]. Trótski discute algumas das implicações dessa posição num artigo de 1938, "É preciso expulsar dos sovietes a burocracia e a nova aristocracia", em que responde a críticas ao Programa, formuladas por um militante norte-americano, Joseph Friedman (Joe Carter)[21]. Pelo menos em uma ocasião, na sua deposição à Comissão Dewey, que fora constituída para julgar o valor das acusações lançadas contra ele e outros dirigentes bolchevistas nos processos de Moscou, Trótski vai mais longe do que a posição de defesa dos "partidos soviéticos". Além de afirmar que "os países civilizados e não isolados terão uma ditadura democrática mais sã e mais democrática e por menos tempo"[22], ele declara que a instauração do partido único na Rússia foi uma "medida de guerra" e que um futuro regime revolucionário autorizaria vários partidos "não excluindo de forma alguma – Broué resume Trótski – em

18. Idem, p. 274.
19. Cf. a respeito L. Schapiro, op. cit.
20. Na realidade, no texto a que me refiro, Mandel repetia o que dizia o Programa de Transição de 1938, da IV Internacional: "A democratização dos sovietes é inconcebível sem a legalização dos partidos soviéticos. Os operários e camponeses, eles próprios, através dos seus livres sufrágios, mostrarão quais partidos são soviéticos". *Programme de transition*: l'agonie du capitalisme et les tâches de la IVème Interationale, introdução de Ernest Mandel, Paris: Éditions de la taupe rouge, 1977, p. 63.
21. Ver a respeito, L. Trotsky, junho 1938/setembro 1938, *Oeuvres*, v. 18, direção, introdução e notas de Pierre Broué, Paris: Institut Léon Trotsky, 1984, p. 125-128.
22. Idem, citado por P. Broué, op. cit., p. 861.

74 A ESQUERDA DIFÍCIL

função das circunstâncias e de uma grande estabilidade do regime, um partido pró-capitalista"[23]. Esse texto é surpreendente. De duas coisas uma: ou se trata de uma manifestação episódica cujo teor se explica por razões táticas ou Trótski modifica muito a sua atitude primitiva sobre a questão; o que conviria explicitar e reconhecer. Nada nos leva a crer que nos anos 20, Trótski considerasse o monopólio do partido bolchevique como um caso particular, justificável pelas condições russas. De um modo geral, interessaria saber em que momento preciso Trótski começa a falar em liberdade para os partidos soviéticos. Broué passa rápido demais sobre o assunto. Como vimos por meio de um exemplo, o movimento trotskista teve – e continua tendo – um papel ambíguo em relação à questão da democracia. Só recentemente um dos principais grupos trotskistas franceses resolveu abandonar a palavra de ordem da "ditadura do proletariado". O que o "renegado" Kautsky propusera já em 1918...

A outra questão importante é a maneira pela qual Trótski vai pensar a ditadura stalinista e o destino da revolução. Conhece-se a concepção de Trótski a respeito do regime russo após a morte de Lênin em 1924. Devido ao atraso do país, às derrotas da revolução nos países capitalistas mais avançados e a uma espécie de esgotamento do proletariado em conseqüência das dificuldades do período pós-revolucionário e da guerra civil, o poder cai nas mãos de uma burocracia. A burocracia não é uma nova classe, mas uma espécie de casta, que expropriou o proletariado; mas, por isso mesmo, o Estado "soviético" não perdeu o seu caráter revolucionário. É preciso continuar a defender o "Estado operário", apesar da burocracia. Uma vez quebrado o isolamento internacional da URSS, a burocracia acabará por ser derrubada por um movimento, que não representará uma revolução social, mas simplesmente uma revolução política. Como o Estado soviético continua tendo um caráter revolucionário e "operário" (sic), a revolução na URSS visará simplesmente a desapropriação do poder político da burocracia, e não mais do que isto.

A meu ver, há na concepção de Trótski uma mistura de erros, de acertos, e também de pontos discutíveis. Porém, pelo menos se pensarmos nas implicações políticas da sua posição, há bem mais erros do que acertos, e o preço desses erros foi alto para o destino das idéias socialistas, na medida em que Trótski encarnou, e ainda encarna para muita gente, a luta contra o despotismo burocrático. O acerto está na idéia do caráter transitório da ditadura burocrática. De fato, embora ainda subsistam alguns restos, como sistema ela não durou mais do que meio século, e na URSS pouco mais de setenta anos, o que no registro da grande história, pelo menos em primeira aproximação, não é muito (Lênin acreditava que a ditadura do proletariado na URSS duraria

---

23. Cf. P. Broué, op. cit., p. 862.

uns oitenta anos… Depois dela, começaria, segundo ele, o processo de passagem, digamos, não mais "pré-histórica", mas "histórica" ao comunismo). Há, na concepção de Trótski, coisas que poderiam ser discutidas, como a idéia de que a burocracia não é uma classe (a meu ver, suposto um emprego da noção de classe um pouco diferente do uso – mais do que da noção – marxista, a resposta seria que ela é). Errada propriamente é a idéia de que o Estado soviético seria, e teria continuado a ser, até o final dos anos 30 (Trótski morre em 1940), um Estado revolucionário em sentido progressista, ou um Estado "operário". Analisar as dificuldades da teoria de Trótski é muito importante, porque nos conduz a refletir sobre as relações entre o bolchevismo e o stalinismo, e entre o bolchevismo e o marxismo; e a partir daí a refletir sobre a validade teórica e política do marxismo. De fato, a discussão nos leva a pensar o significado dessas três figuras, marxismo/ bolchevismo/ stalinismo, e as relações de continuidade ou de descontinuidade que podem existir entre elas.

A posição de Trótski tem dois pressupostos, o da descontinuidade radical entre leninismo e stalinismo, e o da continuidade, pelo menos essencial, entre marxismo e leninismo. O pressuposto mais geral é a idéia de história do marxismo.

O "destino" (embora não fatal) da história do século XX seria a tomada do poder pelo proletariado. O partido bolchevique "representaria" o proletariado, o que não poderia ser dito de outros partidos socialistas russos. O movimento de outubro, dirigido pelo partido bolchevique, seria assim uma revolução proletária. E o que a sucedeu, uma ditadura do proletariado, encarnada pelo único partido que representava o proletariado. Por isso mesmo, nessa ditadura, esse partido, no interior do qual deveria haver democracia e livre discussão interna, teve de ser o único partido legal. Desse modo, como vimos, coexistem democracia, no plano interno do Partido, e ausência de democracia (entenda-se, ausência de uma pluralidade de posições com eficácia política, potencial pelo menos) no plano da sociedade civil e do Estado. Para Trótski, essa situação, que para um olhar crítico aparece como intrinsecamente instável, não explicaria em nada o destino da revolução. Em algum lugar, Trótski disse aproximadamente que não seria possível explicar algo tão importante como o "descarrilhamento" da revolução a partir da natureza de um partido e da atitude desse partido em relação aos demais. O fenômeno stalinista teria outras razões, que ele supõe sejam mais profundas. De minha parte diria que houve outros fatores também, mas que Trótski subestima as potencialidades despóticas do bolchevismo, e em geral o peso do político.

Para justificar a idéia de que a burocracia é uma "casta" e não uma classe, Trótski se vale do argumento de que ela não teria papel autônomo na produção e na repartição.

76  A ESQUERDA DIFÍCIL

Ela não tem um lugar independente no processo de produção e de repartição. Ela não tem raízes independentes de propriedade. Suas funções se relacionam, essencialmente, com a *técnica* política da dominação de classe. A presença da burocracia, com todas as diferenças das suas formas, e do seu peso específico, caracteriza *todo* regime de classe. Sua força é um reflexo. A burocracia, indissoluvelmente ligada à classe dominante, se nutre através das raízes sociais desta última, mantém-se e cai com ela[24].

Por isso a revolução antiburocrática não seria uma revolução social:

Se hoje na URSS surgisse no poder um partido marxista, ele restauraria o regime político, mudaria, purificaria e dominaria a burocracia através do controle das massas, transformaria toda prática administrativa, introduziria uma série de reformas capitais na direção da economia, mas de modo algum teria de realizar uma *mudança revolucionária* (bouleversement) *nas relações de propriedade, isto é uma nova revolução* (revolution) *social*[25].

O que dizer desse esquema? O melhor é começar do começo, isto é, criticando os fundamentos primeiros do argumento. Não é verdade ou, pelo menos, hoje nada nos leva a crer que a revolução proletária seja a "perspectiva", isto é, o futuro ao mesmo tempo provável e desejável (mesmo se o marxismo não diz, inevitável) da história do século XX (e do século XXI). A perspectiva poderia ser, digamos, um estado democrático radical, com propriedade privada e dinheiro, mas, no limite, com o desaparecimento ou uma neutralização efetiva do capital. Se for assim, pelo menos como hipótese preferencial, nem a revolução proletária nem muito menos a ditadura do proletariado aparecem como necessárias. O que, por sua vez, ilumina de um modo diferente a política bolchevique. Já é duvidoso que o partido bolchevique "represente" o proletariado ou mesmo a vanguarda do proletariado. De fato, essas noções só têm pleno sentido se admitirmos o esquema marxista da história, em particular no que se refere à história dos séculos XIX e XX. Na realidade, o que houve foi a tomada do poder por um partido radical, apoiado, sem dúvida, por uma massa importante de operários e de soldados. Esse partido, formado por gente com idéias revolucionárias, muito cedo pôs na ilegalidade os demais partidos, inclusive os de esquerda. Houve erros, mas também acertos na política desses partidos de esquerda. Com relação ao menchevismo, seria bom lembrar que a sua ala esquerda, comandada por Martov, a qual propunha a ruptura com o governo provisório, acabou sendo majoritária precisamente no momento da insurreição. Em janeiro de

24. P. Broué, op. cit., p. 772, grifos de PB.
25. Cf. idem, p. 773, grifo de LT. Cf. também, sobre esses textos, L. Trotsky, La 4ème Internationale et l'URSS: la nature de classe et l'État soviétique, em *Oeuvres*, v. 2, julho 1933/ outubro 1933, publicadas sob a direção de P. Broué, introdução e notas de P. Broué e Michel Dreyfus, Paris: Institut Léon Trotsky/EDI, 1978, p. 243 a 268.

1918, o chamado poder soviético fechou a Assembléia Constituinte eleita em novembro, na qual o partido bolchevique era minoritário (Se, como argumentaram os bolcheviques, a Assembléia fora eleita a partir de uma situação política e de listas eleitorais que tinham envelhecido, havia uma solução indicada por Rosa Luxemburgo[26], adversária do fechamento: dissolver a Assembléia – em lugar de *dispersá-la* – e convocar novas eleições...). O regime que se instala é assim progressivamente (já no verão de 1918, antes da guerra civil) um regime de ditadura de um partido. O que caracteriza essa ditadura? Uma de suas características é precisamente a de que, *dentro* da instituição que exerce a ditadura, o partido bolchevique, existe um regime democrático, ou até certo ponto democrático. A outra característica, ainda relativa à instância dirigente, é a de que o corpo dessa instância é constituído por gente dominada por um *ethos* de transformação radical e "popular" das instituições. Isso significa alguma coisa, mas não se confunde com a idéia de que o que se tem é um partido representante do proletariado, por meio do qual ele exerce a sua ditadura. Essa ditadura de tipo igualitarista se exerce, na realidade, sobre todas as classes, inclusive sobre o proletariado, e isto talvez desde o início ou, de qualquer modo, muito cedo[27]. Esse é o quadro até 1923/1924. Como se passa dessa situação à que se tem após 1924? É totalmente falso dizer que houve simples continuidade. Mas também não houve simples descontinuidade. Há duas mudanças na instituição que exerce a ditadura (em se tratando de uma ditadura, aliás, de um tipo particular, o que se passa no plano do Estado tem um peso decisivo). Há uma mudança no governo dessa instituição (se se quiser, na instância política dessa instituição, ela mesma política no seu projeto e na sua situação efetiva). Passa-se de um regime interno de democracia para um regime interno de ditadura. O que vai significar uma alteração fundamental: um desdobramento do poder entre o partido e um déspota (a rigor, um neodéspota. Não confundir com uma simples aparição de um líder poderoso no interior do partido). A outra mudança atinge o conjunto do partido, porém mais especialmente o que poderíamos chamar de *sociedade civil da instituição* que exerce a ditadura, isto é, o corpo do partido. Este corpo, e o partido em geral, se caracterizavam, dissemos, por um *ethos* revolucionário. Esse *ethos* se modifica progressivamente e toma um outro caráter, que pode ser chamado de burocrático. Sob o primeiro aspecto, surge assim a figura do déspota. Sob o segundo, cristaliza-se uma burocracia com interesses próprios. A burocratização

26. Ver Rosa Luxemburg, Zur russischen Revolution, *Gesammelte Werke*, Band 4, August 14 bis Januar 19, 5th Auflage, Berlin: Dietz, 1990, p. 353, 354.
27. Ver a respeito, Karl Kautsky, *Die Diktatur des Proletarists*, Berlim: Dietz, 1990. A esse respeito, ver também o meu texto Kautsky e a Crítica do Bolchevismo, publicado sob o título A Polêmica sobre o Poder Bolchevista, Kautsky, Lênin, Trótsky, *Lua Nova*, n. 53, 2001. Inserido nesse volume, com o título original.

78 A ESQUERDA DIFÍCIL

é um fenômeno que vai além do partido: surge não só uma burocracia de partido, mas uma burocracia de Estado que, aliás em parte, tem os mesmos portadores. Por outro lado, ao processo de burocratização dos membros do partido corresponde, na sociedade civil propriamente dita, uma mudança na atitude das classes populares que vão do radicalismo ao indiferentismo. Como se efetuam essas passagens? Há qualquer coisa de inevitável na primeira. A coexistência entre democracia interna e autocracia externa é em si mesma extraordinariamente instável. É difícil que o autocratismo dominante na sociedade global não acabe por se refletir dentro do partido. Democracia interna e poder externo autocrático dificilmente coexistem. O que significa: a idéia da ditadura de um partido internamente democrático é em princípio utópica; baseia-se numa ilusão voluntarista. Mas há também a outra passagem, a do *ethos* revolucionário ao burocrático. É difícil manter um *ethos* revolucionário para além do período imediato da tomada do poder: há uma espécie de estabilização inevitável. A dificuldade e os contrapoderes que seria possível mobilizar são similares aos do caso anterior. Havendo democracia, essa estabilização pode ser controlada de algum modo. Não havendo, uma vez arrefecido o entusiasmo revolucionário, é quase inevitável que os membros do partido e os funcionários do Estado façam valer seus interesses imediatos sem muita preocupação com o interesse global do país, e que eles se cristalizem em burocracia. Diria então que se só a democracia no plano global é uma garantia de democracia dentro do partido dominante, de novo, só a democracia pode senão garantir em absoluto, ou pelo menos oferecer alguma garantia, de que o inevitável arrefecimento do *ethos* revolucionário não degenere em puro e simples *ethos* burocrático. Mas aqui somos levados a uma problemática mais geral. Aquém dos problemas das degenerescências despótica e burocrática das revoluções, é preciso se perguntar se, em geral, a revolução se justifica. Se na situação inicial tinha-se um governo democrático, o que foi dito sobre o processo inevitável em direção ao despotismo significa finalmente questionar a própria idéia de revolução. Se não havia democracia, e a revolução aparecera como única saída, de certo modo talvez como mal menor, é essencial que o poder revolucionário institua a democracia, nas melhores condições possíveis. Na base dos meus argumentos está, sem dúvida, uma visão não muito otimista do comportamento de indivíduos e grupos. Mas o diagnóstico parece realista, e remete essencialmente a uma recusa do voluntarismo revolucionário. Em lugar da visão voluntarista é preciso pensar em termos de formas, e supor uma inércia inevitável do poder revolucionário. Não se pode viver indefinidamente "em tensão". Se a revolução foi inevitável, a solução não é exigir uma espécie de tensão permanente, mas assegurar que a inevitável baixa de tensão não implique em dar sinal verde a novas formas de opressão e exploração. Com o que, não pretendo negar que as condições particulares da Rússia tenham tido o seu papel no processo. Mas a partir da experiência do século xx, é possível concluir que essas condições só agravaram a situação, e que, não havendo democracia, o deslizamento é, sempre, mais ou menos inevitável. De fato, o projeto revolucionário em sentido estrito se revelou um mito extremamente perigoso. Em vez de justificar os horrores e violências a partir dele, ou em nome dele, é preciso pô-lo entre parênteses – pelo menos em princípio – como um caminho perigoso que não justifica nada, já que ele mesmo é a fonte intrínseca das suas deformações. Em vez de dizer, como se continua dizendo: isso é inevitável nas revoluções, "não se faz omelete sem quebrar os ovos", é preciso perguntar se, hoje, as revoluções se justificam, se elas representam efetivamente uma via de progresso. Como já se disse a propósito dessa perigosa imagem justificativa, é preciso verificar de que omelete se trata, para depois verificar se valeu a pena quebrar os ovos. Contra preconceitos arraigados na esquerda durante dois séculos, acabaremos descobrindo que o omelete estava estragado, ou que, ao contrário do que acontece na cozinha, em política, ele estraga com a quebra dos ovos. O melhor é preparar um outro prato[28].

Trótski descreve o processo em termos de "burocratização". Não que o termo "despotismo" esteja ausente[29]. Mas o termo, em Trótski, indica antes uma característica da burocracia, e não tem o estatuto de conceito substantivo[30]. Não se trata de um simples problema de terminologia. Trótski define a degenerescência do partido, a partir do corpo do partido e da sociedade global, não a partir das instituições políticas do partido, isto é, não a partir do que se passa propriamente na sua direção: o (neo)despotismo de Stálin seria de certo modo epifenômeno da burocracia. De Stálin, Trótski dirá mesmo que ele é a quintessência da burocracia. O que é um erro, como Castoriadis e depois dele outros autores já observaram. Trótski é incapaz de pensar o déspota como sendo ele mesmo uma instituição[31]. Ele não vê como

---

28. Essas observações não implicam em negar o papel que teve e que pode ter ainda a violência na história, principalmente nas situações em que não há democracia. Elas só pretendem afirmar o seguinte: 1) Qualquer que sejam os efeitos das explosões de violência popular, é errado assumir a violência como projeto político essencial para um partido ou movimento, sobretudo em situações em que existe democracia ("formal" embora) como fez o marxismo e mais ainda o bolchevismo; 2) Mesmo lá onde da violência resultaram mudanças, ela teve o seu preço, preço não apenas ético, mas também político. É preciso tentar determiná-lo em cada caso.

29. Cf. P. Broué, op. cit., p. 916.

30. A biografia de Trótski por Dmitri Volkogonov, *Trotsky*: the eternal revolutionary (Londres: Harper Collins Publishers, 1996) chama a atenção para o fato de que Trótski utiliza o termo "absolutismo burocrático" (ver a respeito o posfácio ao presente texto).

31. No que escrevi sobre os totalitarismos de esquerda, na Introdução Geral ao terceiro volume do meu *Marx: Lógica e Política*: investigações para uma reconstituição do sentido da dialética, São Paulo: Editora 34, 2002, t. III, a noção central é a de "burocracia"

80 A ESQUERDA DIFÍCIL

fenômeno próprio a figura do déspota que domina o partido e o país[32]. Quanto à burocracia, mesmo se ela aparece como primeira – e, sem dúvida, excessivamente "primeira" – em relação ao déspota, Trótski insiste em fazer dela uma formação dependente de uma classe (isto é, de uma formação que, para ele, merece o nome de classe). Mas que classe seria esta? Trótski faz a pirueta teórica de localizar no proletariado a classe que a burocracia "soviética" parasitaria. A mediação

e não de "despotismo". Insisti no problema do despotismo em passagens de dois textos publicados na imprensa de São Paulo. Cf. minha entrevista à *Folha de São Paulo*, 29 fev. 2003, e meu artigo A Esquerda na Encruzilhada, *Folha de São Paulo*, 11 jan. 2004. Mais!. Ver também o meu texto Cuba, sim, Ditadura não, publicado no *Correio Braziliense* em abril de 2003. Claro que a referência ao despotismo não elimina a referência à burocracia. Trata-se, no caso, de uma espécie de "despotismo burocrático". Tentando formular conceitos, diria que temos aí um "neodespotismo burocrático igualitarista", e isto em oposição aos "neodespotismos burocráticos antiigualitários" (fascismo etc.). Explicando: os neodespotismos burocráticos "igualitaristas" são só na aparência – mas na aparência o são – igualitários, por isso aponho o "istas", sufixo semi-negativo, na denominação. Os antiigualitários, pelo contrário, são plenamente contra a igualdade: sua denominação não exige nem comporta o sufixo.

32. Um problema correlato à questão do "despotismo" é o da atitude de Trótski em relação aos genocídios ou similares, praticados pelo poder stalinista, em particular o genocídio dos camponeses em 1932/1933. A propósito deste genocídio, Broué (op. cit., p. 700) escreve que "com a etiqueta de *kulaks* – os quais não eram mais do que dois milhões – as vítimas foram sete milhões de camponeses médios e pobres: [houve] mais mortos do que numa guerra". Primeira questão: Trótski estava a par da extensão que tomara a liquidação física direta ou indireta de *kulaks* e assimilados? Uma passagem de um artigo de Alec Nove, Trotsky, Markets and Europeans Reform, em *Studies in Economics and Russia*, New York: St Martins Press, 1990, p. 76, sugere a possibilidade de que, pelo menos em 1932, ele não sabia da extensão (qualitativa ou quantitativa?) dos horrores. Mas em *A Revolução Traída*, escrita em 1936, Trótski escreve que "as perdas humanas [...] se contam [...] em milhões". Cf. L. Trotsky, *La révolution trahie*, introdução de Pierre Franck, nova edição, Paris: Quatrième Internationale; Belgique Pont-de-Loup: E. Decoux, s/d, p. 35. Trótski foi certamente contrário aos métodos brutais empregados por Stálin no campo (ver a própria *Revolução Traída*, e também o texto referido de Nove, além de outros do mesmo autor), mas a própria maneira como é apresentada a realidade do extermínio mostra que este não aparece com todo o peso que lhe é próprio, no entanto, de algum modo, não mais do que como um episódio ou peripécia, terrível embora, na trajetória de uma forma deformada ou degenerada de Estado operário. É verdade que uma primeira leitura dessa mesma passagem da *Revolução Traída* poderia nos levar à conclusão contrária, já que Trótski, depois de fazer o balanço das perdas em termos de produção agrícola e de pecuária, observa: "As perdas em homens – de fome, de frio, em conseqüência das epidemias e da repressão – infelizmente não foram registradas com a mesma exatidão que as perdas em gado". (Ibidem) (segue-se a referência aos milhões de vítimas). Porém uma observação dessa ordem, por crítica que seja, é ainda fraca, a meu ver, diante do que foi, e Trótski o diz, o extermínio de milhões de pessoas. O genocídio, essa categoria de certo modo transhistórica, ficava fora da visão da história do marxista Trótski. A impossibilidade de ver o genocídio em toda a sua significação, digamos, antropológica, tem algo a ver (na medida em que o marxismo está por trás das duas insuficiências) com a relativa subestimação do fenômeno do "despotismo" em proveito do fenômeno burocracia. Sobre a expressão neodespotismo, ver o texto "O Comunismo Difícil" e o posfácio a ele, neste volume.

estaria na economia planificada e na propriedade estatal. Estas seriam as marcas da presença – presença-ausência, mas, mesmo isto, é, sem dúvida, excessivo – do proletariado, e revelariam a substância de que a burocracia é acidente (É verdade – mas não basta – que Trótski considera a burocracia "uma *nova* formação social extremamente poderosa"[33]). A burocracia parasitaria o estado operário. Aqui entramos num discurso quase da ordem do mito. Que significa "estado operário", se é que significa alguma coisa? Um estado que nasceu de uma insurreição de caráter supostamente "operário"? Essa caracterização histórica é só parcialmente verdadeira. Porém, mesmo que ela seja correta, não diria nada, ou diria muito pouco, sobre a situação presente. Quanto a afirmar que a burocracia não tem "lugar independente no processo de produção e de repartição", a tese é evidentemente falsa[34]. Além de participar da produção imaterial através de alguns de seus estratos, ela está no centro dos mecanismo de distribuição da riqueza. Bem entendido, ela é beneficiária da atividade de outras classes, mas isso ocorreu até aqui com todas as classes dominantes. Trótski diz que a burocracia sempre serviu a uma "classe", o que talvez seja verdade, embora, em outras situações históricas, burocracias atingiram maior ou menor autonomia. Porém, com a experiência russa, temos um caso particular, um caso limite. Uma burocracia que não só não é instrumentalizada por uma outra classe (embora ela esteja submetida a um déspota), mas que se justifica por meio de uma ideologia eminentemente revolucionária e "progressista". Esta não é a única novidade da situação. Na realidade, o novo é em geral o próprio fenômeno de um despotismo burocrático instalado numa sociedade industrializada do século xx. O uso de uma ideologia revolucionária como o marxismo, ao mesmo tempo *Aufklärer* e crítico da *Aufklärung*, se explica nesse contexto. O que resta de verdade, como já disse, é que a história do século xx parece mostrar que as burocracias de tipo "comunista" tiveram uma longevidade limitada, o que poderia implicar que elas não são pelo menos "grandes classes". Entretanto, ainda que admitíssemos que a burocracia não possa ser subsumida como grande classe, isso não significaria uma vitória importante para a posição de Trótski. Porque o mais importante aqui são duas coisas: 1) que o surgimento de um sistema despótico-burocrático com uma ideologia igualitarista não leva Trótski a repensar o conjunto do esquema marxista da história, o que de qualquer modo se impõe. *Em vez de se perguntar se a burocracia pode ou não ser subsumida pelo conceito marxista de classe, seria preciso perguntar, inversamente, se a visão marxiana da história resiste à experiência do século xx, com seus neodespotismos burocráticos etc; 2)* que a afirmação de que a burocracia não é classe serve para fornecer,

---

33. P. Broué, op. cit., p. 916, grifo de RF.
34. L. Trótski citado por P. Broué, op. cit., p. 772.

82 A ESQUERDA DIFÍCIL

apesar de tudo, uma justificação histórica ao regime stalinista, o que é um erro. Como eu disse em outras ocasiões de forma geral[35], Trótski tem dificuldade para pensar o problema do despotismo, porque essa figura está ausente como conceito no discurso marxista. O que se tem como conceito, no marxismo, é ou o despotismo oriental, que é uma figura muito arcaica, ou então o bonapartismo. Trótski tentou utilizar a noção de bonapartismo para pensar o stalinismo, mas o resultado foi muito insuficiente. Também a noção de Termidor, na qual ele se enreda. Bonapartismo pode ser entendido a partir do primeiro Bonaparte ou do segundo, Napoleão III. Na tradição marxista, ambos representam poderes fortes que eliminam o domínio direto do Estado por uma classe, mas para realizar os interesses históricos dessa classe. No primeiro caso, de uma classe ainda revolucionária, no segundo, dessa mesma classe, porém já na sua trajetória defensiva, diante de um proletariado que se supõe ascendente e ameaçador. A burocracia teria tido esse papel em relação ao proletariado. Mas se a burocracia não garante a dominação de nenhuma outra classe, essa conceituação não se sustenta. Quanto ao conceito de Termidor, Trótski hesita sobre a definição dele e acaba pensando-o não como uma contra-revolução radical, mas quase como um movimento que prepara o "bonapartismo". Ao se decidir por essa leitura, dirá que o Termidor russo se deu em 1924. As dificuldades dessa comparação, nas suas diferentes versões, são análogas às que atingem a noção de bonapartismo. E a insuficiência da explicação de Trótski tem a ver com o seu apego ao esquema marxista para a história "futura", e em geral, com as debilidades do marxismo no plano da teoria política.

No seu último ano de vida, Trótski teria modificado a sua posição e buscado uma apresentação do destino político da URSS em termos menos apegados à tradição marxista? É a leitura que já fora sugerida anteriormente, creio, por Boris Souvarine. Broué se refere a essa possibilidade:

O campo permanece [...] aberto para as hipóteses mais contraditórias [...] Como crêem alguns, [Trótski] era um "homem novo" nesse verão de 1940, rompendo consigo mesmo e com a análise que ele mesmo fizera da URSS alguns meses antes? Invoca-se para apoiar essa opinião o seu *Stalin* inacabado, os fortes epítetos que ele emprega para caracterizar o ditador que ele compara a Nero, o emprego [que ele faz] provavelmente pela primeira vez do termo "totalitarismo", para caracterizar o regime stalinista. Alguns vêm mesmo em "O Komintern e a GPU", análise prática da rede de serviços no seio da Internacional, o esboço de uma análise nova dos partidos comunistas e da Internacional, [como sendo], pura e simplesmente, agências do Kremlin[36].

Nesse contexto, Broué evoca um escrito pouco anterior de Trótski, em que este afirma que se a guerra não provocar a revolução, mas o

---

35. Cf. as entrevistas referidas em nota acima.
36. P. Broué, op. cit., p. 940.

declínio do proletariado, dever-se-ia concluir que o proletariado se revelou incapaz de tomar o poder, e admitir que surgiria uma nova classe exploradora a partir da burocracia. Seria "o crepúsculo da civilização" e, resume Broué, isto obrigaria a "rever a perspectiva marxista" e a idéia de que haveria "uma revolução socialista". Segundo Broué, Van Heijenoort, que conhecia muito bem a vida e o pensamento de Trótski, julgava que esse texto representava bem o pensamento do último Trótski e que este estaria, então – a expressão é de Heijenoort – "disposto a re-cortar (*retailler*) a barba de Marx"[37]. Observe-se que se esse último texto marca certamente um progresso, porque Trótski admite a possibilidade de que o rumo que toma a história contemporânea obrigue a pensar "para além" do marxismo, ele tem o inconveniente de supor que a burocracia, ou a classe que seria sua herdeira, teria um longo futuro histórico, o que os acontecimentos parecem ter desmentido. Aliás, o tema do "crepúsculo da civilização" tem algo de uma leitura marxista ou marxizante com sinais trocados. Nesse sentido, os textos do *Stalin* talvez sejam mais interessantes. Broué afirma que ele e Van buscaram outros escritos de Trótski que iriam na mesma direção. Van projetara mesmo escrever um texto a respeito, mas teve de renunciar, por não ter encontrado o que buscava. Broué, cuja posição é a clássica, parece cético em relação a essa virada final de Trótski.

Concluindo. Trótski – e Broué com ele – recusa-se a admitir qualquer continuidade (senão de fato) entre o bolchevismo e o stalinismo, o que não o impede de considerar a ditadura da burocracia como expressão deformada da ditadura do proletariado, e passa rápido demais, na maturidade, sobre a possibilidade de que possa haver uma descontinuidade entre marxismo e bolchevismo (Quanto ao livro de Broué, isto não significa que ele não contenha críticas a Trótski, mas em geral estas se referem ou a problemas adjetivos ou a problemas que não atingem o conjunto do poder bolchevista, ou a questões atinentes ao indivíduo Trótski e ao seu estilo – há aí algumas surpresas – no plano da vida cotidiana). Nos escritos de Trótski, a valorização do bolchevismo vai junto com a valorização do marxismo. As coisas parecem bem mais complexas. Uma possibilidade, que não é a minha, seria a de "salvar" o marxismo, estabelecendo uma descontinuidade entre marxismo de um lado e bolchevismo-stalinismo de outro. Na realidade, há alguma descontinuidade entre os três elementos: marxismo, bolchevismo e stalinismo. Como escreve Schapiro no prefácio do livro citado, "Marx nunca disse que um único partido revolucionário deve suplantar e destruir todos os outros partidos operários e camponeses, para se estabelecer sozinho no poder"[38]. Por sua vez, há certamente descontinuidade entre leninismo e stalinismo. Não é preciso refletir

37. Cf. idem, p. 917, 942.
38. L. Schapiro, op. cit., p. 10.

muito para se dar conta de que as práticas de Stálin com relação aos membros do partido são estranhas às tradições leninistas. Assim, há descontinuidade entre esses três termos. Porém, há também continuidade entre eles. É evidente que a repressão contra os outros partidos de esquerda por parte do poder bolchevique e a asfixia de toda democracia mesmo "soviética" (duas coisas que, como vimos, contra a lenda vigente, não se justificam pela guerra civil, mesmo porque ocorreram antes dela) criaram as condições – sem dúvida houve também fatores globais – que tornaram possível a emergência do poder stalinista. Por outro lado, se Marx não é responsável pelas práticas "anti-soviéticas" de Lênin, não há dúvida de que o projeto de transformação violenta e a idéia de ditadura do proletariado (mesmo se Marx, e Engels ainda mais, a pensou em forma transitória e de certo modo excepcional) abriram caminho para a violência bolchevique. Assim: nem confusão ou simples continuidade entre os três projetos, nem justificação do primeiro, e *a fortiori* dos dois primeiros, com base na descontinuidade. O projeto revolucionário de Marx, e principalmente a figura da ditadura do proletariado (quaisquer que tenham sido as precisões e precauções primitivas), mais do que isto, eu diria, a idéia geral de história – sobretudo da história futura (o comunismo) – de Marx abriram as portas para um cerceamento funesto da democracia, inclusive da forma particular e, de certo modo, limitada, que seria a democracia soviética. Esses passos, dados pelo bolchevismo, significaram por sua vez – involuntariamente sem dúvida, pelo menos para a maioria dos dirigentes bolcheviques – a ruptura de todos os mecanismos de defesa contra a ditadura sem princípios e genocida que acabaria por se instalar. Como dizia Trótski, passou-se da violência revolucionária à violência "em geral"[39]. O que é verdade, mas, já na sua primeira forma pré-bolchevista, a primeira não era tão consistente como se supôs. A história do século XX mostra que a violência revolucionária traz no bojo a sua própria transgressão. Um ferroviário francês que visitou Trótski na Turquia e a quem ele explicou sua concepção do partido e o projeto da IV Internacional perguntou a Trótski se o que ele propunha era "recomeçar tudo". Ele respondeu que sim[40]. Mas "recomeçar" se diz em dois sentidos. Refazer o que tinha sido feito ou fazer de outro modo. Apesar de algumas mudanças, Trótski e os trotskistas optaram pelo primeiro sentido. Querem retomar o passado, mesmo se introduzindo um certo número, limitado, de alterações. O movimento se faria ainda sob a bandeira do marxismo e do bolchevismo. A experiência do século XX e do início do nosso nos convida, pelo contrário, a tentar um começo realmente novo. Nesse sentido, apesar da grandeza indiscutível do personagem, nos seus melhores momentos pelo menos, Trótski representa o passado.

39. P. Broué, op. cit., p. 889.
40. Idem, p. 763.

TRÓTSKI, A DEMOCRACIA E O TOTALITARISMO 85

# POSFÁCIOS

*Sobre Absolutismo, Totalitarismo, Despotismo*

Na sua biografia de Trótski, Dimitri Volkogonov se refere ao emprego por Trótski, em um dos seus artigos para o *Boletim da Oposição*, da expressão "absolutismo burocrático", para designar o regime soviético[41]. O texto a que ele se refere é o artigo "O Processo de Zinoviev, Kamenev e os Outros", publicado no n. 42 do *Boletim da Oposição*, fevereiro de 1935. A expressão se encontra na frase final do artigo (dois parágrafos antes já se encontra "o absolutismo de uma burocracia incontrolada") em que se lê:

> Os marxistas revolucionários se propõem como tarefa livrar a vanguarda proletária mundial da influência nefasta de uma *clique* burocrática incontrolada, para ajudar em seguida os operários da URSS a regenerar o partido e os sovietes, não por meio de aventuras terroristas condenadas desde o início, mas por meio de um movimento consciente das massas contra o *absolutismo burocrático*[42].

Volkogonov retoma a expressão várias vezes, sem citar outros textos[43]. A expressão pode ser encontrada pelo menos em mais um texto do mesmo período[44]: "a tensão cada vez maior do *absolutismo burocrático* exprime o crescimento das contradições internas"[45]. "Totalitário" e "totalitarismo" estão presentes em várias passagens das *Oeuvres*, isto é, nos artigos, e também no *Stalin*[46]. Encontramos finalmente, o termo "despotismo" assim como "despotismo totalitário": "O *despotismo* do regime, a perseguição que golpeia toda crítica, a asfixia de todo pensamento vivo"[47]; "Seus colaboradores, Ejov e Vychinsky, nulidades

41. D. Volkogonovk, op. cit., p. 341, 503, nota 55 do capítulo 6.

42. L. Trotsky, *Oeuvres,* Paris: Institut Léon Trotsky/EDI, 1979, v. 5, p. 34, grifo de RF.

43. Cf. D. Volkogonov, op. cit., p. 391, 405, 407, 415, 422.

44. Ver A Burocracia Stalinista e o Assassinato de Kirov, *Boletim da Oposição*, n. 41, jan. 1935.

45. L. Trotsky, op. cit., 1979, v. 4, p. 307, grifo de RF. A expressão "absolutismo da burocracia soviética" está no artigo La 4ème Internationale et l'URSS. La nature de classe de l'État soviétique, op. cit., 1979, v. 2, p. 243, publicado pelo *Boletim da Oposição*, n. 36, out. 1933. Também se encontra "absolutismo esclarecido", empregado a propósito da primeira fase do percurso histórico da burocracia (mais ou menos até os grandes processos), mas que valeria também para caracterizar em geral a burocracia, pondo em relevo o fato de que sob o seu domínio teria havido desenvolvimento econômico e progresso cultural. Ver no artigo já citado A Burocracia Stalinista e o Assassinato de Kirov. *Boletim da Oposição*, n. 41, janeiro de 1935, ver também L. Trotsky, op. cit., 1979, v. 4, p. 323 e p. 311 etc.

46. Cf. idem, 1979, v. 16, p. 336, 17 de março de 1938; v. 18, p. 277, 284, 18 de setembro de 1938; v. 19, p. 69, 10 de outubro de 1938; etc e *Stalin*, ver citações que faço no mesmo parágrafo.

47. Termidor e o Anti-semitismo, 22 de fevereiro de 1937, *Oeuvres*, 1982, v. 12, p. 343, grifo de RF; Cf. O Começo do Fim, agosto de 1937, *Oeuvres*, 1983, v. 14, p. 280.

86 A ESQUERDA DIFÍCIL

apodrecidas até a medula, não chegaram por acaso aos postos elevados que ocupam no *sistema de despotismo totalitário* de corrupção"[48]. Finalmente, há pelo menos uma ocorrência, talvez não muito específica, do termo "tirania":

> No interesse da sua própria conservação, [a burocracia] é obrigada a sufocar o menor vislumbre de crítica e de oposição. De onde a *tirania* sufocante, toda essa gente que rasteja diante do Chefe, e a hipocrisia geral: daí vem o papel gigantesco da GPU enquanto instrumento da dominação totalitária"[49].

Esses textos revelam o quanto Trótski estava atento para o elemento *dominação* na política burocrática e dominação *absoluta*. A presença abundante do termo "totalitário" sobre o qual muito se discutiu (em geral os marxistas o recusavam), vai no mesmo sentido. Porém, essas referências poriam em xeque o que escrevi no texto, sobre o caráter adjetivo do uso desses termos por Trótski? Sem dúvida, a simples abundância quantitativa delas exige um julgamento prudente sobre as eventuais insuficiências das análises de Trótski. Porém, a meu ver, eles não alteram o essencial. Qual é o problema? O problema é o do significado do poder de Stálin e o das relações entre ele e a burocracia. Trótski o apresenta como a encarnação da burocracia. "Os primeiros sucessos sérios nesse caminho [o do desenvolvimento com base nos meios de produção nacionalizados, trabalho que a burocracia fez "mal" mas que teria tido caráter "progressista"] [...] aumentaram a consciência que ela tinha dela mesma, a uniram em torno desse chefe *que encarnava da maneira mais completa os traços positivos e negativos da camada burocrática*"[50]. "As divergências no interior da burocracia incontrolada devem ser resolvidas a partir de cima, pelo *"chefe", que não é mais do que a personificação do aparelho*"[51].

48. Caim-Djugachvili Vai até o Fim, 17 de março de 1939, *Oeuvres*, 1983, v. 16, p. 334. E ainda: "Chamamos freqüentemente a burocracia soviética de casta, para marcar o seu caráter fechado, o seu *despotismo* e a sua arrogância de camada dirigente", cf. A URSS na Guerra, 25 de setembro de 1939, *Oeuvres*, 1985, v. 22, p. 44, grifos de RF.

49. O Atentado de 24 de Maio e o Partido Comunista Mexicano: o comintern e a GPU, 17 de agosto de 1940, *Oeuvres*, 1987, v. 24, p. 311.

50. *Oeuvres*, v. 4, p. 322, dez. 1934, grifo de RF.

51. *Oeuvres*, v. 3, p. 205, 20 de janeiro de 1934, grifo de RF. E ainda: "Uma nova casta privilegiada concentrou o poder entre as suas mãos e Stálin, que anteriormente só tinha papel secundário, *se tornou o seu chefe*", v. idem, v. 23, p. 171, 12 de fevereiro de 1940, grifo de RF. "Stálin nunca foi e não podia ser, por natureza, um dirigente de massas: ele é *o chefe dos 'chefes' burocráticos, seu coroamento e sua personificação*", v. idem, v. 5, p. 74, 1 de fevereiro de 1935, grifo de RF. "Todo o poder está nas mãos da burocracia. A pessoa que governa é *o chefe da burocracia*: Stálin", v. idem, v. 19, p. 42, 9 de outubro de 1938, grifo de RF. "Stálin não é uma personalidade: ele é *a personificação da burocracia*. Na sua luta contra a Oposição que refletia o descontentamento das massas, Stálin executou passo a passo a sua missão que era a de defender o poder e os privilégios da nova casta dominante [...]. Sua lealdade em relação à burocracia,

TRÓTSKI, A DEMOCRACIA E O TOTALITARISMO 87

Qual a dificuldade? Não há dúvida de que a carreira de Stálin deve muito à burocracia. Nesse sentido, a frase "é o aparelho que fez Stálin" é correta. Mas a dificuldade está em que, a partir de um certo momento (difícil de definir, pois há talvez mais de um ponto de inflexão), ele aparentemente se autonomiza em relação à burocracia, e aparece antes como um *tertius*, um déspota diante da burocracia e do resto da sociedade russa. A partir de certo momento, tudo se passa como se as fórmulas "encarnação da burocracia", "personificação da burocracia" se tornassem propriamente falsas. Claro que Trótski sabe da distinção entre a burocracia e a *clique* de Stálin. Esta última ele caracteriza aliás como "bonapartista". Mas o problema subsiste. Aparentemente, a questão seria simplesmente quantitativa, a de saber até onde a *clique* se autonomizaria em relação à burocracia. Na realidade, há mais do que isso. Stálin – com a sua *clique* talvez, mas o papel desta é um outro problema – passa a ser alguma coisa de outra ordem: um déspota [de novo tipo] (ou talvez um tirano, não entrarei aqui nessa divergência tipológica importante). Assim, se a origem de Stálin é burocrática, essa origem não coincide necessariamente com o que ele veio a ser. Por outro lado, se ele deve a sua ascensão à burocracia, ele já era, desde o início, tanto um burocrata quanto um revolucionário-aventureiro, que planeja – mais planeja do que executa, é verdade – expropriações armadas. É um pouco esta última característica que reaparece, ainda que transfigurada. A diferença é qualitativa, porque sob certos aspectos Stálin tem pouco a ver com um burocrata. Porém a dificuldade está no fato de que a outra determinação se mantém: ele é déspota mas também burocrata. Sendo também, e talvez antes de tudo, um déspota, ele não pode, entretanto, ser chamado de "encarnação da burocracia".

É no último dos seus livros, *Stalin*, cuja redação, quase termina-da, foi interrompida pela arma do assassino que estava a serviço do biografado..., que Trótski inflete em alguma medida o vocabulário, e retrata Stálin propriamente como déspota, e, em algumas passagens, como déspota "oriental". Essa inflexão e também o valor geral desse último livro foram objeto de comentários por parte de mais de um autor. Mas vejamos primeiro alguns textos (creio que eles merecem ser citados *in extenso*):

> Leonid Krassin [...] foi o primeiro, se não me engano, a qualificar Stálin de "asiático". Ao fazer isto, ele pensava, não em problemáticos caracteres raciais, mas nessa combinação de obstinação (*endurance*), perspicácia, perfídia e crueldade, considerada

isto é a si mesmo, foi expressa por Stálin com uma brutalidade épica, por ocasião dos famosos expurgos", ver idem, v. 23, p. 214-217, O que eu penso de Stálin, 13 de março de 1940, grifo de RF. Mas Trótski fala também do "regime pessoal e plebiscitário" de Stálin: "Na medida em que esse confronto burocrático foi coroado pelo regime pessoal e plebiscitário de Stálin, pode-se falar de bonapartismo soviético", idem, v. 2, p.151, 1º de outubro de 1933.

88 A ESQUERDA DIFÍCIL

como característica dos homens políticos da Ásia. Bukhárin simplificou mais tarde esse termo, tratando Stálin de "Gengis-Khan", aparentemente para melhor destacar a crueldade levada até a ferocidade[52].

O aparelho onipotente do Partido, combinado com a máquina totalitária do Estado, abriu-lhe possibilidades que mesmo seus predecessores como César Bórgia não poderiam imaginar. O escritório (*bureau*) em que os juízes de instrução da GPU procedem a seus interrogatórios inquisitoriais está ligado por um microfone ao escritório de Stálin. O invisível Joseph Djugachvili, com o cachimbo entre os dentes, acompanha avidamente o diálogo preparado por ele mesmo, esfrega as mãos e ri silenciosamente.

Os nomes de Nero e de César Bórgia foram mencionados mais de uma vez por ocasião dos 'processos de Moscou' e de acontecimentos recentes na cena internacional. Já que esses fantasmas antigos foram evocados, parece-me que convém falar agora de um super-Nero e de um super-Bórgia, porque os crimes dessas épocas nos aparecem muito modestos e quase ingênuos, comparados com as proezas do nosso tempo.

Segue-se uma comparação entre o vazio e a decadência moral que teria ocorrido na transição "da escravidão ao feudalismo" e da "sociedade feudal à sociedade burguesa", como um fenômeno análogo, encarnado pelo stalinismo, que se manifestaria na transição do capitalismo ao comunismo. E Trótski conclui:

Mas uma explicação histórica não é uma justificação. Nero também foi um produto do seu tempo. Entretanto, depois que ele desapareceu, as estátuas que o representavam foram quebradas, e o seu nome foi apagado por todo lado. A vingança da história é mais terrível do que a do secretário geral mais poderoso. Ouso pensar que isso é consolador.

Para terminar, acho que vale a pena citar mais esses dois textos: "Se tentássemos encontrar um paralelo histórico para Stálin, seria preciso rejeitar não só Cromwell, Robespierre, Napoleão e Lênin, mas também Mussolini e Hitler. Aproximaríamo-nos mais de uma compreensão de Stálin, evocando Mustafá Kemal Pachá ou, talvez, Porfírio Diaz". E ainda:

"O Estado sou eu" é quase uma fórmula liberal, comparada com as realidades do regime totalitário de Stálin. Luís XIV só se identificava com o Estado. Os papas de Roma se identificavam, ao mesmo tempo, com o Estado e com a Igreja – mas somente durante as épocas de poder temporal. O Estado totalitário vai bem além do césaro-papismo, pois envolve toda a economia do país. Diferentemente do Rei-Sol, Stálin poderia dizer justificadamente: "A sociedade sou eu"[53].

Evidentemente, falar em Nero, Gengis-Khan, César Bórgia ou Luís XIV, é evocar modelos que não têm nada a ver com a figura do

52. L. Trotsky, *Stálin*, tradução de J. van Heijenoort, Paris: Union Générale d'Éditions, 1979, v. 1, p. 21.
53. Idem, v. 2, p. 267, 275, 276, 325, 338 respectivamente.

TRÓTSKI, A DEMOCRACIA E O TOTALITARISMO          89

burocrata ou mesmo do chefe da burocracia. E a comparação não é puramente formal. É nesse sentido que Trótski aponta em outra direção, mesmo se ele não tira maiores conclusões disso. O primeiro a apreciar essas passagens foi Boris Souvarine, na sua clássica e muito importante biografia de Stálin[54]. Já Dmitri Volkogonov, na sua biografia de Trótski, tem uma opinião muito crítica a respeito do livro de Trótski e atribui suas supostas insuficiências ao ódio do autor pelo seu biografado. Se Volkogonov reconhece que as expressões de Trótski sobre a moralidade de Stálin são justificadas, ele observa que "o ódio não é o melhor amigo do artista"[55]. E cita textos que reproduzem diálogos de Trótski com sua mulher, Natalia, em que este fala das dificuldades que encontra para "escrever calmamente sobre aquele suíno". Interessante, porém, é que precisamente quando Trótski perde a cabeça é que, talvez, escreva o que houve de mais exato a respeito de Stálin. Ao perder a calma, Trótski deixa cair também algo da carcaça conceitual marxista que, de certo modo, fazia com que ele perdesse de vista a originalidade do personagem e das instituições que ele descreve. De fato, o que se tem aí é o aparecimento ou o reaparecimento de uma forma de despotismo, em pleno século xx. Fenômeno que é dificilmente pensável no interior da tradição e da conceituação marxista (e mesmo se Stálin é, sob certo aspecto, um déspota "oriental"). A dificuldade está não apenas no fato de que o despotismo como instituição só tem um lugar secundário e arcaico no interior do esquema histórico marxista dos modos de produção, como também no de que o marxismo pratica sistematicamente uma hermenêutica de caráter sociologizante e economizante, que se justifica só até certo limite, ao tentar pensar os atores, maiores ou menores, da história política. Ora, como escreve Moshe Lewin em uma das suas muito importantes contribuições ao livro coletivo que ele organizou com Ian Kershaw:

> Os dois casos [poder de Hitler e poder de Stálin] oferecem diferentes versões da "desconstrução" do Estado como organização racional-legal, administrativa e normalmente controlada (*policed*), e a sua substituição por certo tipo de "privatização" do Estado (o termo é de Kershaw). No caso de Hitler, a sua guarda pessoal se tornou o poder principal por trás do culto, enquanto no de Stálin, os serviços de segurança do Estado se tornaram seus guarda-costas pessoais e a base principal do seu poder. A arbitrariedade dessas reações e resultados era nos dois casos uma característica "normal" de um estado "anormalmente" personalizado no qual *o próprio déspota* se tornou uma instituição fundamental (*crucial*) – uma instituição de uma pessoa (*one-person institution*), para ser exato, apenas o pivô de um sistema ditatorial que fabrica muitos mitos mas que é em si mesmo suficientemente real[56].

54. Boris Souvarine [1935]. *Staline*: aperçu historique du bolchevisme, edição revista pelo autor, Paris: Éditions Ivrea, 1992. O livro foi aumentado na oitava edição, que é de 1940. Ver as referências ao livro de Trótski sobre Stálin na página 610.

55. D. Volkogonov, op. cit., p. 422.

56. Moshe Lewin, Stalin in the Mirror of the Other, em Ian Kershaw; M. Lewin, *Stalinism and Nazism*: dictatorships in Comparison, Cambridge: Cambridge University

90  A ESQUERDA DIFÍCIL

Apesar de Lewin pensar o poder do déspota *também* como poder de um sistema (mas o sistema aqui aparece em primeiro lugar como constituído pela sua *clique*, embora a referência à produção de mitos faça pressentir a atividade de outros círculos mais amplos), o déspota surge como sendo ele mesmo o suporte único (*one person*) de uma instituição. Sem dúvida a leitura dessa instituição exige um deciframento, mas é um decifrar de tipo particular, eminentemente intrínseco, e que de certo modo implica menos numa hermenêutica do que numa anti-hermenêutica. Esse tipo de objeto e o estilo de leitura que ele exige do analista são essencialmente diferentes do tipo com que lidam em geral os marxistas, e do estilo de leitura que usualmente praticam. Sem dúvida, burocracia também não é, na tradição marxista, um conceito central, mas além do fato de o conceito ter sido desenvolvido num texto célebre do Marx pré-comunista, o recurso à burocracia envolve uma hermenêutica de tipo sociológico, que a tradição marxista incorpora sem muita dificuldade. Lewin se pergunta: "O stalinismo foi uma emanação da burocracia, tal como o pretendeu, principalmente Trótski?". E responde: "Havia no stalinismo uma ambigüidade considerável a esse respeito: ele foi ungido pela burocracia, contudo considerava a burocracia como [sendo, ao mesmo tempo] indispensável (daí o seu empenho em favor das camadas superiores da burocracia) e não confiável (daí as repressões)"[57]. Na realidade, o poder burocrático só se instauraria plenamente – sem déspota – depois da morte de Stálin. Como também ele só se instala plenamente na China depois da morte de Mao.

### Sobre Bolchevismo e Democracia

A crítica ao projeto bolchevique como essencialmente antidemocrático se justifica plenamente? Que argumentos poderiam ser utilizados em sua defesa (de um ponto de vista de esquerda)? Acho que no plano dos eventos haveria dois pontos a discutir. Um, o fato de que, da primeira quinzena de dezembro até Brest-Litovsk, os bolcheviques estabeleceram um governo de coalizão, de que participavam os socialistas-revolucionários de esquerda. O segundo argumento é de que Lênin considerou a possibilidade do que ele chamava de tomada pacífica do poder por meio dos sovietes em setembro de 1917.

Sobre o primeiro ponto, o mínimo que se pode dizer é que foi uma aliança desequilibrada, na qual os SR de esquerda, em geral gente

Press, 2000, p. 121, grifo de RF. E ainda: "Os ditadores que estamos estudando eram [...] *instituições-de-poder de um só homem (one-man institutions of power)*", idem, p. 122, grifo de RF.

57.  M. Lewin, Bureaucracy and the stalinist state, em I. Kershaw; M. Lewin, op. cit., p. 55. Castoriadis era da mesma opinião (ver *Les carrefours du labyrinthe,* t. 2: domaines de l'homme, Paris: Seuil, 1986, p. 211).

TRÓTSKI, A DEMOCRACIA E O TOTALITARISMO 91

muito jovem (alguns com menos de trinta anos) foram figurantes mais ou menos impotentes (conhece-se a história de um célebre diálogo entre Lênin e o jovem comissário da justiça SR[58]): eles tentaram inutilmente refrear a violência bolchevique e, em alguns casos, acabaram se envolvendo nela. Valeria a pena citar o que escreve, a respeito dessa aliança, Orlando Figes:

> Enquanto os SRS de direita se empenhavam em manter os bolcheviques isolados e focalizavam todos os seus interesses na Assembléia Constituinte, os SRS de esquerda acreditavam que se juntando aos bolcheviques, no governo, – e à Tcheka – seriam capazes de frear os piores excessos. A maioria dos líderes SR de esquerda eram ainda jovens o bastante para que se perdoe tal idealismo insensato [...]. Mas os bolcheviques conservaram os postos-chave do governo, e *os SRS de esquerda foram na realidade não mais do que folhas de parreira utilizadas por Lênin para ocultar a nudez da sua ditadura*[59].

Os SR de esquerda – resumo o texto de Figes – não eram suficientemente fortes "para moderar os excessos despóticos" do novo poder. E os seus projetos – "o sistema semi-anarquista de sovietes decentralizados", "a organização das fábricas em estilo anarco-sindicalista" – assim como "o seu apoio à comuna camponesa", e mesmo suas idéias sobre a questão nacional, iam na contracorrente dos planos "a longo prazo" do bolchevismo.

Ainda a propósito da aliança com os SRS de esquerda. Trótski tenta justificar a posição bolchevique no episódio, mas em alguns textos reconhece que se tratava de uma aliança puramente tática. No *Stalin*, ele escreve (cito a partir da tradução inglesa, porque esse texto, que faz parte de uma série de fragmentos, não foi incluído na tradução francesa de van Heijenoort, pelo menos nas edições que pude consultar) que, embora tivessem se "apropriado do poder sozinhos em outubro", os bolcheviques teriam demonstrado sua "disposição a cooperar com outros partidos soviéticos, entabulando negociações com eles". Porém as exigências desses partidos teriam sido "fantasticamente exorbitantes (*outrageous*)". "Eles queriam nada menos do que a decapitação do nosso partido". "Formamos então um governo de coalizão [...] [com os] Socialistas-Revolucionários de esquerda. Mas os SR de esquerda

---

58. Exasperado com uma dura medida policial com sérias implicações terroristas, medida ainda não aplicada e que fora posta em discussão, Isaac Nachman Steinberg, o comissário da justiça, observou: "'Então porque temos de nos incomodar com um *Comissariado da Justiça*? Chamemo-lo francamente *Comissariado do Extermínio Social*, e assumamo-lo sem mais (*and be done with it*)!'. A face de Lênin brilhou de repente, e ele replicou: 'Bem colocado... é exatamente como deveria ser... mas não podemos dizê-lo'", I. N. Steinberg, *In the Workshop of the Revolution*, New York/ Toronto: Rinehart & Company, Inc, 1953, p. 145.

59. Orlando Figes, *A People's Tragedy*: the russian revolution 1891-1924, London: Pimlico, 1996, p. 512, *A Tragédia de um Povo*, tradução brasileira de Valéria Rodrigues, Rio de Janeiro: Record, 1999, p. 634 e 635, passagem retraduzida por RF.

92 A ESQUERDA DIFÍCIL

se demitiram do governo em protesto contra a paz de Brest-Litovsk [...] e, em julho, apunhalaram pelas costas o governo soviético" (referência ao assassinato do embaixador alemão) "e tentaram um golpe de Estado"[60]. Em *Terrorismo e Comunismo*, o comentário tem um estilo algo diferente:

> É verdade que não fomos nós, comunistas, que tivemos de pagar a maior parte dos gastos nessa história, mas os nossos companheiros infiéis. É evidente que um bloco em que nós éramos os mais fortes, e em que, em conseqüência, *não arriscávamos muito* tentando utilizar durante uma etapa somente, a extrema-esquerda da democracia (a dos pequeno-burgueses) – é evidente, dizíamos, que esse bloco, do ponto de vista tático, não dá nenhum ensejo para que nos critiquemos.

Trótski continua:

> Entretanto, este episódio de nossa aliança com os socialistas-revolucionários de esquerda mostra claramente que um regime de transações, de conciliação, de concessões mútuas – e é nisso que consiste o regime de bloco – *não pode agüentar muito tempo* numa época em que as situações mudam com uma extrema rapidez, em uma época em que, acima de tudo, é necessária a unidade de perspectivas para tornar possível a unidade da ação[61].

Esse texto mostra quão pouco a sério os bolchevistas levavam essa aliança "tática" com os socialistas-revolucionários de esquerda. A aliança fora feita para não durar muito tempo (Sobre a proposta de aliança feita por Martov no soviete e a famosa resposta de Trótski, que transcrevi acima, é interessante ver o comentário do próprio Trótski na sua *História da Revolução Russa*[62]. Comentário cujo espírito (*mood*), Baruch Knei-Paz, no seu livro sobre Trótski, julga "desdenhoso (*disparaging*) quase vingativo")[63].

Quanto à possibilidade de uma tomada do poder por vias pacíficas por meio do soviete, em setembro, é preciso dizer o seguinte. Os bolcheviques haviam lançado a palavra de ordem "todo poder aos sovietes" (desde a chegada de Lênin, em abril de 1917); eles a retiram depois das jornadas de julho, no momento em que se deram conta de que haviam perdido definitivamente o controle dos sovietes (ou, na sua versão, de que os sovietes estavam absolutamente comprometidos com as forças contra-revolucionárias). Mas, em seguida, quando os sovietes começam a passar para as suas mãos, consideraram de novo a possibi-

60. L. Trotski, *Stalin*, tradução de Charles Malamuth, New York/ London: Harper & Brothers Publishers, 1941, p. 337.
61. *Terrorisme et communisme*, Paris: Union Générale d'Éditions, 1963, p. 170, grifo de RF.
62. *Histoire de la révolution russe*, tradução de Maurice Parijanine, Paris: Seuil, 1950, v. 2, p. 598.
63. Baruch Knei-Paz, *The Social and Political Thought of Leon Trotsky*, Oxford: Oxford University Press, 1979, p. 509.

TRÓTSKI, A DEMOCRACIA E O TOTALITARISMO 93

lidade de uma tomada do poder por meio destes. Nesse momento, eles pensaram em um entendimento com os outros partidos soviéticos. Eis como Orlando Figes comenta o episódio:

> Foi um momento histórico único, uma chance fugaz para que a revolução seguisse um curso diferente do que seguiu. Se essa oportunidade tivesse sido aproveitada, a Rússia poderia ter tido uma democracia socialista em lugar de uma ditadura comunista; e como resultado, a sangrenta guerra civil – que, em outono de 1917 era provavelmente inevitável – poderia ter durado semanas em vez de anos.

Figes observa que havia uma convergência de forças que iam na direção de um compromisso: "Os três principais partidos soviéticos se moviam na direção da idéia de um governo socialista, ou pelo menos de uma ruptura decisiva com a burguesia". A extrema-esquerda menchevique "de Martov [...] favorável a um governo cem por cento socialista, ganhava [...] adeptos na base do partido. Pressionado por ela, o Comitê Central Menchevique, se comprometeu" no início de setembro "a defender a formação de um 'governo democrático homogêneo'". Também para os SR, as condições pareciam favorecer a idéia de uma coalizão: "suas três maiores reivindicações – um governo socialista baseado nos sovietes, a confiscação imediata da propriedade fundiária da aristocracia e o fim da guerra" correspondiam muito bem "às exigências da base [...]". Lênin, por sua vez, apóia então os esforços de Kamenev que, nessa ocasião, como em outras, aparece como a figura principal do bolchevismo moderado, "no sentido de persuadir os mencheviques e os SRS a romper com a coalizão e a se juntar aos bolcheviques num governo socialista baseado nos sovietes".

Como se vê, houve um momento anterior à insurreição em que parecia possível um governo plurissocialista, e os bolcheviques pareciam aceitá-lo. Mas este fato é suficiente para que se possa afirmar que o bolchevismo só não caminhou na direção de uma democracia socialista porque as condições não o permitiram? Cito ainda Figes: "Dada a herança histórica da Rússia e o enorme abismo entre a *intelligentsia* e as massas, talvez não houvesse reais perspectivas, pelo menos em 1917, para uma revolução política na tradição européia. Mas uma democracia socialista poderia simplesmente se estabilizar, se os líderes do soviete tivessem concordado em fazer a coalizão com os bolcheviques em setembro" – e se, depois, Lênin respeitasse esse acordo. "Sem dúvida, estes eram grandes 'ses'". Os bolcheviques fizeram finalmente uma aliança com os SRS de esquerda a partir de outubro [mas a participação no governo é de dezembro] porém "nesse momento (*stage*) Lênin não tinha a intenção de tratá-los como parceiros iguais"[64]. Quanto à questão

---

64. O. Figes, op. cit., p. 464, 466 e 468; trad. bras. op. cit., p. 578, 580 e 582, grifo de RF. Cf. também "Quanto aos mencheviques de esquerda [...] Martov, o seu líder [...] que praticou a lealdade partidária (*a party loyalist*) até o fim, [ele] permaneceu a bordo do navio em naufrágio do menchevismo". Idem, p. 468, trad. cit. p. 583.

94 A ESQUERDA DIFÍCIL

geral da atitude dos bolcheviques para com os sovietes, o mesmo autor observa, o que pode servir como conclusão.

Era revelador da atitude de Lênin em relação aos sovietes, em cujo nome o seu regime foi fundado, que, *cada vez que eles deixassem de servir aos interesses do seu partido, ele estava pronto a abandoná-lo*. É sem dúvida errado argüir, como fez uma vez Isaac Deutscher, que Lênin estava planejando fazer do Congresso dos Sovietes a fonte constitucional do poder soberano, como a Câmara dos Comuns inglesa, com os bolcheviques governando através desse congresso à maneira de um partido parlamentar ocidental. Lênin não era um constitucionalista do soviete – e todas as suas ações depois de outubro o comprovam. No seu esquema, os sovietes tinham sempre de ficar subordinados ao partido[65].

Isto vale mesmo para *O Estado e a Revolução,* "sua obra supostamente mais 'libertária'". Tanto a respeito do episódio de setembro como em geral sobre as relações entre os bolcheviques e os sovietes, as observações de Figes seguem os passos do que escrevera Oskar Anweiler em seu livro dos anos de 1950[66]. Resumindo suas análises, Anweiler observava:

Nunca, jamais, os bolcheviques fizeram dos sovietes uma questão de "doutrina" ou de "princípio"; para eles, isto foi sempre uma questão de conveniência momentânea. A teoria leninista dos conselhos, forma de democracia a mais radical, está ligada indissoluvelmente ao papel prático dos sovietes, concebidos como instrumentos nas mãos do partido dirigente[67].

O resultado, depois de outubro, foi um "amálgama entre o novo poder soviético e a insurreição bolchevique", amálgama que se revelou "funesto para os próprios sovietes. A partir desse momento" eles serviram "como cobertura para a ditadura bolchevique, e em grande medida, de massa de manobra para o Partido [...] Totalmente formal, a vitória dos conselhos significou na realidade nada mais do que a sua sujeição a uma ditadura de partido [...] a palavra de ordem 'todo poder aos conselhos'" se revelou "sinistramente ilusória"[68].

Que concluir desse balanço? Não há nenhuma dúvida de que Trótski e o bolchevismo foram fundamentalmente alérgicos à democracia, incluindo os acordos de médio prazo com outras tendências socialistas. Trótski não faz mistério de qual é a sua atitude em relação à democracia, e não perde ocasião de atacá-la em todos os níveis: no plano propriamente político, no que se refere aos sovietes, mesmo no plano sindical. Basta percorrer a *História da Revolução Russa* ou muitos de seus outros livros; porém o mais incisivo a esse respeito é

65. Idem, p. 465, grifo de RF.
66. Oskar Anweiler. *Les Soviets en Russie*: 1905-1921, tradução de S. Bricianer, Paris: Gallimard, 1972.
67. Idem, p. 207.
68. Idem, p. 242-243.

*Terrorismo e Comunismo* (sobre o tema, remeto o leitor ao meu texto "Kautsky e a Crítica do Bolchevismo", neste volume). Houve, como vimos, um momento em que uma saída democrática parecia possível, e houve também uma experiência limitada de coalizão. Mas nem uma coisa nem outra são suficientes para alterar o que aparece como uma verdadeira profissão de fé contra a democracia por parte do bolchevismo. O que a análise desses dois episódios mostra sim é que os partidos e grupos socialistas que se declaravam democratas ficaram muito aquém do que se esperava deles, no interior do processo da Revolução Russa. Aparentemente, o governo provisório não tinha mais condições de sustentação, e se impunha uma solução: esta poderia vir como resultado das eleições para a Assembléia Constituinte, mas uma tomada do poder por um conjunto de partidos de esquerda por meio do soviete, como propunha Martov, não seria uma solução ilegítima – não digo, legal – desde que se procedesse depois às eleições para a Assembléia Constituinte. Desse modo, a insurreição de outubro aparece como uma espécie de ponto de inflexão, independentemente do problema de saber quantas pessoas ela mobilizou: por um lado, ela é certamente o ponto de chegada de um processo popular de contestação do Governo Provisório. Mas, ao mesmo tempo, ela representa a liquidação desse movimento, e de todas as possibilidades de uma democracia socialista. Pior ainda: a tomada do poder pelos bolcheviques é o ponto de partida de um processo que levará a um despotismo burocrático. Nesse sentido, outubro foi ao mesmo tempo uma revolução e um golpe de Estado (a fórmula, creio, é de Marc Ferro). Revolução, porque se inscreve num movimento popular de contestação do poder. Golpe de Estado, porque sufoca no ato mesmo da tomada do poder esse movimento de contestação. Outubro é de certo modo, embora essa fórmula não seja de todo exata, uma revolução traída no momento mesmo em que ela é vitoriosa.

O espírito antidemocrático do bolchevismo e de Trótski se revela bem na profissão de fé de um e de outro em favor do "jacobinismo". Qualquer que seja o rigor histórico da referência, "jacobinismo" significa, nesse contexto, duas coisas: poder centralizado e legitimação do terror revolucionário. Também aqui, tanto em relação a Trótski como em relação a Lênin, não faltam referências. Elas estão um pouco por toda parte. Mas, no caso de Trótski, é preciso assinalar ainda uma vez que ele foi explicitamente antijacobino na juventude. Há uma ruptura evidente entre os seus textos de juventude que denunciavam as práticas terroristas do jacobinismo e o seu cultor "Maximilien Lenine", e os textos de maturidade (ver por exemplo *Stalin*, ou as *Oeuvres*, isto é, os artigos) em que os protestos de jacobinismo são mais ou menos um *leitmotiv*. É extraordinário – e muito triste – pensar que esse revolucionário excepcional, que chegara a uma visão da história e da revolução tão sofisticada e libertária quanto a de Rosa Luxemburgo, acabasse a sua carreira como cultor da mitologia jacobina. O jacobino acabaria sendo liquidado por um Gengis-Khan não apenas com telégrafo (segundo uma fórmula célebre) e demais recursos técnicos que o seu tempo oferecia, mas com um poder que ultrapassava de muito os limites do território russo.

# 5. Kautsky e a Crítica do Bolchevismo: Bolchevismo e Poder Burocrático*

INTRODUÇÃO

A bruma que envolve a história do movimento socialista no século XX é muito mais espessa do que se supõe em geral, e há materiais importantes enterrados sob o peso de mitologias ainda poderosas. Há autores que não se lêem, partidos e organizações que não deixaram ou quase não deixaram traços, há acontecimentos quase esquecidos. Mesmo a desmistificação do stalinismo, que começou nos anos de 1920 e que se impôs nas últimas décadas, teve um papel contraditório. Se ela pôde desmascarar a versão stalinista da história da esquerda no século XX, ela não deixou de ter ao mesmo tempo um papel de ocultação. Dir-se-ia mesmo que a profissão de fé anti-stalinista se transformou numa [falsa] garantia de objetividade sob a qual se ocultam novas lendas. Denunciar os crimes de Stálin tornou-se um bom instrumento para afirmar que o autocratismo bolchevique foi o resultado da guerra civil,

---

*. Algumas observações a respeito: 1) Dadas as dimensões que o texto acabou tomando, deixei de lado, reservando para um outro artigo, a análise do livro de Karl Kautsky, *O Bolchevismo no Impasse*, que de certo modo sintetiza o conjunto dos temas aqui apresentados; 2) Li todos os livros alemães na língua original. Quanto aos textos em russo, na ocasião em que escrevi este artigo, os rudimentos dessa língua, os quais fui tentando aprender desde então, não me permitiam, ainda, nem mesmo uma tentativa de verificação de termos no original (não sei se hoje teria mais êxito, mas me disporia a fazê-la). Utilizei as traduções francesas e inglesas que estão indicadas.

98 A ESQUERDA DIFÍCIL

que não poderia haver governo de coalizão porque os outros partidos de esquerda se haviam alinhado com a contra-revolução etc. A tendência mais recente de acoplar a crítica do stalinismo com a do leninismo, mas sem fazer as distinções sempre necessárias, mesmo se ela tem o mérito de não cair mais no antigo corte apologético, também não foi muito útil. O laço entre o autocratismo burocrático e o despotismo genocida deve ser estabelecido com rigor, sem fazer com que o primeiro seja absorvido pelo segundo, mas também sem inocentar o primeiro porque ele não foi até o genocídio. A história conheceu e conhece regimes abomináveis que não foram genocidas, e eles são mais abomináveis ainda quando abriram caminho para o genocídio.

Este artigo tratará do bolchevismo a partir de certos textos escritos, respectivamente, por um crítico do poder bolchevista, Karl Kautsky, e pelas duas maiores figuras do bolchevismo, Lênin e Trótski. Na realidade, o seu objeto é uma discussão – em parte assumida como tal pelos seus participantes, em parte simplesmente objetiva – que envolve também outras figuras do bolchevismo, cujos textos me limitarei a mencionar. Se não abandono a leitura dos textos, a realidade histórica, ela própria, aparecerá evidentemente através deles, e mais do que isto, será analisada, em algumas passagens, de forma mais ou menos autônoma. O leitor deve ter presente que o autor deste artigo não é nem um historiador nem um cientista político.

Karl Kautsky, teórico bem conhecido do partido socialdemocrata alemão e da Segunda Internacional, consagrou ao bolchevismo uma série de escritos que ele redigiu a partir do ano que sucede à tomada do poder pelos bolcheviques. O primeiro texto de Kautsky sobre o assunto, *A Ditadura do Proletariado* (1918), provocou uma resposta de Lênin, a muito célebre *A Revolução Proletária e o Renegado Kautsky* (1918). Kautsky escreveu em seguida *Terrorismo e Comunismo* (1918-1919), que foi objeto de uma resposta de Trótski, em um livro que tem o mesmo título (1920). Kautsky replica com *Da Democracia ao Trabalho Escravo, uma Discussão com Trótski* (1920). Do lado bolchevique, houve outras respostas a Kautsky, entre as quais a de Karl Radek (*Ditadura do Proletariado e Terrorismo*, 1920) e a de Bukhárin ("A Teoria da Ditadura do Proletariado", 1919)[1]. Kautsky escreverá ainda outros textos sobre o bolchevismo entre os quais *O Bolchevismo no Impasse* (1930).

Kautsky não foi evidentemente o único socialista que criticou o bolchevismo. Mas ele oferece o interesse de pertencer ao grupo daqueles socialistas que, de um modo ou de outro, criticaram tanto

---

1. Ver Hal Draper, *Karl Marx's theory of revolution*: the "dictatorship of the proletariat", with the assistance of Stephen F. Diamond, New York: Monthly Review Press, 1986, v. 3, p. 332, nota. Draper se refere ainda a *A Ditadura do Proletariado* de I. Kamenev, e sugere ter havido ainda outras respostas.

o bolchevismo como a direção socialdemocrata do seu país. Ele pertence – pelo menos, parece-me razoável situá-lo aí, o que raramente se faz – à galáxia, muito heterogênea sem dúvida, dos socialistas que ao menos em algum momento tomaram distância tanto em relação ao bolchevismo como em relação à socialdemocracia oficial. A meu ver, essa galáxia – se for válido considerá-la em conjunto –, com suas diferenças e suas contradições, suas qualidades e seus defeitos, é de uma atualidade excepcional. Kautsky representa o setor mais próximo da socialdemocracia (se se quiser, o mais "à direita", mas o termo nesse contexto é, em alguma medida, ambíguo). Rosa Luxemburgo é, nesse universo, quem está mais à esquerda. Entre os que criticaram tanto a socialdemocracia oficial como o bolchevismo seria preciso citar Martov, figura muito importante e mais ou menos esquecida de menchevique internacionalista[2], e tomando alguma liberdade com a cronologia, também o jovem Trótski (de antes de 1917), autor do notável *Nossas Tarefas Políticas*.

Se se comparar a situação de Kautsky com a das outras figuras que mencionei, poder-se-ia dizer que ela é fragilizada pela sua posição durante a guerra. Não que se possa legitimar as invectivas de Lênin, e a legenda do "renegado Kautsky"; aliás, a posição de Lênin relativamente à guerra não pode ser sem mais avalizada. Porém, a posição de Kautsky no que se refere à votação dos créditos de guerra pelo Partido Socialdemocrata alemão em 1914 foi efetivamente muito problemática[3]. ["Problemático" é talvez um termo insuficiente. Kautsky perde

2. Entre os mencheviques que escreveram contra o bolchevismo, é preciso citar evidentemente Axelrod, a quem o jovem Trótski dedica *Nossas Tarefas Políticas*. Axelrod era muito ligado a Kautsky. Theodor Dan, outro crítico do bolchevismo, estava próximo de Martov depois de outubro de 1917, e lhe sucede na direção do movimento menchevista. Claro que a disputa dos mencheviques com o bolchevismo teve uma dimensão muito diferente da de uma querela teórica. Nesse sentido, ela é mais importante do que a de Kautsky, o qual era, de resto, não mais (mas também não menos) do que uma espécie de *sage* da socialdemocracia alemã.

3. Kautsky, que não pertencia à fração socialdemocrata do Reichstag, foi convidado a participar da reunião que deveria decidir a posição do Partido em relação aos créditos de guerra. Inicialmente, ele era favorável à abstenção (anteriormente, era talvez pela recusa). Mas verificando que a imensa maioria era favorável à aprovação dos créditos de guerra, propôs que se apresentasse um certo número de exigências ao governo, relativas ao caráter da guerra e à maneira de conduzi-la, como condições para um voto favorável. A fração rejeitou a proposição de Kautsky. Ainda assim, este aceitou participar da comissão que redigiria as considerações do voto favorável. Na comissão, Kautsky obtém que se inclua uma cláusula proscrevendo as anexações. Entretanto, mesmo esta cláusula foi finalmente retirada a pedido do governo a quem a direção do Partido transmitira o documento, antes da seção do Reichstag. Alguns meses mais tarde, Kautsky – como também Bernstein, o qual, membro da fração, votara favoravelmente aos créditos de guerra – toma posição contra a guerra, dado o seu caráter ofensivo. A oposição à guerra ganha então cada vez mais peso no país e no interior do Partido. Como a direção estava ligada de pés e mãos ao governo e aos militares, o processo conduzirá

100 A ESQUERDA DIFÍCIL

completamente de vista a gravidade da situação, como se pode ver, por exemplo, através de suas declarações citadas – e criticadas – no folheto *Der Krieg und die Internationale* (A Guerra e a Internacional) do Trótski pré-bolchevique].

Entretanto, apesar de tudo, e em parte por isto mesmo, o interesse que oferece Kautsky é considerável, e sob certos aspectos é superior ao dos outros. Digamos primeiro que o fato de ter sido "alemão" (em todo caso, de viver na Alemanha, ele nascera em Praga) é, sob um aspecto, interessante. Na medida em que a crise da socialdemocracia foi, com o bolchevismo, um dos dois grandes problemas – diria, um dos dois pecados originais – do socialismo dos primeiros 25 anos do século XX, Kautsky, "alemão" e crítico do bolchevismo, está de certo modo, duplamente, no centro dessa história. Que ele tenha sido logo marginalizado tanto pelos bolcheviques como pelos socialdemocratas, inclusive por uma parte dos independentes, não põe em questão o que acabo de dizer. Em segundo lugar, em relação a outros socialdemocratas alemães e austríacos que escreveram sobre o bolchevismo e depois sobre o stalinismo, Kautsky teve sem dúvida o mérito da firmeza. Ao contrário de outros socialdemocratas, ele nunca aceitou a teoria com ressaibos colonialistas, segundo a qual o bolchevismo era ruim para o europeus, mas bom para os russos. Finalmente, Kautsky viveu até quase o fim dos anos 30 – Luxemburgo foi assassinada em 1919, Martov morreu em 1923 – o que lhe permitiu acompanhar a história do bolchevismo, e depois do stalinismo, até às vésperas da Segunda Guerra Mundial.

A POLÊMICA

Não entrarei em todos os detalhes da polêmica. Kautsky começa, às vezes por considerações retóricas sem interesse, sem falar das longas teorizações antropológicas de valor duvidoso. Mas os livros que examinaremos contêm elementos críticos muito importantes. Com os seus defeitos, esses livros são notávcis. Como clcs são pouco conhecidos – conhece-se bem "o renegado Kautsky", mas não o próprio Kautsky – e, além disso, são pouco acessíveis, acho que convém citar bastante. Do lado bolchevique, os textos ficam no limite da invectiva e também da ação. Num caso, o da resposta de Lênin, a escrita é interrompida pelas exigências da ação. Quanto ao texto de Trótski (*Terrorismo e Comunismo*), será necessário examiná-lo com cuidado: ele contém uma espécie de teoria do ultrabolchevismo.

a uma cisão, que dará origem ao Partido Socialdemocrata Independente. Kautsky, mas também, durante um momento, Luxemburgo e Bernstein, farão parte dele.

# KAUTSKY E A CRÍTICA DO BOLCHEVISMO

## *A DITADURA DO PROLETARIADO* DE KAUTSKY, E *A REVO-LUÇÃO PROLETÁRIA E O RENEGADO KAUTSKY* DE LÊNIN[4].

a) A Ditadura do Proletariado, *de Kautsky: Violência e Direito*

*A Ditadura do Proletariado* de Kautsky trata do partido e da classe, da democracia e da ditadura, da ditadura do proletariado, da questão do direito e da violência. O livro se ocupa dos nove primeiros meses da revolução bolchevique, mas tem também uma dimensão mais geral. Pouco depois da revolução alemã de novembro de 1919, Kautsky publicará uma versão resumida e um pouco modificada do livro, para uso dos alemães, em que as partes mais especificamente russas serão eliminadas. Dentre os temas do livro, há um, de resto presente ao longo de toda a polêmica, que poderia servir como ponto de partida, e tanto mais porque ele, de certo modo, penetra em todo o resto: o tema da violência e do direito.

No contexto de uma explicação sobre o conceito de "ditadura do proletariado" em Marx, Kautsky é levado a dar uma definição de "ditadura" (noção que serve de título ao capítulo). "Tomada de modo literal, a palavra [ditadura] significa supressão da democracia. Mas tomada de modo amplo, ela significa também soberania de uma única pessoa, que não está ligada a nenhuma lei[5]. Fixar-me-ei apenas sobre essa última parte da definição: ditadura é a "soberania" que não está ligada a nenhuma lei. Evidentemente, essa definição poderia ser discutida. Se, em geral, as ditaduras passam pela transgressão de certas leis, uma vez instaladas – se tomarmos o termo "lei" no sentido puramente positivo de uma norma editada formalmente por um poder, qualquer que seja a "legitimidade" dessa lei –, haverá ditaduras mais ou menos legalistas. Porém, o que nos interessa aqui é primeiro o fato de que Kautsky acentua o caráter antijurídico que têm (pelo menos numa certa fase) as ditaduras, definição – caso raro – que Lênin aceita. Depois de ter recusado várias afirmações de Kautsky, Lênin escreve no seu estilo agressivo:

> Como um cãozinho cego que, ao acaso, fareja aqui e lá, Kautsky caiu sem querer sobre *uma* idéia justa [...]. A ditadura é um poder que se apóia diretamente sobre a violência e não está ligada por nenhuma lei. A ditadura revolucionária do proletariado

4. Karl Kautsky, *Die Diktatur des Proletariats*, Viena: I. Brand, 1919. Cito a edição recente (um volume que inclui o livro de Lênin contra Kautsky e o *Terrorismus und Komunismus* de Kautsky), Berlim: Dietz, 1990, que abreviarei por *DP* (K). Utilizarei igualmente: a tradução francesa, *La dictature du prolétariat* em Lénine, *La dictature du prolétariat et le renégat Kautsky* (Paris: UGD 10/18, 1972); e a inglesa *The Dictatorship of Proletariat,* Westport, Connectitut: Greewwood Press, Publishers, 1981. E. *La dictature du prolétariat et le rénégat Kautsky,* em Lénine, *Oeuvres choisies*, Moscou: Éditions du Progrès, 1968, 3 v., que abrevio por *DPRK* (L).

5. *DP* (K), p. 31; trad. ingl., p. 43.

102 A ESQUERDA DIFÍCIL

é um poder conquistado e mantido pela violência, que o proletariado exerce sobre a burguesia, *poder que não está ligado a nenhuma lei*[6].

Lênin e Kautsky estão assim, excepcionalmente, de acordo, no que concerne àquela definição. Mas eles se separam, evidentemente, no que toca à posição de cada um diante do objeto definido. Na realidade, a definição se constitui a partir da dualidade violência/ lei. Lênin "toma o partido" da primeira. Kautsky o da última. Essa definição tem um sentido profundo na sua relação com a história do poder bolchevique. É que a ditadura bolchevique no seu início, e num período considerável, foi marcada por uma tendência predominantemente antijurídica. Antijuridismo que aparece, no início, no fato de que os bolcheviques "deixam que as massas façam" as suas ações violentas. Ele está presente ainda, mais tarde, nas leis que, paradoxalmente, dão uma grande latitude à arbitrariedade (leis que declaram a legalidade de uma certa ausência de legalidade, se se pode dizer assim). Um exemplo: Kautsky cita um artigo da Constituição soviética de 1918, aprovada pelo Conselho dos Sovietes, após a expulsão de mencheviques e socialistas-revolucionários, artigo que concerne as eleições para os sovietes, e observa o caráter vago e pouco formalizado do procedimento: "Não encontrei uma determinação investindo uma autoridade específica que deva verificar o voto de cada pessoa, que estabeleça a lista de votantes, e o procedimento da eleição, se ela será por votação secreta ou levantando a mão"[7]. Kautsky continua, citando um discurso de Lênin, de 28/08/1918, onde se diz – Kautsky resume o texto de Lênin – a propósito dos votantes e do procedimento em conexão com o caráter socialista dos sovietes: "1) os votantes são as massas exploradas e trabalhadoras, sendo excluídos os burgueses; 2) *Toda formalidade burocrática cessa. As massas elas próprias decidem sobre o procedimento e a data das eleições*"[8]. O que merece o seguinte comentário de Kautsky: "parece, pois, que qualquer reunião eleitoral pode organizar o procedimento eleitoral, conforme o seu capricho. Através disso, aumenta ao máximo a arbitrariedade, e a possibilidade de se desembaraçar de todo elemento inconveniente da oposição no interior do próprio proletariado"[9].

Como se vê, instaura-se uma querela entre o direito e a violência, que é ao mesmo tempo uma discussão sobre a forma e o conteúdo. Depois de citar o texto que acabo de transcrever, Lênin o comenta do seguinte modo:

O que é isso, senão considerações de um empregado escriba (*valet de plume*) contratado pelos capitalistas e que, por ocasião de uma greve, grita forte contra a vio-

6. *DPRK* (L), v. 3, p. 70 e 71, "poder etc", grifo de RF.
7. *DP* (K), p. 52, trad. ingl., p. 83.
8. Cf. *DPRK* (L), v. 3, p. 102, 68, 105 e 125, grifos de RF.
9. *DP* (K), p. 53, trad. ingl., p. 83.

KAUTSKY E A CRÍTICA DO BOLCHEVISMO          103

lência exercida pela massa sobre os operários zelosos que "desejam trabalhar"? Por que o modo de eleição estabelecido pelos funcionários *burgueses* na democracia burguesa "pura" *não é* arbitrário? Por que o sentido da justiça *das massas formadas para a luta* contra os seus exploradores de sempre, das massas esclarecidas e aguerridas por esta luta sem limite (*à outrance*) deve ser menor do que a de um *punhado* de funcionários, de intelectuais e de advogados formados no espírito dos preconceitos burgueses?[10].

As formas são formas burguesas; o "poder proletário" é o inimigo das formas, ou então instaura formas que legitimam a liberdade relativamente às formas. Mas a que nos conduz tudo isto?

### b) A Ditadura do Proletariado, *de Kautsky. Classe, partido, governo. Ditadura do proletariado*

Retomemos a discussão por um outro lado, que constitui de fato o seu núcleo. Os primeiros capítulos do livro de Kautsky são consagrados à democracia e à ditadura, mas desde o início vê-se o que está em jogo mais precisamente: a relação entre classe e partido e a questão do caráter do poder revolucionário nas suas relações às classes e aos partidos. Kautsky é levado a estabelecer distinções e definições que podem parecer formais (o que, bem entendido, lhe será cobrado), mas que, por trás da sua banalidade e formalismo, fornecem, na realidade, elementos para uma crítica:

Um partido [...] não é sinônimo de uma classe, ainda que, em primeira instância, ele represente um interesse de classe. Um mesmo interesse de classe pode ser representado de várias maneiras, por diversos métodos táticos. Segundo a sua variedade, os representantes de um mesmo interesse de classe se dividem em diferentes partidos[11].

"Partidos e classes podem não coincidir. Uma classe pode se dividir em diferentes partidos, um partido pode consistir em membros de diferentes classes"[12]. Se ninguém afirma que partido é a mesma coisa que classe, essa insistência "formal" sobre a não coincidência dos dois toca num ponto sensível: a pretensão de um partido de ser *o* representante de uma classe. Ele problematiza essa relação. E imediatamente se vê que conclusões ele tira relativamente à ditadura do proletariado:

se o proletariado estiver dividido em vários partidos [...] a ditadura de um desses partidos não é mais de modo algum a ditadura do proletariado, mas a ditadura de uma parte do proletariado sobre uma outra. A situação se complica ainda mais se os partidos socialistas estiverem divididos conforme as suas relações para com as camadas não-proletárias[13].

10. *DPRK* (L), v. 3, p. 104, grifos de Lênin.
11. *DP* (K), p. 25; trad. ingl., p. 31.
12. Idem, p. 26; trad. ingl., p. 32.
13. Idem, p. 33; trad. ingl., p. 46.

104 A ESQUERDA DIFÍCIL

A observação é de alcance geral, mas visa em particular o caso russo: "Começando pela pretensão de representar a ditadura do proletariado, [o regime russo] era desde o início a ditadura de um partido no interior do proletariado"[14]. "a ditadura da classe [...] é na realidade a ditadura de um partido"[15]: "ditadura certamente. Mas [...] do proletariado?"[16]. Kautsky justifica pois a necessidade da participação do governo de outros partidos socialistas, ou pelo menos a necessidade de assegurar a representação desses partidos nas assembléias eleitas. Por outro lado, sem discutir a questão da liberdade para os partidos não-socialistas (Kautsky parece ser favorável, em princípio), ele se manifesta claramente, como veremos, em favor da garantia do exercício dos direitos políticos para o conjunto dos cidadãos. Tudo isto seria compatível com a idéia de "ditadura do proletariado", tal como ela se encontra em Marx e Engels? A esse respeito, Kautsky propõe uma certa leitura dos textos de Marx e de Engels. Quando eles falam em "ditadura do proletariado" visam, segundo Kautsky, não "uma *forma de governo*, mas uma *condição* (Zustand) que deve ocorrer necessariamente cada vez que o proletariado conquistou o poder político"[17]. Kautsky retoma o tema mais adiante: "[Empregando a breve expressão (*Wörtchen*) 'ditadura do proletariado'], Marx quis somente descrever uma *condição* política, não uma *forma de governo*"[18]. Isto significa que a ditadura do proletariado seria a contrapartida da ditadura da burguesia, ela designaria a dominação do proletariado após a vitória da revolução, sem visar a forma precisa que tomaria essa dominação. Observe-se que, mais a propósito de Engels do que de Marx, esta interpretação será retomada por Martov, em seu livro *O Bolchevismo Mundial*[19]. Depois de citar um passo do célebre prefácio de Engels à

14. Idem, p. 54; trad. ingl., p. 85.
15. Idem, p. 79; trad. ingl., p. 132, cf. p. 50, ingl. p. 78.
16. Essas teses são reforçadas pela idéia de que uma classe pode dominar, mas não pode governar. São os partidos que governam, a menos que se trate do governo de "cliques" ou de um poder individual. Isso quer dizer que, mesmo nas condições ideais, o poder só pode pertencer ao "proletariado" de um modo mediato, circunstância da qual se extrai não a idéia de que o governo de um só partido é inevitável, mas pelo contrário, a de que é necessário multiplicar as garantias para bem afrontar os riscos inerentes a tal mediação.
17. Idem, p. 31, trad. ingl., p. 43, grifos de K.
18. Idem, p. 83, trad. ingl., p. 140, grifos de K.
19. Dada a importância deste livro, creio que convém dar as seguintes indicações: a obra foi escrita em 1919 (fora um apêndice que é de 1918) e foi publicada pouco depois da morte de Martov em 1923. Cito a tradução francesa de V. Mayer, *Le bolchevisme mondial*, Paris: Société d'Édition "Nouveau Prométhée", 1934, que contém um texto preliminar (1923) e uma introdução biográfica mais longa (1934) ambos de Theodoro Dan, além de um prefácio de J. Lebas. (Com vistas à utilização que se poderá fazer dessa tradução convém levar em conta uma observação de Dan, do final da nota biográfica de 1934: "A obra de Martov foi escrita no momento em que o socialismo democrático estava ainda em dois campos inimigos [digamos, os sociais-nacionalistas de um lado,

*Guerra Civil na França* de Marx, passo em que Engels faz do sufrágio universal uma das garantias da submissão do novo poder à sociedade, e lembrando que Engels reconheceu na Comuna de Paris a ditadura do proletariado, Martov escreve:

> Não é evidente que, se exprimindo assim, e identificando, ao mesmo tempo, *tal* república democrática com a *ditadura do proletariado*, Engels não se serve dessa última expressão para designar uma *forma de governo*, mas para designar a *estrutura social* do poder de Estado? Kautsky com razão insistiu nisso na sua brochura *A Ditadura do Proletariado*, quando disse que, em Marx, não se tratava da forma do governo, mas da sua natureza[20]

### c) A Ditadura do Proletariado *de Kautsky: a liquidação da Assembléia Constituinte. O soviete e a democracia*

*A Ditadura do Proletariado* foi escrita no verão de 1918[21], portanto pouco depois do início da guerra civil. No que concerne às medidas repressivas e à limitação das liberdades, ele está diante de dois acontecimentos principais: o fechamento da Assembléia Constituinte no dia 19 de janeiro de 1918 (6 de janeiro pelo antigo calendário, substituído em fevereiro de 1918)[22], e a expulsão dos mencheviques e de parte dos socialistas-revolucionários do Comitê Executivo Central dos sovietes a 14 de junho de 1918. Eis aí os dois pólos em torno dos quais vão girar as oposições (isto no plano propriamente político; no plano geral das liberdades, elas lutam pela liberdade de imprensa, contra as violências da *Vetcheca*, instituída em dezembro de 1917, etc.): de um lado a luta pela eleição de uma Assembléia Constituinte, de outro, a luta por uma verdadeira democracia no que se refere aos sovietes. Em *A Ditadura do Proletariado*, Kautsky se ocupa tanto de uma coisa como de outra.

---

e os internacionalistas como Martov, de outro, RF]. Em conseqüência, é natural que, nessas condições, o polemista mordaz que era Martov, lance as vezes apreciações muitos duras a propósito da corrente socialista que tampouco o poupava. Pensamos que era possível *abandonar as expressões as vezes um pouco vivas do polemista*, como o teria feito, sem dúvida, o próprio Martov" cf. p. 27, 28, grifo de RF.

20. Martov, op. cit., p. 120, grifos de M. Esta é também, de fato, o núcleo da posição de H. Draper, op cit., p. 305-306, mesmo se ele tem uma atitude muito crítica em relação a Kautsky. Comentarei em outro lugar o seu *The dictatorship of the proletariat from Marx to Lenin*, New York: Monthly Review Press, 1987.

21. Na p. 73, trad. ingl., p. 121, do livro, Kautsky diz, pelo menos, que está escrevendo na data de 5 de agosto.

22. A Assembléia Constituinte havia sido eleita a 25 de novembro de 1917 (novo calendário), portanto pouco depois da tomada do poder pelos bolcheviques. As eleições haviam dado a vitória aos socialistas-revolucionários.

106  A ESQUERDA DIFÍCIL

Sabe-se que o fechamento da Assembléia Constituinte dera origem a críticas por parte do socialismo internacional[23]. Deixarei de lado certos aspectos da discussão, outros serão introduzidos mais adiante. Por ora, limito-me a um ponto que é interessante, pelas razões que veremos.

Kautsky lembra uma resolução do Comitê Executivo Central datada de 7 de dezembro (novo calendário), na qual se diz que uma assembléia qualquer, inclusive a Assembléia Constituinte, só poderá ser considerada como "realmente democrática", e realmente representativa "da vontade do povo", se os eleitores tiverem o direito de chamar de volta os seus representantes, sob certas condições. Ora, num texto publicado pela *Pravda* de 26 de dezembro de 1917 (n.c.), texto que prepara o fechamento da Assembléia, Lênin se vale entre outras coisas do fato de que as listas dos candidatos do partido majoritário, o partido socialista-revolucionário, haviam sido organizadas antes da ruptura mais ou menos definitiva entre a direita e a esquerda desse partido, sendo assim listas comuns, o que punha em xeque a legitimidade dos resultados. Kautsky observa que se tal era o caso, era preciso convocar "novas eleições [...] nos distritos que haviam escolhido os socialistas-revolucionários"[24], em lugar de fechar pura e simplesmente a Assembléia Constituinte. O argumento de Kautsky foi formulado também por Rosa Luxemburgo no seu ensaio sobre a Revolução Russa:

> Dado que a Assembléia Constituinte fora eleita muito antes do giro decisivo, a reviravolta de Outubro, e refletia na sua composição a imagem de [um] passado [já] superado, e não do novo estado de coisas, impunha-se por si mesma a conclusão de que exatamente era preciso quebrar a velha constituinte caduca e natimorta, e convocar sem demora novas eleições para obter uma nova Assembléia Constituinte [...]. Em lugar disto, Trótski concluiu da insuficiência particular da Assembléia Constituinte reunida em outubro[25] a inutilidade de toda assembléia constituinte em geral, e mesmo, generalizando, a não validade de toda representação popular nascida do sufrágio popular universal, em [tempo de] revolução[26].

23. Ver a respeito L. Trotski, *De la révolution d'octobre à la paix de Brest-Litowsk*, Genève: Edição da revista *Demain*, 1918. Trótski defende evidentemente a posição oficial.

24. Idem, p. 45; trad. ingl., p. 68.

25. Ela foi eleita em novembro, segundo os dois calendários

26. Rosa Luxemburg, *Zur Russischen Revolution*, escrito em 1918, (1918, publ. em 1921) em *Gesammelte Werke*. Berlim: Dietz, 1974, v. 4, p. 353-354. Discute-se em que medida Rosa Luxemburgo, nos seus últimos meses de vida, teria mudado de posição relativamente ao bolchevismo, e à questão específica do fechamento da Assembléia Constituinte. Na sua biografia de Luxemburgo, John Peter Nettl afirma que ela muda de posição em relação ao problema específico, mas que este é o único ponto em que Luxemburgo se desdiz no que se refere à crítica do bolchevismo. Porém, mesmo sobre esse ponto, dever-se-ia observar que pode haver compatibilidade entre a crítica da *dispersão* da assembléia russa, e uma tomada de posição contrária à *convocação* de uma Assembléia Constituinte na Alemanha.

KAUTSKY E A CRÍTICA DO BOLCHEVISMO 107

À "democracia burguesa" encarnada pela Assembléia Constituinte os bolcheviques opõem os sovietes, que não comportam representação burguesa. Mas, pelo menos no interior do círculo restrito da representação soviética, as regras democráticas seriam respeitadas? O artigo 20 do documento citado afirma que "no que concerne à classe operária e os camponeses mais pobres, eles têm a mais completa liberdade"[27]. Kautsky pergunta: "Possuem eles efetivamente completa liberdade?"[28].

Kautsky se fixará sobretudo sobre a decisão do Comitê Executivo Panrusso dos Sovietes (14 de junho de 1918) de expulsar os mencheviques e os socialistas-revolucionários (do centro e de direita), e recomendar a todos os sovietes que façam o mesmo[29], observando que essa medida não visava indivíduos que haviam cometido atos ilegais, mas partidos. E que, com ela, os proletários que haviam votado nesses partidos perdiam seu direito de voto, "seus votos não contam mais"[30]. Kautsky conclui: "Assim, mesmo no interior do próprio proletariado, o círculo daqueles que dispõem de direitos políticos, sobre os quais repousa o regime bolchevista, se estreita cada vez mais"[31].

d) A Revolução Proletária e o Renegado Kautsky

A resposta de Lênin, num pequeno livro que se tornou célebre, e que esmagou *de fato* a crítica de Kautsky, se fundamenta em três elementos. Primeiro, numa leitura diferente da "ditadura do proletariado" em Marx e Engels. Segundo, numa crítica da "democracia burguesa". Terceiro, numa tentativa, *que não será a de Trótski um ano mais tarde*, de legitimar a posição bolchevista por meio de argumentos ainda democráticos: os bolcheviques disporiam do apoio da maioria da população pobre, as massas russas gozariam de muita liberdade etc. Esse texto, conhecido demais para ser bem estudado, merece uma análise ao mesmo tempo interna e externa. É preciso pô-lo em relação ao que se sabe da realidade russa nos dois primeiros anos após a revolução e, a partir disso, fazer uma análise ideológica interna do texto. Isto é, tentar revelar as regras internas de obscurecimento que permitem ocultar a realidade social e legitimar o poder autocrático. Seria preciso comparar as regras e mecanismos de tal discurso ideológico com as regras e mecanismos que se encontram no discurso ideológico burguês, pois o funcionamento das duas ideologias não é o mesmo. Isto como programa de trabalho. Aqui só darei algumas indicações.

27. Idem, p. 86; trad. ingl., p. 145.
28. Idem, ibidem.
29. Idem, p. 53; trad. ingl., p. 84.
30. Idem, ibidem.
31. Idem, p. 54; trad. ingl., p. 85.

108 A ESQUERDA DIFÍCIL

Passo rapidamente sobre a leitura que faz Lênin da "ditadura do proletariado" em Marx e Engels. "A ditadura revolucionária do proletariado – escreve Lênin a partir do que teria escrito Marx – é um poder conquistado e mantido pela violência, que o proletariado exerce sobre a burguesia"[32]. O que significaria que a "ditadura do proletariado", segundo Marx, seria mesmo uma forma ditatorial de poder do proletariado, e não um "estado" em que o proletariado domina, qualquer que seja a forma desta dominação. Trata-se em seguida de mostrar a superioridade da ditadura do proletariado sobre a democracia burguesa e, em particular, a superioridade do poder bolchevique, que se supõe encarnar a primeira, diante da democracia burguesa. Por um lado, a argumentação de Lênin é um raciocínio negativo, que supõe uma espécie de lei do terceiro excluído. Ele quer mostrar que a democracia burguesa é uma falsa democracia, o que levaria à conclusão – esta constelação é sugerida pela argumentação – de que *por isso* a ditadura do proletariado (tal como ele a entende) e o poder bolchevique lhe seriam superiores:

A democracia burguesa que, comparada com a Idade Média, constitui um grande progresso permanece sempre – e em regime capitalista ela não pode absolutamente ser outra coisa – uma democracia estreita, limitada, falsa, mentirosa, um paraíso para os ricos, um ardil e um engano para os explorados, para os pobres[33].

No Estado burguês mais democrático, as massas oprimidas se chocam constantemente com a contradição gritante entre igualdade *formal* proclamada pela "democracia" dos capitalistas, e as milhares de restrições e manipulações *efetivas* que fizeram dos trabalhadores *escravos assalariados*. Precisamente essa contradição abre os olhos das massas para a podridão, a falsidade e a hipocrisia do capitalismo[34].

É importante pôr em evidência essa lógica do terceiro excluído, dado que ela desempenhou um papel na justificação dos sistemas burocráticos. Voltarei a isso. Mas a justificação toma, também, forma positiva. Alguns exemplos: "A democracia proletária, da qual o poder dos sovietes é uma das formas, trouxe precisamente para *a imensa maioria da população*, para os explorados e os trabalhadores, *um desenvolvimento e uma ampliação nunca vistos em lugar nenhum do mundo*"[35].

Os sovietes são a organização imediata das massas trabalhadoras e exploradas elas próprias, que lhes facilita organizar elas mesmas o Estado e governar por todos os meios. Precisamente a vanguarda dos trabalhadores e explorados, o proletariado urbano, se beneficia com isto porque nas grandes empresas ele é o mais unido; *ele é o que pode eleger com mais facilidade, e melhor controlar os deputados eleitos*[36].

32. *DPRK* (L), v. 3, p. 71.
33. Idem, v. 3, p. 77.
34. Idem, v. 3, p. 79, grifos de L.
35. Idem, ibidem, grifos de RF.
36. Idem, p. 80, grifo de RF.

KAUTSKY E A CRÍTICA DO BOLCHEVISMO          109

E ainda: "*A liberdade de imprensa deixa de ser uma hipocrisia, pois a burguesia é despojada das impressoras e do papel*"[37]. Por ter despojado a burguesia dos melhores edifícios, "[...] o poder soviético tornou *um milhão de vezes* mais democrático para as massas *o direito de reunião*, aquele direito sem o qual a democracia é um engodo[38]. Na Rússia revolucionária, ter-se-iam criado instituições permitindo um máximo de liberdade:

> Entre os países burgueses mais democráticos, há um só no mundo onde o simples trabalhador do campo ou o semiproletário do campo em geral (isto é, o representante da massa oprimida, da imensa maioria da população) goze, que seja aproximadamente, *de uma liberdade de se reunir nos melhores edifícios, de uma tal liberdade de dispor, para exprimir suas idéias, e defender seus interesses, das mais vastas impressoras e os melhores estoques de papel, de uma tal liberdade de apelar precisamente a homens da sua classe para governar e "policiar"* (policer) *o Estado?*

O processo eleitoral seria o mais democrático:

> As eleições indiretas para os sovietes não locais facilitam a convocação dos congressos dos sovietes, *tornam o conjunto do aparelho menos custoso, mais móvel, e mais acessível aos operários e aos camponeses, e isto num tempo em que a vida intensa em que importa ter a possibilidade de revocar o mais rapidamente seu deputado local ou de enviá-lo ao congresso geral dos sovietes*[39].

Em conclusão: "A democracia proletária é *um milhão de vezes* mais democrática do que qualquer democracia burguesa; o poder dos sovietes é um milhão de vezes mais democrático do que a mais democrática das repúblicas burguesas"[40].

Ora, em que medida esse quadro corresponde à situação da Rússia no final de 1918, e ao que se passou nos dois anos que sucedem à tomada do poder pelos bolcheviques em outubro/novembro de 1917? Tomo como referências sobretudo dois livros. Uma obra clássica já antiga, de Leonard Schapiro[41], e um livro mais recente de Vladimir Brovkin[42], dois trabalhos muito escrupulosos e bem informados. No que se refere à liberdade para a imprensa socialista, eis o que escreve Schapiro: "Desde os primeiros dias da revolução, os jornais socialistas não dispuseram de nenhuma segurança e, em várias ocasiões, foram vítimas de confiscações brutais e arbitrárias por ordem do Comitê Militar

---

37. Idem, p. 81, grifo de RF.
38. Idem, ibidem, grifos respectivamente do autor e meus.
39. Idem, ibidem, grifos meus, salvo "conjunto".
40. Idem, ibidem, grifado por Lênin.
41. *Les bolchéviks et l'opposition:* les origines de l'absolutisme, premier stade (1917-1922), tradução francesa de Serge Legran, Paris: Albatros/ Les Îles d'or, 1957.
42. *The Menchevists after October*, Stanford, California: Stanford University Press, 1977.

110 A ESQUERDA DIFÍCIL

Revolucionário"[43]. É verdade que "até mais ou menos a metade do ano de 1918, a imprensa menchevique se manteve bastante abundante"[44]. Como a guerra civil começa de fato em junho de 1918, a explicação corrente que liga a repressão à guerra civil poderia ter uma aparência de justificação. Entretanto, como já se escreveu, a repressão contra a esquerda não comunista começa bem antes da guerra civil, na realidade ela começa com a própria tomada do poder[45]. Outra tentativa de justi-ficação se apoiaria na posição dos socialistas-revolucionários e men-cheviques durante a primeira fase da guerra civil (segundo semestre de 1918). No que se refere aos mencheviques, seria preciso dizer que só uma parte dos mencheviques das províncias, *mas não o CC menchevi-que,* se levanta contra o poder bolchevique[46]. A atitude dos outros se explica, em parte pelo menos, pela política bolchevique (fechamento de jornais, prisões, dispersão da Assembléia Constituinte [mas depois de muita hesitação, e não sem divisões internas, os socialistas-revolucio-nários de esquerda apoiaram a liquidação da Constituinte]).

Assim, as afirmações de Lênin no *Renegado Kautsky* são falsas, mesmo para o período anterior a junho de 1918. Lênin pretende que os bolcheviques contavam com o apoio da maioria do povo ou pelo menos do proletariado. Kautsky havia escrito na *Ditadura do Proletariado*

---

43. L. Schapiro, op. cit., p. 75.

44. Idem, p. 167.

45. Tentou-se justificar essa política, dizendo que a repressão das outras tendências socialistas era normal, pois os bolcheviques acabavam precisamente de derrubar um governo em que estavam representados mencheviques e socialistas-revolucionários. Esse ato político era, por sua vez, justificado pelo caráter "reacionário" ou imobilista da política de uns e de outros, sobretudo no que concerne à guerra e à questão agrária. – O projeto de "derrubar" o governo provisório poderia se justificar: mas por quais métodos e com que fim? A esquerda menchevique não pregava outra coisa desde havia algum tempo [mas não para instaurar o poder de um partido único], e o conjunto da delegação menchevique ao Congresso dos Sovietes acabara aceitando essa perspectiva – tarde demais entretanto. Os bolcheviques derrubaram Kerensky para governar como partido único, a aliança com os socialistas-revolucionários de esquerda, segundo os próprios bolcheviques – ver Trótski –, era tática e transitória. A pretensão a se apresentar como o partido *da* classe – veremos pouco a pouco – só podia conduzir a um encadeamento de violências.

46. Quando, por volta do final do ano, depois do golpe de Estado do almirante Koltchak, a direita e a extrema direita passam a dominar os movimentos antibolche-viques, o CC menchevique não só apóia o lado vermelho na guerra civil, mas incita os seus membros a participar da guerra desse lado. Em conseqüência dessa política, os mencheviques são de novo legalizados (30 de novembro de 1918). Mas "esta medida não mudava grande coisa no plano prático. Nos sovietes locais, a 'maioria revolucionária' não aplicava o decreto e as autoridades policiais continuavam a prender os mencheviques sem fornecer qualquer justificação. *Vsegda Vpéred,* um dos seus jornais reapareceu, mas foi de novo proibido um mês depois, após catorze números. Como se mantiveram as prisões em série e algumas execuções, a medida de "legalização" parece ter provocado espanto entre os partidários de Lênin, pois ele fez questão de explicá-la no VIII Congresso do Partido Comunista, em 1919". L. Schapiro, op. cit., p. 170.

KAUTSKY E A CRÍTICA DO BOLCHEVISMO 111

que, se a ditadura "pôde representar durante um período a ditadura da maioria do proletariado sobre a minoria [...]. Hoje, mesmo isso se tornou duvidoso"[47]. Lênin fornece dados relativos ao volume das delegações de partidos nos dois congressos dos sovietes de junho de 1917 a julho de 1918. Segundo os seus dados, os bolcheviques tinham 13% dos delegados em junho de 1917 (antigo calendário), 51% em outubro (idem), 61% em janeiro (idem), 64% em março e 66% em julho[48]. Disto Lênin conclui o seguinte: "Basta dar uma espiada nesses números para compreender porque a defesa da Assembléia Constituinte ou o discurso [daqueles que] (como Kautsky) [pretendem] que os bolcheviques não teriam atrás de si a maioria da população, não provoca entre nós mais do que riso"[49]. E ainda: "*a experiência de mais de seis meses* (tempo considerável para uma revolução) da atividade conciliadora dos mencheviques, de tentativas de conciliar o proletariado com a burguesia, convenceram o povo da vanidade dessa tentativa e afastaram o proletariado dos mencheviques"[50].

Ora, Lênin "simplifica" a curva, e só examina uma parte do período a analisar (o livro foi terminado em dezembro de 1919). Que ocorreu efetivamente de junho de 1917 a novembro de 1918? Sem dúvida, entre junho de 17 e fevereiro de 1918, o peso dos mencheviques cai vertiginosamente, primeiro por causa do apoio dado pela direção menchevique ao governo provisório, do qual participavam mencheviques (Martov e o grupo internacionalista eram contra esse apoio), depois por causa do sucesso das primeiras medidas do governo bolchevique em favor da paz, da terra e do controle operário[51]. Mas, em seguida, parece evidente que houve uma inversão da tendência. O terceiro Congresso dos Sovietes, em janeiro de 1918, se reuniu já em condições muito particulares[52]. O mesmo tipo de irregularidade

---

47. *DP* (K), p. 54; trad. ingl., p. 85.
48. Ver *DPRK* (L), v. 3, p. 100.
49. Idem, ibidem.
50. Idem, p. 99, grifo de Lênin.
51. Ver a respeito V. Brovkin, op. cit., p. 51.
52. Veja-se o que escreve a esse respeito Brovkin, visando em particular, mas não exclusivamente, os mencheviques: "Os bolcheviques convocaram o terceiro congresso [...] como um contrapeso à Assembléia Constituinte, para demonstrar que as massas os apoiavam ainda. A pequena fração menchevique (50 membros) nesse congresso reunido rapidamente o qualificou de paródia (*mockery*), estratagema (*ploy*) destinado a cobrir o crime bolchevique [o fechamento da Assembléia Constituinte] com o manto da legitimidade [...]. A dispersão não foi nem mesmo debatida. Os representantes dos partidos da oposição não foram admitidos na comissão de poderes. Tanto os mencheviques como os Socialistas-Revolucionários reclamaram do fato de que foi recusada de maneira arbitrária a admissão ao Congresso de vários delegados provinciais pertencentes aos seus partidos. O governo bolchevique não prestou contas ao Congresso, da sua política a partir de outubro. Em compensação, as orquestras tocavam canções revolucionárias, e os bolcheviques fizeram discursos sobre a inevitabilidade da revolução mundial". V. Brovkin, op. cit., p. 62.

112    A ESQUERDA DIFÍCIL

teria ocorrido, no quarto Congresso, reunido em março, e que deveria ratificar o Tratado de Brest-Litovsk[53]. Os números que concernem ao peso relativo das frações são, por isso, pouco expressivos.

Mais importante ainda, os historiadores nos fornecem dados bastante completos sobre o resultado das eleições para os sovietes das cidades de província, na primavera de 1918. *Os bolcheviques foram derrotados quase por todo lado, em benefício dos mencheviques, e isto apesar das condições muito desfavoráveis em que se realizaram as eleições. E cada vez que os mencheviques são vitoriosos, o governo bolchevique intervém de uma forma ou de outra.* Por outro lado, na medida em que os bolcheviques deixam de ser representativos, surge, impulsionada pelos mencheviques (principalmente, parece, pela "direita" menchevique, mas o movimento contava com muita gente sem partido ou de outras tendências), um grande movimento de assembléias operárias independentes. O progresso desse movimento, de um lado, e a ameaça de uma derrota dos bolcheviques no Congresso dos Sovietes, de outro, estão entre as razões da expulsão dos mencheviques e dos socialistas-revolucionários do Comitê Executivo dos sovietes, em julho de 1918 (Os socialistas-revolucionários de esquerda, que haviam participado de um governo de coalizão com os bolcheviques, e que haviam se separado destes após o Tratado de Brest-Litovski, foram expulsos, por sua vez, pouco tempo mais tarde)[54].

## *TERRORISMO E COMUNISMO* (KAUTSKY)

*Terrorismo e Comunismo*[55], escrito entre agosto-setembro de 1918 e junho de 1919, não se refere, aparentemente, ao *Renegado Kautsky*, Há referências a um outro texto de Lênin, as *Tarefas Imediatas do Poder Soviético. A Ditadura do Proletariado* foi publicada no início da guerra civil, e pouco depois da expulsão dos partidos de oposição do Comitê Executivo dos sovietes. O texto não fala, ou fala muito pouco, da guerra civil. *Terrorismo e Comunismo* trata, pelo contrário,

---

53. Ver V. Brovkin, op. cit., p. 70: "O CC menchevique enviou um protesto veemente ao CC bolchevique, mas sem resultado. O aparelho administrativo (*machinery*) de convocação e de direção do congresso era controlado pelos bolcheviques".

54. Ao contrário dos mencheviques, eles tinham tentado se sublevar contra os bolcheviques. Sem justificar necessariamente essa política, o juízo sobre ela não deve esquecer o que foi a prática governamental bolchevique nesse período.

55. *Terrorismus und Komunismus, Ein Beitrag zur Naturgeschichte der Revolution*, Berlin: E. Berger, s/d. Cito a edição Dietz: Berlim, 1990 (já mencionada, que contém também *Die Diktatur des Proletariats* de Kautsky e *Die Proletarische Revolution und der Renegat Kautsky* de Lênin). Abrevio por *TK* (K). Há a tradução francesa, *Terrorisme et communisme*: contribution à l'histoire des révolutions, tradução de Mme N. Stchoupak, Paris: [S.l.], s/d.

KAUTSKY E A CRÍTICA DO BOLCHEVISMO 113

da política bolchevique durante a guerra civil[56], e como o seu título o indica, em particular do *terrorismo*. Por outro lado, nesse livro, o autor continua a analisar as limitações da democracia, no interior do sistema dos sovietes (vimos que Kautsky era favorável à eleição de uma Assembléia Constituinte, mas isso não o impede de criticar de dentro os defeitos da versão russa do sistema dos sovietes)[57]. Mas o livro oferece ainda o interesse de apresentar uma análise do que Kautsky considera como o sistema de classes na Rússia bolchevista.

Kautsky afirma visar não tal ou qual erro inevitável (o que seria cômodo, ele acrescenta, para alguém que está longe das "penas e perigos"[58]), mas os erros que "nascem necessariamente (*mit Notwendigkeit*) de uma falsa concepção de princípio. Esses erros só podem ser evitados superando essa concepção; eles põem em perigo todo futuro movimento revolucionário, se se deixar que eles passem sem crítica, ou mesmo se eles forem embelezados e glorificados – no suposto interesse da Revolução"[59].

O que parece chocante a Kautsky é a brutalidade da explosão e o fato de que ela degenera em "terrorismo", isto é, de que ela não se abate apenas sobre os que combatem do outro lado, ou sobre os que, de um modo ou de outro, agem contra o chamado poder soviético, mas também, de modo indistinto, sobre aqueles que, dada a sua origem, se supõe estejam do outro lado[60]. Em *Da Democracia ao Trabalho*

56. A guerra civil começa propriamente no verão de 1918, com o levante da Legião Tcheca (tropa tchecoslovaca constituída em parte por ex-soldados do exército austríaco, aprisionados pelos russos) apoiado pelos socialistas-revolucionários. Um governo de maioria sr é constituído em Samara, outros governos, mais à direita, serão constituídos em outras cidades.

57. O livro foi terminado depois da revolução alemã de novembro de 1918 (Kautsky diz ter interrompido a sua redação no momento da revolução), e após a ruptura da coalizão entre os socialdemocratas e os socialdemocratas independentes (uspd, partido ao qual Kautsky pertence desde a sua fundação em 1917). Os dois partidos dividem o poder durante um período bastante curto, depois da vitória da revolução de 1918 e da proclamação da república. O final da redação do livro é também posterior ao assassinato de Luxemburgo e de Liebknecht (janeiro de 1919), mas é anterior à adesão da maioria – restou uma minoria importante – dos socialdemocratas independentes à Terceira Internacional.

58. *TK* (K), p. 293; trad. fr., p. 170.

59. *TK* (K), p. 294; trad. fr., p. 170.

60. Se em certo sentido, o terror havia começado antes (desde o início tinha havido repressão de massa contra os oficiais) a repressão muda de caráter no verão de 1918, (cf. V. Brovkin, op. cit., p. 280, "a aplicação do terror" muda). "Em junho de 1918, a lista de inimigos do bolchevismo incluía não só ex-policiais, proprietários e os 'Cadetes' (membros do Partido Constitucional Democrático), mas também camponeses ricos, pequenos comerciantes, e operários que sustentavam os mencheviques e os socialistas-revolucionários", V. Brovkin, op. cit., p. 280. E Brovkin cita uma entrevista de Dzerzhinski publicada pela *Novaia Zhizn* de 19/06/1918: "A sociedade e a imprensa não compreendem corretamente as tarefas e o caráter de nossa comissão [extraordinária].

114 A ESQUERDA DIFÍCIL

*Escravo*, o livro que ele publicará em 1920 (réplica do *Terrorismo e Comunismo* de Trótski) e que comentarei mais adiante, Kautsky escreverá a propósito do terrorismo:

mesmo aquele que crê no levante armado como salvação terá escrúpulos [em admitir] que o terror é a continuação do levante, do qual ele não se distingue. O levante vai contra as tropas de um governo. Gente armada luta contra gente armada. *O terror assassina [gente] sem defesa*. Ele deve ser posto no mesmo plano da *execução de prisioneiros na guerra*. Ou isto é também "somente uma continuação direta da guerra?" Sou suficientemente [um] *quaker* hipócrita para responder de maneira decisiva pela negativa a esta questão[61].

Passamos pois a um novo estágio. Depois de citar um texto da *Situação das Classes Trabalhadoras na Inglaterra* de Engels, no qual se trata do "rancor" do proletariado, e no qual Engels afirma que o rancor é um estímulo importante no início do movimento operário, mas que, em seguida, este o ultrapassa, pois o movimento operário representa a causa da humanidade e não só a dos operários, Kautsky escreve: "o bolchevismo superou seus adversários socialistas elevando a selvageria e a brutalidade 'do início do movimento operário' à ordem de força motriz da revolução"[62]. Assim, ele transformou

a luta socialista pela emancipação e pela reedificação da humanidade inteira em uma explosão de exasperação e de vingança dirigida contra indivíduos, e expondo estes últimos aos piores tratamentos e às piores torturas, longe de elevar o proletariado a um grau moral superior, o bolchevismo, pelo contrário, o desmoralizou[63].

A esse respeito, poder-se-ia lembrar o que diz Victor Serge em *Memórias de um Revolucionário* sobre os velhos ressentimentos que se manifestaram de maneira brutal. Vê-se também a brutalidade do

Eles concebem a luta contra a contra-revolução em termos da polícia de Estado normal, e é por isso que eles reclamam garantias, tribunais, enquetes, investigações etc. Nós não temos nada em comum com os tribunais militares revolucionários. *Nós representamos o terror organizado*. Isso deve ser dito com franqueza – o terror é absolutamente necessário nas circunstâncias presentes. Nossa tarefa é lutar contra os inimigos do poder soviético. Nós aterrorizamos os inimigos do poder soviético de maneira a esmagar o crime no seu berço", V. Brovkin, op. cit., p. 281, grifo de RF. Kautsky cita, por sua vez, uma declaração assinada por Dzerzhinski, onde se diz: "a Comissão extraordinária pan-russa declara [...] que ela não fará nenhuma diferença entre os guardas brancos das fileiras das tropas de Krasnov e os guardas brancos dos partidos menchevique e socialista-revolucionário de esquerda. A férula da Comissão extraordinária atingirá com o mesmo rigor uns e outros. Os socialistas-revolucionários de esquerda e os mencheviques por nós aprisionados serão [considerados como] reféns, e o seu destino dependerá do comportamento dos dois partidos" extraído do *Izveztia* do Comitê Executivo Central Pan-russo, n. 59, 1º mar. 1919, citado por Kautsky em *TK* (K), p. 333; trad. fr., p. 224.

61. *Von Demokratie zur Saats Sklaverei: eine Auseinandersetzung mit Trotsky*, Berlin: Verlaggenossenschaft "Freiheit", 1921, p. 124, grifos de RF.

62. *TK* (K), p. 309; trad. fr., p. 191.

63. Idem, ibidem.

KAUTSKY E A CRÍTICA DO BOLCHEVISMO                                                                                    115

ressentimento na maneira pela qual Zinoviev comenta a miséria da
porção que cabe aos burgueses segundo as regras do racionamento
pós-revolucionário[64]. E Kautsky conclui:

> esses marxistas, esses ousados revolucionários e inovadores não souberam encon-
> trar nada [como meio de inocular a moral comunista às massas] além do expediente
> miserável com o qual a velha sociedade procura se desembaraçar dos frutos dos seus
> próprios pecados: *o tribunal, a prisão, a execução*. Assim, o terror[65].

Além da denúncia do terrorismo, Kautsky procede a uma análise
das relações sociais na Rússia bolchevista. De resto, os dois temas
estão ligados. O "rancor" em relação aos ex-privilegiados (*ci-devants*)
tem o seu lado objetivo na nova hierarquia social que é, em parte, mas
não inteiramente, uma inversão da antiga. Será necessário citar longas
passagens dessa análise importante:

> Que se analise a forma social que se desenvolveu – necessariamente sob o regime
> bolchevista – necessariamente a partir do momento em que se aplicaram métodos bol-
> chevistas [...]. Encontramos na atual Rússia bolchevista uma classe camponesa com
> base numa propriedade privada não limitada e da mais plena produção de mercadorias.
> Esta classe leva uma existência à parte, sem ligação orgânica com a indústria urbana
> [...] Ao lado dessa economia pequeno-burguesa no campo, erige-se na cidade uma
> sociedade que pretende ser socialista. Ela quis abolir as diferenças de classe. Começou
> por rebaixar e destruir as classes superiores e chegou a uma nova sociedade de classes.
> Esta contém *três classes*.
> A classe inferior compreende os antigos "burgueses" capitalistas, pequeno-burgue-
> ses, intelectuais, que tenham espírito de oposição. Politicamente privados de direitos,
> despojados de todos os meios [de existência], são de tempos em tempos obrigados a fazer
> os trabalhos mais repugnantes para receber em troca rações de alimento as mais lamen-
> tavelmente insuficientes, *ou antes verdadeiras rações de fome. O inferno em que vivem
> esses* ilotas *pode ser comparado com os fenômenos mais horrendos que o capitalismo
> já engendrou. A criação desse inferno é o mais impuro ato de violência do bolchevismo,
> seu primeiro grande passo em direção à emancipação da humanidade*.
> Acima dessa classe inferior, como classe média (*als Mittelklasse*), estão os
> trabalhadores assalariados. Eles são politicamente privilegiados. Segundo o texto da
> constituição, só eles dispõem, nas cidades, do direito de voto, da liberdade de imprensa
> e de coalizão. Eles podem escolher a sua ocupação [...] ou, antes, *era assim* [...] Para
> salvar a indústria [dado o nível da grande massa dos assalariados russos] foi necessário
> superpor aos trabalhadores *uma nova classe de funcionários que se arrogou cada vez
> mais o poder real e tornou ilusórias as liberdades dos trabalhadores*. Naturalmente,
> isto aconteceu não sem resistência por parte dos operários [...].

64. Ver V. Brovkin, op. cit., p. 193.
65. *TK* (K), p. 310; trad. fr,, p. 192, grifo de K. "Os tribunais revolucionários e
as comissões extraordinárias vieram a ser os instrumentos do terror. Tanto uns como
os outros funcionaram de forma terrível, sem contar as expedições punitivas militares
cujas vítimas são inúmeras. O número de vítimas das comissões extraordinárias scrá
sempre difícil de estabelecer. De qualquer modo, houve milhares delas. O cálculo mais
moderado dá o número de seis mil. Outros dão o dobro, mesmo o triplo desse número.
É preciso acrescentar inúmeras vítimas arbitrariamente aprisionadas, maltratadas ou
torturadas até a morte". Idem, p. 330; trad. fr., p. 220, 221.

116 A ESQUERDA DIFÍCIL

O absolutismo do *tchine* (graduado) da antiga burocracia reaparece sob uma roupagem nova, mas [...] de modo algum melhorada"[66].

Kautsky tentará dar uma caracterização geral da nova sociedade russa, fazendo ao mesmo tempo o balanço dos seus *inconvenientes* em relação à sociedade anterior a Outubro:

> Só a grande propriedade fundiária feudal não reapareceu. As condições estavam amadurecidas para a sua abolição, na Rússia [...] O capitalismo privado [...] reveste as formas mais lamentáveis e miseráveis do comércio clandestino e da especulação financeira. O capitalismo industrial, de privado que era, tornou-se capitalismo de Estado. Outrora, a burocracia do Estado e a do capital privado mantinham, uma em relação à outra, uma atitude crítica, mesmo, muito freqüentemente, hostil. O trabalhador tinha então alguma possibilidade de ter ganho de causa, ora contra uma ora contra outra. *Hoje a burocracia do Estado e a do capital se fundiram num corpo único*: este é o resultado final da grande transformação socialista introduzida pelo bolchevismo. *Isto significa o despotismo mais opressor que a Rússia conheceu até aqui*[67].

E essa análise da estrutura das classes está articulada com a crítica da democracia soviética que Kautsky havia começado a fazer em *A Ditadura do Proletariado*. Assim, a análise da sociedade civil se prolonga na dos fundamentos do poder de Estado na Rússia bolchevique:

> O poder único dos conselhos operários se desenvolveu assim em *um poder único de uma nova burocracia, em parte saída desses conselhos, em parte instalada por eles, e em parte imposta*. [Esta burocracia é] a classe superior das três classes urbanas, *a nova classe dominante* que se constitui sob a direção dos antigos idealistas e militantes comunistas[68].
>
> A substituição da democracia pela dominação arbitrária dos conselhos operários que deviam servir para a expropriação dos expropriadores tornou-se assim *dominação arbitrária de uma nova burocracia e reduziu a democracia à letra morta, mesmo para os operários, pois estes caíram na maior servidão econômica que já tiveram de suportar*.
>
> Com isso, a perda de liberdade não lhes é compensada por um acréscimo de bem-estar[69].

Tudo isto só foi possível por meio das medidas repressivas mais violentas, tomadas não só contra os partidos burgueses, mas igualmente contra os partidos socialistas: "a severidade com a qual os bolcheviques amordaçam a imprensa está dirigida não só contra a imprensa burguesa, mas contra toda imprensa que não jura pelo regime existente"[70]. "O pecado original do bolchevismo é o esmagamento da democracia por um poder ditatorial que só tem sentido como dominação violenta e

---

66. *TK* (K), p. 323, 324; trad. fr., p. 210-212, grifo de RF, salvo "três classes".
67. *TK* (K), p. 325; trad. fr., p. 213, grifo de RF.
68. Idem, p. 324; trad. fr., p. 212, grifo de RF.
69. Idem, p. 325, trad. fr., p. 213, grifo de RF.
70. Idem, p. 306; trad. fr., p. 187.

KAUTSKY E A CRÍTICA DO BOLCHEVISMO

ilimitada de uma pessoa ou de uma pequena organização solidamente construída"[71].

O quadro converge com um diagnóstico que não atinge apenas os métodos do bolchevismo: "nem mesmo a finalidade do terrorismo bolchevista é sem reproche. Sua tarefa imediata é manter no poder o aparelho de dominação militar e burocrática que os bolcheviques criaram"[72]. Os bolcheviques estabeleceram *sua própria ditadura sob a razão social (Firma) da ditadura do proletariado*"[73].

Eis aí o que escrevia o "renegado Kautsky" em 1919.

## *TERRORISMO E COMUNISMO* (TRÓTSKI)

Se *Terrorismo e Comunismo* de Kautsky não é uma réplica ao *Renegado Kautsky* de Lênin, *Terrorismo e Comunismo* de Trótski[74] é explicitamente uma resposta ao livro homônimo de Kautsky.

A novidade desta nova fase da discussão é que do lado bolchevique se abandona toda veleidade democrática. Não se procura mais legitimar o bolchevismo como representando a política de uma "maioria", trata-se da maioria do "povo" ou da maioria do proletariado. Pelo contrário, afirma-se, com todas as letras, o direito do partido de vanguarda – seja ele majoritário ou minoritário – de "representar" o proletariado[75]. Isto se explica sem dúvida pela dificuldade crescente que encontra o bolchevismo em se apresentar como partido majoritário. Pode ser que a mudança tenha alguma coisa a ver também, mas de um modo secundário, com as diferenças entre Lênin e Trótski. Em 1920, Trótski professa uma espécie de ultrabolchevismo[76], e sobretudo, mais do que Lênin, aprecia definir a sua posição – por "brutal" que ela seja –

---

71. Idem, p. 336; trad. fr., p. 228.

72. Idem, p. 331; trad. fr., p. 221.

73. Idem, p. 330; trad. fr., p. 220, grifo de RF.

74. *Terrorizm i Kommunizm. Terrorismus und Kommunismus*, Hamburgo, 1920, abreviarei por *TC* (T). Tradução inglesa: *Terrorism and Communism*: a reply to Karl Kautsky, Michigan: University of Michigan Press, 1961. Utilizei ainda duas traduções francesas, uma editada pela Prométhée, revista e apresentada por Jean-Louis Dumont a partir da tradução francesa de 1920. Paris: das Éditions de l'Internationale Communiste, 1980; e a outra, *Terrorisme et communisme,* que é de A. Rosmer, Paris: Union Générale des Éditions, 1963, (coleção 10/18), (salvo indicação expressa, a tradução francesa utilizada é a primeira). O posfácio à introdução tem a data de 29 de maio de 1920, e o epílogo, de 12 de junho do mesmo ano.

75. Mesmo se em certas passagens, o autor fala ainda em nome da "democracia".

76. A expressão é de Michael Löwy (não a propósito de Trótski, ela foi utilizada por Merleau-Ponty) e se encontra na parte final do seu livro *La théorie de la révolution chez le jeune Marx*, Paris: Maspero, 1970 (esta parte foi omitida na versão em português).

118 A ESQUERDA DIFÍCIL

com toda a clareza; o que, diga-se de passagem, não é em si mesmo (ou não é suficientemente) uma virtude.

O papel excepcional[77] que desempenha o Partido Comunista nas condições de uma revolução proletária vitoriosa – escreve Trótski – é bem compreensível. Trata-se da ditadura de uma classe. No interior desta classe encontramos camadas diversas, estados de espírito heterogêneos, diferentes níveis de desenvolvimento. *Ora, a ditadura pressupõe unidade de vontade, unidade de direção, unidade de ação*. Por que outra via poderia ela se realizar? A dominação revolucionária do proletariado pressupõe *no interior do próprio proletariado a supremacia*[78] *de um partido* que dispõe de um programa de ação claro, e de uma disciplina interna sem falha[79].

Vê-se assim. Da idéia de uma ditadura de classe, Trótski deduz de certo modo a dominação (ou a "supremacia", mas o contexto não deixa lugar à dúvida) do partido. O apoio da maioria (no interior não só do povo mas mesmo do proletariado) será obtido depois. Os métodos democráticos retardam no que se refere ao processo revolucionário. Escreve Trótski:

Se o regime parlamentar mesmo no período de desenvolvimento "pacífico" estável era antes *um método* "grosseiro" de descobrir a opinião no país[80], na época da tempestade revolucionária *ele perdeu completamente a sua capacidade de acompanhar o curso da luta e o desenvolvimento da consciência revolucionária* [;] o regime soviético, que está ligado da maneira mais estreita, orgânica[81], mais *honesta*, com a maioria do povo que trabalha, encontra a sua significação *não de maneira estática, refletindo estaticamente uma maioria, mas formando-a de maneira dinâmica*. Tendo entrado na via da ditadura revolucionária, *a classe operária russa* fez saber, através disso mesmo, que no período de transição ela não edifica a sua política sobre a arte inconstante de rivalizar com os partidos camaleões, na caça aos votos camponeses, mas sobre a participação efetiva das massas camponesas, lado a lado com o proletariado, no trabalho de dirigir o país em função dos verdadeiros interesses das massas trabalhadoras. *Esta democracia é muito mais profunda do que o parlamentarismo*[82].

O que significa: o método parlamentar é grosseiro. Há um outro método mais rigoroso, o que dá o poder a minorias que "devem" se tornar maiorias… Tudo isto em nome dos "verdadeiros interesses da classe operária". Não haveria aí "substituísmo"? Trótski responde:

Acusaram-nos mais de uma vez de ter substituído a ditadura dos sovietes pela ditadura do partido. E entretanto, pode-se dizer com completa justiça que *a ditadura dos Sovietes só se tornou possível graças à ditadura do partido*. É graças à clareza de sua visão teórica e à sua forte organização revolucionária que o partido assegurou aos

77. O texto inglês diz "exclusivo".
78. O texto inglês diz "dominação".
79. *TC* (T), trad. ingl., p. 107, 108; trad. fr., p. 118, grifos de RF.
80. O texto francês diz "só traduzia muito grosseiramente o estado de espírito do país".
81. O texto inglês diz "direta".
82. *TC* (T), trad. ingl., p. 45; trad. fr., p. 55, grifos de RF.

KAUTSKY E A CRÍTICA DO BOLCHEVISMO    119

sovietes a possibilidade de se transformar de informes parlamentos operários em um aparelho da dominação do trabalho. *Nessa "substituição" do poder da classe pelo poder do partido não há nada de acidental, e na realidade não há lá nenhuma substituição. Os comunistas exprimem os interesses fundamentais da classe operária.* É absolutamente natural que no período em que a história põe na ordem do dia esses interesses em toda a sua extensão, os comunistas se tornem os *representantes reconhecidos da classe operária na sua totalidade*[83].

Esses textos são de uma clareza extraordinária. Parte-se da idéia de que os "comunistas [e somente os comunistas] exprimem os interesses da classe operária". Uma vez admitido esse axioma, que seria evidente em si mesmo e que, como todo axioma, não exige prova, conclui-se o resto. Como o poder comunista exprime os interesses da classe operária, ele não tem necessidade de uma outra legitimação, sobretudo não tem necessidade da legitimação que viria de um sufrágio qualquer. Pelo contrário, a questão se inverte. Se quisermos que a maioria (do povo ou pelo menos do proletariado) esteja com o partido que exprime os verdadeiros interesses do proletariado, é necessário que esse partido esteja no governo e de preferência esteja só no governo. Portanto, a ditadura do partido é a ditadura da classe, o substituísmo é uma lenda democrática. Q.E.D.

O texto de Trótski é canônico. Qualquer que tenha sido o destino de Trótski, poder-se-ia dizer que Trótski forneceu o modelo para todas as justificações futuras da ditadura burocrática.

A esse propósito, seria preciso fazer duas ordens de considerações. Primeiro, sobre a relação entre esta posição e a política de Marx. Em grandes linhas, seria bem difícil querer justificar esta posição a partir de Marx, mesmo se certos textos, sobretudo a "Circular da Direção Central da Liga dos Comunistas" (1850), poderiam fornecer alguns elementos de justificação. Leonard Schapiro[84] observa o interesse de Lênin pela carta de Marx a Engels de 16 de abril de 1856[85], onde se trata da questão da possibilidade, para a Alemanha, de que a revolução proletária se apóie "sobre uma nova versão da Jacquerie". Lênin se apoiava nessa carta para afirmar que um partido bem organizado

83. *TC* (T), trad. ingl., p. 109; trad. fr., p. 119, grifos de RF.
84. L. Schapiro, op. cit., p. 44.
85. E não de 1865, como se lê na tradução francesa do livro de Schapiro. A carta, escrita numa mistura de alemão, inglês e francês, evoca a situação dos jacobinos alemães de Mogúncia, os quais, após a ocupação da cidade pelas tropas francesas, proclamaram a república e declararam a anexação dela à França, mas que por falta de apoio popular foram esmagados pelos prussianos em 1793: "Dependerá do curso das coisas em Berlim [saber] se nós não seremos obrigados a chegar a uma posição semelhante à dos "clubistas" de Mainz, na antiga revolução. *Tudo na Alemanha vai depender da possibilidade de fornecer apoio à revolução proletária através de algum tipo de segunda edição da guerra dos camponeses. Então, a coisa será excelente*", em *W*, v. 29, p. 47, grifo de RF.

120 A ESQUERDA DIFÍCIL

devia tentar tomar o poder imediatamente[86]. Em segundo lugar, seria preciso observar a oposição entre essas teses e as posições anteriores de Trótski a esse respeito.

Na realidade, esses textos contradizem diretamente – e de maneira consciente, sem dúvida – as teses do jovem Trótski sobre o substituísmo, tais como elas aparecem sobretudo em *Nossas Tarefas Políticas*[87]. Nesse livro excepcional, ao qual voltarei em outro lugar, trata-se em grande parte dos métodos internos ao partido, da relação entre o con-

86. Nos textos oficiais da Terceira Internacional, encontrar-se-á a idéia de que um governo revolucionário não tem necessidade de contar imediatamente com o apoio da *maioria dos explorados*: "a idéia habitual dos velhos partidos e dos velhos líderes da Segunda Internacional, de que a maioria dos trabalhadores e dos explorados pode, em regime capitalista, sob o jugo escravista da burguesia [...] adquirir uma plena consciência socialista, a firmeza socialista, convicções e caráter; essa idéia, nós dizemos, engana os trabalhadores. Na realidade, é só depois que a vanguarda proletária sustentada pela única classe revolucionária ou pela sua maioria, tiver derrubado os exploradores, os tiver quebrado, houver libertado os explorados das suas servidões [...] é só então e ao preço da mais dura guerra civil, que a educação, a instrução, a organização das mais amplas massas em torno do proletariado, sob sua influência e a sua direção, poderá ser feita, e que será possível vencer o egoísmo delas, seus vícios, suas fraquezas, sua falta de coesão, alimentados pelo regime da propriedade privada e transformá-las em uma vasta e livre associação de trabalhadores livres", Les tâches principales de l'Internationale Communista, em *Thèses, conditions et status de l'Internationale Communiste*, texto oficial votado no segundo Congresso Mundial da I.C., [s.n.]: Bibliotèque Communiste Normande, s/d, p. 3 e 4. Literalmente, o texto só exclui a necessidade do apoio do conjunto dos explorados. Mas dada a maneira pela qual ele está construído – o sujeito é a vanguarda e não a classe, a tese a refutar é a "dos velhos líderes da Segunda Internacional", os quais, parece, nem sempre insistiram na necessidade de um apoio majoritário mais vasto do que o do proletariado –, ele legitima de fato uma posição "vanguardista". Esta é, de resto, afirmada em outros textos da mesma publicação, relativos ao exercício do poder revolucionário, nos quais o partido é posto acima de todas as formas de organização proletária: "o trabalho nos Sovietes, como nos sindicatos de indústria que se tornaram revolucionários deve ser invariável e sistematicamente dirigido pelo partido do proletariado, isto é, pelo partido comunista. Vanguarda organizada da classe operária, o partido comunista responde igualmente às necessidades econômicas, políticas e espirituais do conjunto da classe operária. Ele deve ser a base dos sindicatos e dos Sovietes, assim como de todas as outras formas de organização proletária", cf. *Thèses...*, op. cit., p. 29. Trata-se evidentemente de recusar todo tipo de regime "parlamentar" e "toda ficção de vontade popular", Os Partidos Comunistas e o Parlamentarismo, *Thèses...*, op. cit., p. 48. Quanto à organização interna dos partidos comunistas, os documentos propõem não só a centralização mais estrita, mas uma disciplina quase, ou pura e simplesmente, militar: "Os partidos que pertencem à Internacional Comunista devem ser edificados sobre o princípio do centralismo democrático. Na época atual de guerra civil encarniçada, o partido comunista não poderá cumprir o seu papel, se ele não for organizado de maneira mais centralizada, se nele não for introduzida uma disciplina de ferro beirando a disciplina militar, e se seu organismo central não for munido de amplos poderes, se ele não exercer uma autoridade incontestada, se não contar com a confiança unânime dos militantes"; Conditions d'admission des partis dans l'Internationale Communiste, *Thèses...*, op. cit., p. 22.

87. L. Trótski, *Nos tâches politiques*, tradução de B. Fraenkel, Paris: Denoel/ Gonthier, 1971, (Bib. Médiations, n. 81).

KAUTSKY E A CRÍTICA DO BOLCHEVISMO 121

junto do partido e a sua direção. Mas nele se fala também da relação entre o partido e as massas, e entre o partido e as outras organizações. Embora não de modo imediatamente evidente, o problema interno está ligado aos problemas externos. O jovem Trótski comenta principalmente um documento dos bolcheviques do Ural. Esse documento, citado por Trótski, diz o seguinte:

> Se a Comuna de Paris de 1871 fracassou – dizem os marxistas do Ural – é porque nela estavam representadas diferentes tendências, porque havia nela diversos representantes, freqüentemente opostos e em contradição [...] houve muitas disputas e pouca ação [...]. É preciso dizer, não somente da Rússia, mas do proletariado mundial, que ele deve estar preparado e se preparar para receber uma organização forte e poderosa. A preparação do proletariado para a ditadura é uma tarefa organizacional tão importante, que todas as outras devem lhe ser subordinadas[88].

E eis o comentário de que ele é objeto, por parte do *jovem* Trótski:

> Em todo caso, os autores desse documento tiveram a coragem de afirmar bem alto que a ditadura do proletariado lhes aparece com os traços da ditadura sobre o proletariado: não é a classe operária que, por sua ação autônoma, tomou nas mãos o destino da sociedade, mas uma 'organização forte e poderosa' que, reinando sobre o proletariado e através dele sobre a sociedade, assume a passagem ao socialismo[89].
>
> Para preparar a classe operária para a dominação política – contrapõe o jovem Trótski – é indispensável desenvolver e cultivar a sua auto-atividade, o hábito de controlar ativamente, em permanência, todo o pessoal executivo da Revolução [...]. Mas para os "jacobinos socialdemocratas", para os intrépidos representantes do substituísmo político, a enorme tarefa social e política que é a preparação de uma classe para o poder de Estado é substituída por uma tarefa organizacional-tática: a fabricação de um aparelho de poder[90].

Não é essa posição crítica a que defende o mesmo Trótski, menos de duas décadas depois. A propósito da aliança com os socialistas-revolucionários de esquerda no primeiro semestre de 1918, ele escreve, depois de afirmar que se tratava de uma aliança tática na qual os bolcheviques não assumem "riscos excessivos":

> Não obstante, o episódio dos SR de esquerda mostra de maneira suficientemente clara que o regime de compromissos, acordos, concessões mútuas [...] não pode durar muito tempo numa época em que as situações se alteram com uma extrema rapidez, e na qual a unidade suprema de ponto de vista é necessária para tornar possível a unidade da ação[91].

88. Idem, p. 208.
89. Idem, p. 209.
90. Idem, ibidem. Cf. idem, p. 121: "em política 'externa' esses métodos [os do substituísmo interno, RF] se manifestam nas tentativas de fazer pressão sobre as outras organizações sociais, utilizando a força abstrata dos interesses de classe do proletariado, e não a força real do proletariado consciente dos seus interesses de classe".
91. *TC* (C), trad. ingl., p. 109; trad. fr., p. 119.

122 A ESQUERDA DIFÍCIL

## A perspectiva é a mesma em relação aos sindicatos:

Tanto quanto a política de coalizão, a "independência" contínua do movimento sindicalista no período da revolução proletária é uma impossibilidade. Os sindicatos tornam-se os órgãos econômicos mais importantes do proletariado no poder. Com isso, eles caem sob a direção do Partido Comunista. Não só as questões de princípio no movimento sindical, mas sérios conflitos de organização no seu interior são decididos pelo Comitê Central do nosso Partido[92].

Trótski é levado a colocar a questão da garantia de que de fato é o partido que exprime os interesses do proletariado. A resposta é brutal.

Mas onde está a garantia, nos pedirão certos homens sensatos[93], de que é justamente o vosso partido que exprime os interesses do desenvolvimento histórico? Destruindo e pondo na ilegalidade outros partidos, vocês impediram que eles entrassem em competição com vocês, e em conseqüência privaram-se [da possibilidade] de testar a vossa linha de ação.

Eis a resposta:

Esta idéia é ditada por uma concepção puramente liberal do curso da revolução. Num período no qual todo antagonismo assume um caráter aberto, e a luta política passa rapidamente à guerra civil, o partido dirigente tem materiais suficientes para testar a sua linha de ação, sem que os jornais mencheviques tenham a possibilidade de circular. Noske esmaga os comunistas, mas eles crescem. Nós suprimimos os mencheviques e os SR – e eles desapareceram. Esse critério nos é suficiente. De qualquer modo, nosso problema não é, a cada momento, o de medir estatisticamente o agrupamento das tendências; mas o de assegurar a vitória da nossa tendência, que é a da ditadura proletária, e encontrar no funcionamento dessa ditadura, nas suas fricções internas, um critério suficiente para nosso próprio controle[94].

O que esse texto diz é simplesmente falso. Como vimos, os mencheviques não se enfraqueceram. Enquanto havia um mínimo de vida democrática, eles pelo contrário se reforçaram, e seu reforço é sem dúvida um dos motivos do agravamento da sua situação. Uma vez esmagados pelas medidas de polícia (medidas sem dúvida mais eficazes do que as que foram tomadas contra os comunistas pelos "socialistas" de Weimar), eles, por assim dizer, desaparecem... Tomar uma "desaparição" como esta como critério para estabelecer um juízo político, eis algo que é pelo menos estranho[95].

92. Idem, p. 110; trad. fr., p. 120.
93. "Alguns espertos", diz o texto francês.
94. *TC* (T), trad. ingl., p. 109; trad. fr., p. 119, 120.
95. Poder-se-ia citar nesse contexto um discurso pronunciado por Trótski no décimo congresso do Partido Comunista. Trata-se de responder à "oposição operária", que propõe uma certa autonomia das bases operárias: "a oposição operária veio com *slogans* perigosos, no sentido de que eles transformaram em fetiche os princípios democráticos. Eles puseram acima do Partido os direitos dos operários de eleger representantes

# KAUTSKY E A CRÍTICA DO BOLCHEVISMO

Trótski não toma somente a defesa da ditadura do partido, mas também a defesa do terrorismo (a justificação do terrorismo não está propriamente presente no *Renegado Kautsky* de Lênin). "Será que ainda é necessário justificar teoricamente o terrorismo revolucionário"?, pergunta-se Trótski no prefácio a seu livro[96]. A justificação do terrorismo se funda num "dado de fato", que contém implicitamente uma espécie de elogio – ambíguo – dos adversários, a saber, da *direita extrema*. O que diz Trótski é que, para a esquerda como para a direita, a democracia não existe mais no mundo (e implicitamente, que é "racional" que seja assim): "É em vão que buscaremos hoje no mundo inteiro um regime que, para se manter, não recorra a uma terrível repressão de massa. É que as forças das classes inimigas, rasgado o envoltório de todos os direitos inclusive os da democracia[97], tendem a determinar suas novas relações através de uma luta impiedosa"[98].

para as organizações de operários, como se o partido não tivesse o direito de assegurar a sua ditadura, mesmo no caso em que esta ditadura se choca de modo temporário com o estado de espírito cambiante da democracia operária. Em Petrogrado, o camarada Zinoviev declarou, com algum exagero, que se permitirmos a reunião do "Congresso dos produtores" de Schlyapnykov, 99% será constituído por gente sem partido, por SRS e por mencheviques. Isto é um exagero monstruoso e deve ser imediatamente riscado do registro. O que significa para a ilustração da [Terceira] Internacional que nossa 'democracia dos operários' consiste em 1% que votam pelos outros 99%? Isto é um exagero monstruoso! Mas mesmo se nós reduzirmos bastante os 99% de Zinoviev, sobrará ainda um número substancial [de pessoas insatisfeitas, RF]. As informações que chegam das províncias mostram que os comunistas locais não dispõem de ajuda para resistir à pressão dos elementos anárquicos [...]. É essencial estar consciente do direito de nascimento revolucionário-histórico, que tem o Partido, de sustentar a sua ditadura, sem olhar para as vacilações temporárias das massas amorfas, sem olhar mesmo para as vacilações temporárias da classe operária. Esta consciência é essencial à nossa coesão; sem isto, o Partido corre o perigo de morrer em alguma virada." Discurso pronunciado por Trótski no dia 14 de março de 1921, por ocasião do décimo Congresso do Partido. Citado por James Bunyan, *The Origins of Forced Labor in the Soviet State 1917-1921*: documents and materials. Em cooperação com o Hoover Institut on War, Revolution and Peace. Stanford/ Baltimore: Johns Hopkins University Press, 1967, p. 251.
    Leiamos ainda algumas passagens: "Em nenhum momento a ditadura não se baseia no princípio formal da democracia dos operários. Sem dúvida a democracia operária é o único método pelo qual as massas podem ser introduzidas cada vez mais na luta política [o texto se interrompe, RF]. Isto é um truísmo, e estou de acordo que às vezes esse truísmo foi esquecido. Isto deve ser corrigido e devemos usar de novos métodos de propaganda, mas com a condição de que o conjunto do partido esteja unido na compreensão de que acima (*over and above*) do aspecto formal [da democracia dos operários] está a ditadura do Partido, que salvaguarda os interesses de base da classe operária, mesmo quando os estados de espírito desta classe vacilam de modo temporário. Se a assim chamada oposição operária não entende isto, conseqüências severas resultarão provavelmente desse fracasso". Idem, p. 252. "[...] queremos conservar a ditadura do Partido". Idem, ibidem. "Afirmamos que os interesses econômicos da classe operária estão acima do critério formal da democracia dos operários". Idem, ibidem.
    96. *TC* (T), trad. ingl., p. 9; trad. fr., p. 19.
    97. A trad. francesa diz "dos direitos democráticos".
    98. *TC* (T), trad. ingl., p. 15; trad. fr., p. 24.

124          A ESQUERDA DIFÍCIL

Ao longo de todo o seu livro, Trótski opõe a democracia ao que ele chama de "poder do proletariado" (ou alguma coisa análoga), poder que é de fato o do partido bolchevique. Um exemplo:

Este é hoje o papel de Kautsky e dos seus discípulos. Eles ensinam o proletariado a não crer em si mesmo, mas a crer que é verdadeira a imagem que lhe envia o espelho deformante da democracia, hoje reduzida a migalhas pela bota do militarismo. Se acreditarmos neles, a política revolucionária do proletariado não deve ser determinada pela situação internacional, pelo desabamento real do capitalismo, pela ruína social que resulta disto, pela necessidade objetiva da dominação da classe operária que clama sua revolta nos descombros esfumaçados da civilização capitalista; nada disto deve determinar a política do partido revolucionário proletário; ela depende unicamente do número de votos que lhe reconhecem, segundo seus sábios cálculos, os escribas do parlamentarismo[99].

Trótski opõe, de um lado, a crença do proletariado "nele mesmo", a determinação da política revolucionária do proletariado "pela situação internacional" e "a necessidade objetiva da dominação da classe operária nos descombros [...] da civilização capitalista", e, de outro, "o número de votos" calculados pelos "escribas do parlamentarismo". Qual o valor de uma contraposição como esta? A "dominação da classe operária" se reduz em última instância, segundo o próprio Trótski, à dominação do partido comunista, um partido certamente minoritário na Rússia em 1920, e isto, talvez, mesmo se fizermos abstração dos votos burgueses (ele deve ter-se tornado minoritário, então, mesmo no interior da classe operária). Se "os escribas do parlamentarismo" fazem cálculos dos votos, que tipo de cálculo fazem os bolcheviques? Mas continuemos. "[é] evidente que se nos propusermos como tarefa a abolição da propriedade individual dos meios de produção, não há outro modo de realizá-la se não *a concentração de todos os poderes do Estado nas mãos do proletariado e a instauração durante o período de transição de um regime de exceção*"[100]. A necessidade de um "regime de exceção" é aqui deduzida do projeto de abolição da propriedade individual dos meios de produção. Em um regime "de transição" como este, concentram-se "todos os poderes do Estado *nas mãos do proletariado*". Que quer dizer aqui "proletariado"? Voltamos à questão posta pelo próprio Trótski (mas que ele responde apenas com um apelo dogmático e brutal à situação de fato e à força): com que direito ele identifica a ação do partido comunista e a ação do proletariado? A anfibologia eclode nos trechos seguintes:

O poder exclusivo do *proletariado*[101] não exclui evidentemente a possibilidade de acordos parciais ou de grandes concessões, principalmente em relação à pequena burgue-

99. Idem, p. 19; trad. fr. p. 28, 29; trad. A. Rosmer, p. 44, 45.
100. Idem, p. 20; trad. fr., p. 30, grifo de RF.
101. Na trad. inglesa: "a ditadura do proletariado".

sia e à classe camponesa. Mas o *proletariado* só pode concluir esses acordos depois de ter se apropriado do aparelho material do poder, de ter assegurado a possibilidade de decidir livremente as concessões a fazer ou a recusar no interesse da causa socialista[102].

"O proletariado" sempre esconde – e revela – o partido. E essa substituição vai junto com a legitimação do "terrorismo" como método de governo:

Aquele que renuncia por princípio ao terrorismo, isto é, às medidas de intimidação e de repressão em relação à contra-revolução encarniçada e armada, deve também renunciar à dominação política da classe operária, à sua ditadura revolucionária. Quem renuncia à ditadura do proletariado renuncia à revolução social e faz uma cruz sobre o socialismo[103].

Simplesmente isto. "O terror vermelho, esta arma empregada contra uma classe destinada a desaparecer [que quer dizer aqui, precisamente, "desaparecer"?] e que não se resigna a isto [...] o terror vermelho precipita a morte da burguesia"[104]. Encontramos a mesma ambigüidade – sinistra – no trecho seguinte: "Se os poderosos *kulaks* não foram completamente aniquilados, eles foram profundamente abalados e perderam a confiança neles mesmos"[105]. A quintessência dessas teses é a recusa da democracia em nome de um bem curioso "mecanismo proletário". "Mas a parábola[106] ideológica do socialismo, que se desenha a despeito de todos os desvios, quedas e mesmo traições, leva inevitavelmente à rejeição da democracia[107] e à sua substituição por um mecanismo proletário, desde [o momento em] que a classe operária tem as forças necessárias"[108].

A parte final do livro de Trótski é uma "defesa e ilustração" da militarização do trabalho. Como explica L. Schapiro[109], a militarização do trabalho "não consistia somente em empregar militares para a realização de certas tarefas industriais". Tratava-se de um projeto muito mais ambicioso de mobilização militar do conjunto da população de certas regiões, visando realizar finalidades industriais. Encontra-se em *Terrorismo e Comunismo* uma justificação desse projeto. Para esse fim, Trótski faz uma longa citação do discurso que ele havia pronunciado no terceiro Congresso Pan-russo dos Sindicatos, estofando o texto desse discurso com extratos dos relatórios apresentados por ele mesmo ao Congresso Pan-russo dos conselhos econômicos, e ao nono congresso do Partido Comunista. Ele escreve:

102. *TC* (T), trad. ingl., p. 20, trad. fr., p. 30, grifo de RF. Na trad. inglesa "da tarefa socialista geral".

103. *TC* (T), trad. ingl., p. 23; trad. fr., p. 33.

104. Idem, trad. ingl., p. 64; trad. fr., p. 74.

105. Idem, trad. ingl., p. 113; trad. fr., p. 123.

106. Na trad. inglesa: "a senda".

107. Na trad. inglesa: "a pôr de lado a democracia".

108. Idem, trad. ingl., p. 40, 41; trad. fr., p. 51; A. Rosmer, op. cit., p. 74.

109. Ver L. Schapiro, op. cit., p. 212 e ss.

126 A ESQUERDA DIFÍCIL

Se toda forma anterior de sociedade estava baseada na organização do trabalho no interesse da minoria que organizava o aparelho de Estado para a opressão da maioria esmagadora dos trabalhadores, *nós fazemos a primeira tentativa na história universal de organizar o trabalho no interesse da maioria que ela mesma trabalha. Entretanto, isto não exclui o elemento de coerção sob todas as formas, das mais suaves às mais rudes*[110].

Ele acrescenta que "o elemento de coerção" desempenhará durante "um período considerável um papel extremamente importante (*grand*)"[111].

Depois de fazer certas considerações sobre a preguiça inerente ao homem etc., ele indica a solução, que já estava prevista pela Constituição, mas de maneira muito geral:

A única solução para as dificuldades econômicas que é correta tanto do ponto de vista do princípio como do ponto de vista da prática é tratar a população do conjunto do país *como um reservatório necessário de força de trabalho – um reservatório quase inesgotável – e em organizar numa ordem rigorosamente estabelecida o recenseamento, a mobilização e a utilização dele*[112].

"[É] indispensável se penetrar de uma vez por todas desta idéia de que o próprio princípio da obrigação do trabalho substituiu *de maneira tão radical e sem volta o princípio da contratação voluntária*[113] *quanto a socialização dos meios de produção substituiu a propriedade capitalista*"[114].

Esta proposição provoca sem dúvida "clamores da oposição", mas é preciso vencer essas "superstições". É necessário sobretudo bem distinguir "a forma proletária ou socialista" das formas burguesas da militarização que foram tentadas anteriormente no Ocidente ou na Rússia (deve se tratar da utilização do exército em tarefas industriais). A confusão entre as duas coisas se encontra na base da posição dos mencheviques, esses "Kautskys russos"[115]. "Toda a questão é saber quem exerce uma coerção, contra quem e para que"[116].

A fundação da sociedade socialista significa a organização dos trabalhadores sobre novas bases, a sua adaptação a estas últimas, sua reeducação com o fim de *aumentar constantemente a produtividade*. A classe operária, sob a direção da *sua vanguarda* [numa outra passagem se lê: "na pessoa do *seu* Partido Comunista"] deve fazer ela própria a sua reeducação socialista[117].

110. *TC* (T), trad. ingl., p. 133; trad. fr., p. 142; trad. A. Rosmer, p. 202, grifo de RF.
111. Idem, ibidem.
112. Idem, p. 135; trad. fr., p. 144; A. Rosmer, op. cit., p. 205, grifo de RF.
113. Na trad. inglesa: "livre locação".
114. Idem, p. 137; trad. fr., p. 146; A. Rosmer, op. cit., p. 208, grifo de RF.
115. Idem, p. 138; trad. fr., p. 147.
116. Idem, p. 144; trad. fr., p. 152; A. Rosmer, op. cit., p. 217.
117. Idem, p. 146; trad. fr., p. 155; A. Rosmer, op. cit., p. 221, grifo de RF. E entre colchetes, idem, p. 152; trad. fr., p. 160; A. Rosmer, op. cit., p. 229.

KAUTSKY E A CRÍTICA DO BOLCHEVISMO

Parte-se da idéia clássica de que o trabalho assalariado não representa a realização da liberdade. A liberdade do trabalho sob a burguesia é uma ficção. É preciso abolir esta ficção. Mas substituindo-a por quê? Por um princípio de liberdade? Não, pelo princípio de "coerção". "Se uma organização sistemática da economia pública é impossível sem a obrigação do trabalho, esta última é entretanto irrealizável *sem a abolição da ficção da liberdade do trabalho, sem a sua substituição pelo princípio da obrigação, completado pela realidade da coerção*"[118]. Assim, a ficção da liberdade é substituída pela realidade da não-liberdade! "É – *do ponto de vista liberal* – uma 'violência' contra a liberdade individual"[119]. Vê-se facilmente porque se fala de militarização.

Nenhuma organização social, fora o exército, se julgou no direito de subordinar os cidadãos a tal ponto, e de coagi-los em um tal grau, pelos objetivos dela, como o Estado da ditadura proletária considera justificado fazê-lo, e o faz [efetivamente]. Só o exército – porque à sua maneira ele decidia as questões de vida ou de morte das nações, Estados e classes dominantes – adquiriu o direito de pedir de cada um uma *completa subordinação* às suas tarefas, aos seus fins, aos seus regulamentos e às suas ordens[120].

O caminho da liberdade é nesse sentido o caminho da escravidão.

Na realidade, sob o socialismo, não haverá o próprio aparelho de coerção, isto é o Estado: ele se fundirá inteiramente em uma comuna de produção e consumo. Não obstante, o caminho do socialismo passa por um período *de intensificação a mais alta possível* do princípio do Estado. [...] Do mesmo modo que o lampião *antes de se apagar, brilha com uma flama mais viva, o Estado, antes de desaparecer, reveste a forma da ditadura do proletariado, do governo mais impiedoso que existe, que envolve de maneira autoritária, em todas as direções, a vida de todos os cidadãos*[121].

Eis a que está reduzida "a poesia do futuro" de que falava Marx... Os que não estão convencidos pela imagem do lampião que se acende ao máximo para se se extinguir (e se por acaso, ele se acendesse... para se acender mais e mais?) perdem-se em "analogias" democráticas e em "abstrações socialistas"[122].

Quando o menchevique Abramovitch evoca "o escravo egípcio", Trótski responde que "a coerção é aplicada por um governo operário e camponês em nome dos interesses das massas trabalhadoras". E ele nos assegura: "Quanto mais avançarmos, mais fácil será a tarefa, mais livre se sentirá todo cidadão, mais imperceptível será a coerção do Estado proletário"[123]. O que permitirá talvez a legalização

118. Idem, p. 142; trad. fr., p. 150, 151; A. Rosmer, p. 215, grifo de RF.
119. Idem, p. 168; trad. fr., p. 176; A. Rosmer, op. cit. p. 252, grifo de RF.
120. Idem, p. 141; trad. fr., p. 150; A. Rosmer, op. cit. p. 213, 214, grifos de RF.
121. Idem, p. 169, 170; trad. fr., p. 177, 178; A. Rosmer, op. cit. p. 254, grifos de RF.
122. Rosmer traduz "analogias" por "banalidades". Idem, p. 170, trad. fr., p. 178, A. Rosmer, op. cit. p. 255.
123. Idem, p. 171, 175; trad. fr., p. 179, 183; A. Rosmer, op. cit. p. 255, 262.

128 A ESQUERDA DIFÍCIL

dos jornais mencheviques "admitindo que nessa época ainda haja mencheviques"[124]. E Trótski faz valer como argumento a superioridade numérica dos bolcheviques presentes, *como se esta superioridade tivesse sido obtida através de uma verdadeira consulta democrática, e não fosse o resultado da aplicação de métodos policiais de governo*. É preciso citar o seguinte texto particularmente terrível, *em que o opressor legitima a opressão pelo fato de que ela tornou impossível a expressão e a representação do oprimido*. De fato, nele a opressão se justifica pela opressão, mas interpolando o fantasma de uma escolha pretensamente livre:

> Não é ao mesmo tempo monstruoso e ridículo ouvir nesse Congresso em que estão reunidos 1.500 representantes da classe operária russa, em que os mencheviques só figuram na proporção de 5%, enquanto os comunistas figuram numa proporção de 9/10 da assembléia [mas em que condições foram eleitos os delegados?], não é monstruoso e ridículo ouvir Abramovitch nos aconselhar a "não nos entusiasmarmos por semelhantes métodos, pelos quais uma pequena minoria isolada substitui o povo". Todo o povo, diz o representante dos mencheviques, não queremos tutores da massa trabalhadora... [...] Mas olhem pois essa sala: eis aqui a classe. [Trótski enxerga a "classe" na representação de uma minoria cuidadosamente selecionada e transformada em maioria,]. A classe operária está diante de nós [...] e são Vocês, pequeno punhado de mencheviques [que puderam ter acesso à sala] que tentam convencer com argumentos pequeno-burgueses [defender a democracia, no caso aliás uma democracia revolucionária, não tem nada de pequeno-burguês, o futuro o mostraria à saciedade]. São Vocês que querem ser os tutores desta classe [...] mas [...] ela os rejeitou [falso, não foi a classe mas uma outra "força" que os rejeitou] desejando marchar para frente no seu próprio caminho[125].

O que se pode dizer de um texto como este senão que ele é moralmente ignóbil, e que, politicamente, ele exprime a ideologia de um poder autocrático e virtualmente, senão já efetivamente, totalitário?

## *DA DEMOCRACIA À ESCRAVIDÃO DE ESTADO* DE KAUTSKY[126]

Em *Da Democracia à Escravidão de Estado* de Kautsky – o último livro que examinarei aqui[127] – reencontramos a crítica da "representação", mas igualmente uma análise mais geral do bolchevismo, a qual relaciona o bolchevismo dos anos de 1920 com o do início do

---

124. Idem, ibidem.
125. Idem, p. 175,176; trad. fr., p. 183; A. Rosmer, op. cit. p. 262, 263.
126. *Von Democratie zur Staats-Sklaverei*: eine Auseiandersetzung mit Trotsky, Berlim: Verlaggenossenschaft "Freiheit", 1921. Abrevio por *VDSS* (K). O livro não foi traduzido nem para o francês nem para o inglês.
127. Como já assinalei, nesse texto, omito a análise de *Der Bolchevismus in der Sackgasse*. Berlim: Dietz, 1930. Tradução francesa, direção de H. Weber. *Le bolchevisme dans l'impasse*. Paris: Presses Universitaires de France, 1981, livro com o qual deveria terminar a discussão da polêmica entre Kautsky e os bolcheviques.

século. Kautsky retoma também a questão da guerra. Porém no centro do texto está a crítica da militarização do trabalho.

Vimos que no *Renegado Kautsky*, Lênin tentava ainda dar uma legitimação à ditadura em termos de "maiorias": o partido bolchevique teria a maioria entre aqueles que votam para os sovietes. Trótski havia abandonado esses escrúpulos, mesmo quando utiliza esse argumento, de maneira pouco sólida como vimos, nas suas invectivas contra os mencheviques a propósito da militarização do trabalho. Em geral, já vimos também, Trótski prega a autonomia política do partido, mas reconhecendo, ao mesmo tempo, nesse último (sem melhores explicações) a vanguarda do proletariado. Kautsky tira as conseqüências:

> Os Bukhárin, Lênin, Trótski não ficam atrás de um Bourbon, um Habsburgo, um Hohenzolern, na sua ligação tenaz com a sua onipotência. Não há grande diferença, se eles derivam a soberania da graça de Deus ou da graça do proletariado. Porque esse proletariado que deve lhes ter transferido para sempre a ditadura, é uma grandeza tão fictícia como o deus cuja auto-representação na Terra as referidas dinastias assumiram[128].

Em outras palavras, o bolchevismo não conseguiu justificar o papel de *representante* do proletariado, que ele se atribui. A ligação entre representante e representado é tão fictícia nesse caso, como no das monarquias de direito divino. Trótski pode falar do Estado *dele* (proletariado) do Partido Comunista *dele* (proletariado).

> Trótski se engana quando pretende que o Estado socialista possui internamente uma força mágica que concilia o proletariado com o trabalho forçado. *O proletariado se eleva contra todo tipo de escravidão, [e] também contra a escravidão de Estado, sem levar em consideração se o intendente dos escravos brande o seu chicote em nome do tsar ou em nome do proletariado*[129].

E "se o bolchevismo representa na Rússia uma *ditadura sobre o proletariado*, ele é na Internacional uma *conjuração contra o proletariado*"[130]. E aqui Kautsky acentua a ruptura que representa o bolchevismo em relação à idéia marxista de autodeterminação do proletariado.

> A divisa da primeira e da Segunda Internacional [segundo a qual] *a libertação da classe operária só pode ser obra da própria classe operária*, é plenamente negada pela prática da Terceira Internacional, levada avante a partir do princípio segundo o qual a libertação da classe operária mundial só pode resultar da ditadura do Comitê Central do PC da Rússia[131].

---

128. *VDSS* (K), p. 80.

129. Idem, p. 122, grifo de RF. E mais adiante: "Uma nuance, de fato! *Toda baixeza se transforma numa façanha majestosa quando um comunista a pratica. Toda bestialidade é permitida, quando ela é executada em nome do proletariado.* Assim, os Conquistadores espanhóis praticavam também atos sangrentos, na América do Sul, em nome de Deus", idem, p. 125, grifo de RF.

130. Idem, p. 70, grifos do autor e RF.

131. Idem, p. 70, 71, grifo de RF.

130 A ESQUERDA DIFÍCIL

Kautsky remete à figura histórica do bolchevismo para criticar a figura que ele toma após a revolução.

Uma nova burocracia se instalou no Estado, inteiramente sob o modelo que Lênin havia instituído em 1904 para a organização do Partido. Se conforme este modelo, as autoridades centrais do Partido deviam vigiar, dirigir e determinar todas as expressões de vida dos camaradas do Partido e do movimento operário em geral, a nova burocracia devia vigiar, dirigir e determinar todas as expressões de vida do conjunto da população, não só na vida do Estado, mas também no processo de produção e de circulação, mesmo toda a vida social, todo pensamento e todo sentimento das massas.

Se segundo a Bíblia, a simples queda de um pardal depende da vontade de Deus, nem "um prego pode ser posto num muro" sem o assentimento da "onipotente e onisciente burocracia soviética"[132].

Kautsky se serve, nesse contexto, da crítica luxemburguista do bolchevismo, sem se deter nas diferenças que o separam das posições de Rosa Luxemburgo[133]. Ele se refere a ela a propósito da crítica a *Um Passo avante e Dois atrás* de Lênin, mas também utiliza um *tópos* crítico importante do qual Luxemburgo se havia servido, a respeito da Revolução Russa. Diz-se a propósito do terror – observa Kautsky – que "jamais as revoluções foram feitas com água de rosa"[134]. Comentário:

se o regime bolchevista de sangue e de ferro, de fome e de medo, tivesse dado um só passo adiante no caminho de uma [...] condição social mais elevada, poderíamos, deveríamos, nos acomodar a ele, como a uma operação, dolorosa sem dúvida, mas que [seria] a única capaz de dar saúde e força ao paciente; mas infelizmente o procedimento bolchevique pertence a esse "tratamento de cavalo" que, no final, significa o seguinte: *operação brilhantemente bem-sucedida, paciente morto*[135].

Mas o assunto central do livro é a crítica da militarização do trabalho proposta por Trótski. Na sua justificação da militarização do trabalho, Trótski se serve primeiro do argumento geral da exigência de trabalho para todos. Kautsky responde:

A palavra [de ordem] "quem não trabalha, não come" não diz de forma alguma, quem não trabalha lá onde ordena o Ministro da Guerra não deve comer, e diz menos ainda, aquele que não executa tal trabalho não só perderá suas rações de meios de vida, mas será [também] remetido ao código penal militar para que se mantenha a disciplina[136].

Trótski escreveu (é Kautsky que o cita) que "a classe operária, sob a direção da sua vanguarda (*Vortrupp*) deve se reeducar a si mesma

132. Idem, p. 69.
133. Ver idem, p. 64 e ss.
134. Idem, p. 71, 72.
135. Idem, p. 72, grifo de RF.
136. Idem, p. 113.

KAUTSKY E A CRÍTICA DO BOLCHEVISMO 131

na base do socialismo. Quem não compreendeu isto, não compreendeu nem a tábua de multiplicação da construção socialista". Kautsky comenta:

A auto-educação através do "trabalho forçado" executado pela vanguarda, essa tábua de multiplicação do socialismo, eu a compreendo tanto quanto a tábua de multiplicação das feiticeiras no *Fausto* de Goethe./ Trótski declara então que para essa auto-educação os bolcheviques não precisam "nem de lendas de padres, nem de lendas liberais, nem de lendas kautskianas". Esta estranha "auto-educação" é explicada por Trótski da seguinte maneira. "Para nós, a execução da obrigação do trabalho só é pensável pela mobilização sobretudo das forças de trabalho camponesas sob a direção dos operários avançados".

Kautsky observa: "Portanto, servidão para os camponeses e transformação dos operários 'avançados' em intendentes de escravos. Uma fina educação para uns e outros"[137].

Kautsky não acredita que os operários do Ocidente possam aceitar tais limitações da liberdade (a médio prazo [penso no relativo sucesso que teve a Terceira Internacional] – mas não a longo prazo, o julgamento de Kautsky se revelou, infelizmente, otimista demais). Ele faz questão de desmascarar a anfibologia que consiste em *denunciar* pura e simplesmente as conquistas que são sem dúvida criticáveis, mas somente enquanto elas são *insuficientes*.

Diga-se a um operário da Europa Ocidental que numa comunidade socialista as autoridades recebem o poder de arrancar da família cada operário do qual elas têm necessidade, o poder de metê-lo numa expedição militar, de transferi-lo administrativamente pelo tempo que se quiser, e ter-se-á a experiência de uma recusa dessa forma de socialismo moscovita, [recusa] à qual não deve faltar nada em matéria de clareza[138].

Quanto ao estatuto das liberdades:

Sem dúvida, liberdade de circulação e de domicílio, liberdade de escolher a sua profissão e o seu serviço são liberdades "liberais", assim como a liberdade de imprensa e de reunião etc. Mas isto não quer dizer que os operários *renunciam* a essas liberdades, mas que elas *não lhes são suficientes*, [isto quer dizer] que eles pedem ainda *liberdades maiores* a uma comunidade socialista.

A tentativa de justificar o trabalho forçado é uma boa prova do fracasso da experiência iniciada: "O trabalho forçado não significa [uma] condição indispensável ao socialismo, mas a confissão do desabamento da forma no qual se queria realizá-lo"[139].

*Da Democracia ao Trabalho Escravo* tem o interesse de voltar ao problema da guerra e da revolução. Com a hegemonia da leitura

137. Idem, p. 88, 89.
138. Idem, p. 105.
139. Idem, p. 105, 116, grifos de Kautsky.

132       A ESQUERDA DIFÍCIL

bolchevique do marxismo no século XX, a posição de Lênin a propósito da guerra – o derrotismo revolucionário – se tornou uma espécie de modelo de intransigência revolucionária. Kautsky tem o mérito de pô-la em discussão:

> Nos Estados vitoriosos, a guerra não tornou os trabalhadores revolucionários, mas ébrios da vitória. Quase por todo lado, esta [...] enfraqueceu, no primeiro ano depois da guerra, o movimento socialista./ Nos Estados dos vencidos, a derrota dissolveu os exércitos e com isto ajudou provisoriamente o proletariado [a chegar] ao poder (*zur Macht verholfen*). Mas ao mesmo tempo, a guerra o dividiu em frações inimigas, degradou moral, intelectual e fisicamente, várias das suas camadas, aumentou ao máximo a criminalidade e a crueldade, a fé cega na violência, enchendo as cabeças com as ilusões mais desprovidas de sentido. Assim, o proletariado não pode em lugar nenhum guardar as posições de poder [que ele havia] ganho, e menos do que tudo na Rússia, onde logo ele teve de remetê-lo a uma nova burocracia e a um novo exército. Na realidade, considerar a guerra como algo que educa para o socialismo é uma idéia digna de um Ministro da Guerra, não de um socialista[140].

Não farei aqui uma discussão do derrotismo revolucionário de Lênin, mas seria bom lembrar que Luxemburgo, Trótski [o Trótski pré-bolchevique] e Martov, sendo contrários à aprovação dos créditos de guerra, tinham entretanto posições diferentes das de Lênin. O principal argumento – há outros – que se pode opor ao derrotismo revolucionário é na realidade o que Kautsky emprega: a vitória se torna mais provável, mas é uma vitória frágil e cheia de perigos.

Kautsky ataca em particular dois aspectos da violência bolchevique: seu caráter terrorista, e o fato de que ela também atinge os socialistas. Aceitar o caráter inevitável da revolução violenta (Kautsky não o aceita), não significa entretanto o mesmo que aceitar o terrorismo. Por outro lado, quaisquer que sejam os seus métodos, o bolchevismo não atinge só os "inimigos de classe": "O bolchevismo [...] pregou desde o início a liquidação (*Vernichtung*) de todos os outros partidos socialistas, por todos os meios, calúnias e metralhadoras, conforme a situação"[141]. [Trótski] fala somente da execução de "proprietários fundiários, capitalistas, generais, que se dispuseram a restabelecer a ordem capitalista [;] sobre a execução de socialistas e de proletários que desejavam o socialismo talvez mais ardentemente do que o Trótski de hoje, ele não diz nada"[142].

Assim, o poder bolchevique não aparece como uma ditadura do proletariado, nem mesmo como uma ditadura revolucionária. Tem-se lá uma ditadura reacionária *sui generis*, que deve ser condenada pelos socialistas, tanto por razões morais como por razões políticas. "Na realidade, não encontramos precisamente, na Rússia, nenhuma dita-

140. Idem, p. 29.
141. Idem, p. 127.
142. Idem, p. 125.

## KAUTSKY E A CRÍTICA DO BOLCHEVISMO

dura da cidade sobre o campo, mas uma ditadura que domina tanto a cidade como o campo, e oprime os dois". Esta ditadura "não tem igual na história – pelo menos na história do século passado"[143].

O desprezo pela personalidade constitui a característica do bolchevismo. Desdém pela personalidade dos próprios adeptos, que devem ser avaliados simplesmente como instrumentos, como carne de canhão. Desdém, *a fortiori*, por aqueles que não se deixam utilizar como instrumentos, e por isso mesmo são utilizados sem distinção como inimigos que se deve dobrar ou quebrar por todos os meios.

O bolchevismo tem um caráter reacionário (ele voltará a isso no *Bolchevismo no Impasse*), e por essa razão a massa do proletariado internacional se afastará dele: "É esse caráter *reacionário* acentuado (*ausgeprochene*) do bolchevismo que, com sua *brutalidade*, e sua *sede de dominação* (Herrsucht), afasta do bolchevismo círculos cada vez mais amplos de proletários". "O bolchevismo [...] constituirá uma mancha sombria na história do socialismo. Já atualmente a massa do proletariado internacional se afasta dessa [gente que] assassina irmãos, por avidez de poder"[144].

Depois da experiência negativa do bolchevismo, e mesmo se Marx e Engels davam um outro sentido à expressão (ou pelo menos a deixavam mais ou menos indeterminada), será preciso, segundo Kautsky, abandonar a palavra de ordem estratégica de "ditadura do proletariado":

Diante disto, a palavra de ordem de ditadura do proletariado, mesmo se Marx e Engels a aceitaram, deve cair em grande descrédito [...] As palavras de ordem políticas tomam o seu significado muito mais da história do que do dicionário. A história fez da expressão "ditadura do proletariado" uma característica do bolchevismo, que aos olhos das massas é tão inseparável dele como a caracterização de comunista[145].

*O Bolchevismo no Impasse* de Kautsky, obra que, como indiquei, não analisarei aqui, fornece de algum modo a síntese desses argumentos.

143. Idem, p. 46.
144. Idem, p. 123, 127, 128, grifos de Kautsky.
145. Idem, p. 83, 84.

# 6. O Comunismo Difícil*

Claude Lefort poderia ser considerado como um dos heróis do pensamento socialista do século XX.

Quando se fizer o balanço do século, a lucidez não aparecerá como a coisa no mundo mais bem distribuída. Para falar como Merleau-Ponty, nos ares do tempo que o século balizou não circulou muita verdade. Mais do que o século XIX, sem dúvida, foi o tempo dos ideais instrumentalizados, dos projetos generosos postos de cabeça para baixo, dos qüiproquós políticos. Muito poucos foram aqueles que conseguiram nadar contra a corrente.

Rompendo com o trotskismo em 1948, quando ainda não tinha 25 anos, Claude Lefort, ex-aluno de Merleau-Ponty, seguiu um itinerário *sui generis* de universitário, homem de ação e pensador político. Com Cornelius Castoriadis, funda naquele ano, em Paris, o grupo Socialismo ou Barbárie, que propõe uma política socialista alternativa, numa época de bloqueio teórico e prático das esquerdas. Socialismo ou Barbárie é um caso único. Contraprova da tese de Theodor Adorno sobre a quase impossibilidade de uma práxis autêntica no "mundo administrado" do pós-guerra? Ou refutação da tese? Se houve fracasso prático, a prática do grupo permitiu grandes avanços da teoria (ou da consciência em geral), contraprova isso sim do cruzamento complicado desses dois registros, que se supunha, "outrora", unidos. Assim

---

*. Sobre o livro de Claude Lefort, *La complication*: retour sur le communisme. Paris: Fayard, 1999.

136          A ESQUERDA DIFÍCIL

como a "teoria crítica" frankfurtiana teve um impacto prático apreciá-
vel, os franco-atiradores, que eram sem dúvida a autêntica esquerda
antiburocrática, acabaram fazendo um estrago considerável – a longo
prazo, bem entendido – nas construções teóricas bem assentadas das
ortodoxias revolucionárias.

Curioso como se escreveu pouco sobre Lefort ou Castoriadis
(também é pouco o que se publicou sobre Adorno), pelo menos diante
da avalanche bibliográfica consagrada a outros grandes do século. A
política crítica e a teoria crítica prestam-se mal à hermenêutica universitária? É possível. De qualquer modo, os problemas que elas levantam
têm uma dimensão histórica pouco compatível com as exigências
usuais de um trabalho universitário.

*La Complication: retour sur le communisme* (que se poderia
traduzir por A Complicação: reexaminando – ou revisitando – o
comunismo) é o último – preenchendo todo um volume – de uma
série de ensaios políticos reunidos em livros, alguns dos quais foram
traduzidos para o português. Além da promessa de um grande estudo
sobre Maquiavel, anunciado por Merleau-Ponty – o texto, já famoso
no momento da publicação, veio à luz em 1972[1] –, Lefort se tornou
conhecido pela polêmica que teve com Sartre a propósito do comunismo, e pelas referências feitas a ela pelo seu antigo professor n' *As
Aventuras da Dialética* (1955). Provavelmente, foi também por causa
disto que foi convidado a vir ao Brasil em 1953. Para ilustrar o quanto
Lefort e o grupo eram alvo de fogo cerrado vindo de todos os lados,
poderia lembrar algumas das observações que ouvi, por ocasião da sua
chegada ao Brasil. "Isto não é artigo de importação", dizia aos seus
colegas brasileiros um professor de letras francês, bom especialista
na sua área, e muito conservador em política. "Lefort marxista?",
perguntava-se ironicamente um jovem dirigente trotskista, depois de
uma primeira conversa com o recém-chegado, em face do rumor que
se espalhava de que Claude Lefort, professor marxista, viera dar aulas
na USP. Não tive notícia das reações da gente do PCB, mas salvo efeitos
da tradição de cordialidade respeitosa e subdesenvolvida diante dos
intelectuais europeus, eles não haviam de exultar com a chegada de
um ex-trotskista, dissidente pelo lado errado, alguém que lhes deveria
aparecer – horror supremo – como uma espécie de trotskista elevado
à potência...

*A Complicação* – título feliz: "[o regime comunista de tipo to-
talitário] põe à prova a *complicação* da história"[2] – tem como ponto
de partida dois livros sobre o comunismo: *O Passado de uma Ilusão*
(1995) de François Furet e *A Tragédia Soviética: História do Socialis-*

---

1. *Le Travail de l'Oeuvre*: Machiavel, Paris: Gallimard, 1972.
2. C. Lefort, *La complication,* p. 16.

*mo na Rússia 1917-1991* de Martin Malia[3]. Há uma convergência nas teses desses dois livros. Embora afirmando a originalidade do regime da URSS ("[ele] não tem precedente na história. Não parece com nada do que existiu [...] nenhuma das características do bolchevismo, segunda maneira, é inteligível a partir de exemplos do passado, ou no interior de um quadro conceitual familiar"[4]), François Furet concebe a história do comunismo como fruto de uma *idéia*, mais precisamente de uma *ilusão*: "[Para Furet] – escreve Lefort – 'uma ilusão' [...] é a primeira e constante mola propulsora do sistema soviético e da política dos partidos que o haviam erigido em modelo no Ocidente"[5]. Em segundo lugar, o regime burocrático aparece como um "parêntesis"[6]. A *ilusão* do comunismo pertence ao *passado*. Quanto a Martin Malia, se afirma a existência de uma "partidocracia", ele a remete a uma "ideocracia". O sistema soviético seria a "conseqüência não desejada mas inevitável" da tentativa de realizar uma utopia[7]. Segundo Malia, o sistema criado pelo movimento de outubro não mereceria nem mesmo o nome de sociedade, apenas o de "regime, de regime ideocrático"[8]. E se ele "desabou como um castelo de cartas"[9], "é porque nunca foi mais do que um castelo de cartas"[10]. Em resumo, nos dois livros, publicados quase ao mesmo tempo, o que excluiria a possibilidade de influências, o regime burocrático aparece como digressão ou parêntesis da história passada – o seu fim nos daria de resto a chave para o seu julgamento – e como produto de uma *idéia* ilusória. Essa idéia é a utopia marxista do socialismo, a qual tem as suas raízes no igualitarismo, no jacobinismo, e mais remotamente, "no racionalismo e no liberalismo do século XVIII"[11].

Se Furet e Malia são as primeiras referências, Lefort incorpora também dois dos maiores estudiosos do totalitarismo e da burocracia, Raymond Aron e Hannah Arendt; além de Tocqueville e La Boétie entre os clássicos do pensamento político, e Kautsky, Trótski, Souvarine, Ciliga, Soljenitsin, Ferro, Wittfogel, o crítico Harold Rosemberg, entre outros, para o século XX. Acrescente-se o que ele tira da sua experiência pessoal. As anedotas históricas são reduzidas a três episódios: as invectivas dos comunistas contra Edgar Morin em 1956, quando, numa

---

3. *The Soviet Tragedy:* a history of socialism in Russia 1917-1991, [s.n.]: The Free Press, 1994; *La tragédie soviétique:* histoire du socialisme in Russie, 1917-1991, Paris: Seuil, 1995.

4. F. Furet citado por C. Lefort, op. cit., p. 64, 65.

5. C. Lefort, op. cit., p. 6.

6. Idem, p. 10.

7. Idem, p. 176.

8. Idem, p. 9.

9. Malia, citado por C. Lefort, op. cit., p. 244.

10. Idem, ibidem.

11. C. Lefort, op. cit., p. 8, a propósito de Malia.

138 A ESQUERDA DIFÍCIL

reunião promovida pelos intelectuais contra a guerra da Argélia, Morin apresenta uma moção contra a intervenção soviética na Hungria; o *meeting* organizado pelo PCF em 1955, na "Mutualité" de Paris, para condenar *As Aventuras da Dialética* de Merleau-Ponty; e a violência dos militantes do PCF, no imediato pós-guerra, por ocasião do lançamento de um candidato trotskista, que o jovem Lefort apresentara – em especial, a violência contra uma ex-prisioneira em Ravensbrück, cuja carta de deportada exibida pela vítima como prova de que não era uma "hitlero-trotskista" é rasgada, e lançada em pedaços ao seu rosto...

Como na opinião de Aron e Hannah Arendt, mas também de Furet, a sociedade e o regime burocrático representam para Lefort uma forma inteiramente nova, "um novo tipo de sociedade"[12]. Não se trata de capitalismo de Estado, "por tentadora que seja a hipótese", dada a ausência "de mercado que implique concorrência e [...] trabalho livre"[13]. Ele também não é uma tirania, a qual "se exerce sob o signo do arbítrio"[14]; nem um despotismo, "o poder do déspota" depende "de Deus ou dos deuses"[15]; nem uma ditadura moderna, a qual nasce "de circunstâncias extraordinárias, quando os interesses das camadas dominantes não podem se manter por meios pacíficos"[16]). Também não pode ser posto no plano dos governos que encontramos nos países "em desenvolvimento"[17], como pretendem certos sovietólogos. As diferenças entre os dois casos são muito grandes. Além disso, como já sugeria Aron, a própria burocracia ocidental é em parte uma falsa pista: no modelo russo, "os dirigentes do trabalho [...] são todos integrados em uma administração" e não "dispersos em empresas autônomas"[18].

Há aí um resultado que, sem ser muito novo, é fundamental. Nada dificultou mais a compreensão do sistema burocrático do que a idéia de que, no arsenal das teorias políticas clássicas (incluindo a de Marx), encontrar-se-iam elementos suficientes para entendê-lo. Com relação a Marx, eu observaria: uma coisa é a prática desastrosa de *subsumir a burocracia* a algum momento da apresentação do *Capital* ou da obra de Marx, outra coisa é utilizar o *corpus* daquele grande crítico *do capitalismo* para, *a partir das figuras lógicas que* ele nos oferece (mas servindo-se também de outros elementos), tentar uma teoria diferencial da burocracia como forma social radicalmente nova, "os trotskistas [que acreditavam tratar-se de um "estado operário com deformações burocráticas"] não compreenderão nunca, diante do espetáculo do stalinismo, que eles estavam diante de um regime irre-

12. Idem, p. 135.
13. Idem, p. 162.
14. Idem, p. 184.
15. Idem, ibidem.
16. Idem, ibidem.
17. Idem, p. 138.
18. Raymond Aron, citado por C. Lefort, op. cit., p. 149.

O COMUNISMO DIFÍCIL

dutível às categorias tradicionais"[19]. E não só os trotskistas. Para dar um exemplo, veja-se o caso interessante de um teórico alemão muito conhecido em nosso meio que considera o mundo burocrático como "ramo lateral da modernização burguesa"[20]. O que significa defini-lo como "sistema produtor de mercadorias"[21]. Às vezes, esse autor chega mesmo a falar do "caráter capitalista" dele[22], como se a presença do mercado – na realidade de um quase-mercado – fornecesse a essência de uma sociedade semelhante àquela que havia na URSS nos anos de 1930. No caso desse teórico alemão – diga-se de passagem –, o que o desorienta não é propriamente a vontade de subsumir novas formas históricas sob um momento qualquer d'*O Livro*; mas a tendência *simplificadora* a considerar as formas sociais contemporâneas com o olhar de Sirius, isto é, do *ideal* – mais do que do *pressuposto*, como fazia Marx, que por isso mesmo, ou apesar de tudo, examinava de perto as formas históricas – de uma comunidade sem mercadorias, sem dinheiro e, pelo menos nos epígonos, sem formas políticas (Sob esse último aspecto, as diatribes contra a democracia, de estilo neosoreliano – [alusão a George Sorel, teórico autoritário das extremas esquerda e direita] – por parte de certos epígonos, são inquietantes). Em geral, tem-se aí a idéia enganosa, da qual Lefort escapa, segundo a qual as conexões existentes no mercado mundial permitem por si mesmas homogeneizar sem mais (ou com muito pouco mais) as diferentes formas sociais que coexistiram e em parte coexistem nesse século.

Lefort ataca o psicologismo que faz de uma "crença" o elemento propulsor do sistema burocrático; quanto ao papel que se quis atribuir à "utopia", chega a dizer brutalmente, mas com alguma justificação, que "ela é estranha à mentalidade comunista"[23], e questiona tanto a gênese do sistema proposta pelos dois autores como a idéia de que o comunismo é um parêntesis que se fechou. A propósito, citando seus próprios textos dos anos de 1950[24], mostra a inverdade da opinião dominante segundo a qual "ninguém" previu a crise do sistema burocrático: não se previu, é certo, a *forma* que ela tomaria. Voltando ao problema: se o igualitarismo, uma das peças essenciais da gênese suposta, é a "crença numa igualdade real"[25], entre o igualitarismo e o leninismo (e *a fortiori* o stalinismo) a diferença é muito grande. A "dekulakização [liquidação dos camponeses 'ricos'] stalinista" não foi "signo

19. C. Lefort, op. cit., p. 78.
20. Robert Kurz, *O Colapso da Modernização*, São Paulo: Paz e Terra, 1993, p. 141.
21. Idem, ibidem.
22. Idem, p. 155.
23. C. Lefort, op. cit., p. 204.
24. Idem, p. 37.
25. Idem, p. 247.

140 A ESQUERDA DIFÍCIL

de uma vontade de nivelar as condições"[26], ela garantiu uma nova hierarquização da sociedade. Se o comunismo só pode nascer depois do advento da democracia moderna, seria inexato dizer que ele deriva "de uma mesma matriz"[27]. O jacobinismo, por sua vez, por razões que veremos, também não serviria como modelo. Nem se pode fortalecer o argumento com o tema, que se encontra em Tocqueville[28], de um deslizamento possível das democracias em direção a um "despotismo democrático". (Lefort tem razão em utilizar com cuidado esse tema, a propósito do qual Tocqueville hesita: muito importante, ele parece constituir uma premonição de fenômenos característicos *do capitalismo contemporâneo*, da qual o poder da mídia talvez dê uma imagem). Quanto à "responsabilidade" de Marx, se não se trata "de pô[-lo] ao abrigo da crítica". Lefort afirma, citando Souvarine, que a noção de ditadura do proletariado não é central ao *corpus* marxiano. Isto, diga-se de passagem, só é verdade em parte: o tema não é "marginal" em Marx[29]. Também aduz a definição "dêitica" da ditadura do proletariado por Engels: a ditadura do proletariado é a Comuna de Paris, que foi regida "por um conglomerado" de tendências como observa Souvarine[30]. De resto, Lefort observa muitas vezes – lembrando o *jovem* Trótski, Rosa Luxemburgo, Kautsky, Souvarine, [eu acrescentaria: Martov] e até parte da direção bolchevique – que, mesmo minoritária, houve sempre, sob formas diversas, uma crítica do bolchevismo feita em nome da herança de Marx (No que se refere às oposições no interior do partido bolchevique no início do anos de 1920, e aos seus limites, em particular os da Oposição Operária – esta lutou pelos direitos das minorias nos limites do partido, mas não a rigor para além dele)[31].

A suposta gênese do bolchevismo e da burocracia é recusada por causa do seu conteúdo, mas trata-se também, em parte, de uma questão de método: importaria centrar a análise no próprio fenômeno e concebê-lo, à maneira de Marcel Mauss, como "fato social total", ou seja, como "intrincação de fatos políticos, sociais e econômicos, jurídicos, morais e psíquicos"[32]. Lefort propõe a sua versão da gênese do sistema, versão que permitiria escapar tanto do determinismo como de um simples apelo a fatores contingentes: o poder burocrático teria

26. Idem, p. 248.
27. Idem, p. 78, 79.
28. Idem, p. 161-163 e 248.
29. Ver a respeito Hal Draper, *Marx's Theory of Revolution*, 4 v., New York: Monthly Review Press, 1977-1990.
30. C. Lefort, op. cit., p. 46.
31. Ver o livro clássico de Leonard Schapiro, *Les bolchéviks et l'opposition:* les origines de l'absolutisme, premier stade, 1917-1922, tradução francesa de Serge Legran, Paris: Albatros/Les Îles d'or, 1957.
32. C. Lefort, op. cit., p. 14. Cf. 247.

O COMUNISMO DIFÍCIL

nascido da "condensação de processos heterogêneos"[33]. Por um lado, ele tira elementos da "racionalidade do capitalismo", dissociado da democracia[34]. Embora esta série exemplificativa sirva em parte também para designar o que ele herdou do outro pólo, o do despotismo, vale a pena citá-la: "o exército [ver o privilégio do modelo militar em *Terrorismo e Comunismo* de Trótski], a polícia, a fábrica [ver o tema da educação revolucionária através da fábrica em Lênin, criticado pelo jovem Trótski], a burocracia estatal"[35]. Por outro lado, o poder burocrático tem uma dívida para com os "regimes semi-asiáticos", e com a forma de contestação que eles segregavam (ver as alusões a Bakunin e Netchaiev, a partir de Souvarine[36]): houve um "enxerto"[37] dos elementos capitalistas no modelo semi-asiático ou vice-versa.

Estas considerações sobre a origem preparam a análise interna do sistema. Lefort dá grande ênfase ao estudo da legislação e da relação entre o poder político e a sociedade civil. Ter visto o Estado totalitário-burocrático como uma espécie de auto-encarnação de "leis do movimento" da história, sem atentar suficientemente para o legalismo – paradoxal embora[38] – desse Estado, é, para Lefort, o ponto frágil da análise de Arendt[39]. Não basta dizer que ele "desafia todas as leis inclusive as suas"[40], nem mesmo (fórmula que se aproxima mas não se confunde com a do autor) que ele "abole a alternativa" herdada da Antiguidade "entre sociedades submetidas a leis e sociedades sem leis"[41]. Seria preciso examinar de perto o fenômeno "da preocupação constante" dessa sociedade em "dar consistência à aparência de legalidade"[42]. Quanto a Raymond Aron, quaisquer que sejam os méritos de *Democracia e Totalitarismo*, ele cai de certa forma no erro oposto, o de dar um peso excessivo às proclamações de "fé nos princípios democráticos"[43], por exemplo as que se encontram na Constituição soviética de 1936. Aron chega a falar em contradição entre, de um lado, "aspiração e [...] objetivo democrático", e de outro, uma "prática do Estado de partido único"[44]. A análise do artigo 58 do Código Penal Soviético de 1922, reelaborado em 1926, às vésperas do processo dos socialistas-revolucionários, revela pelo contrário, replica Lefort, "uma combina-

---

33. C. Lefort, op. cit., p. 181.
34. Idem, p. 71.
35. Idem, p. 61.
36. Idem, p. 179.
37. Idem, p. 250.
38. Idem, p. 213.
39. Ver idem, p. 193, e ss.
40. H. Arendt, citada por C. Lefort, op. cit., p. 212.
41. Idem, citada por C. Lefort, op. cit., p. 200.
42. C. Lefort, op. cit., p. 212.
43. R. Aron, citado por C. Lefort, op. cit., p. 99.
44. Idem, citado por C. Lefort, op. cit., p. 100.

142  A ESQUERDA DIFÍCIL

ção jamais imaginada entre a lei e o arbítrio"[45]. Tem-se aí, em catorze parágrafos, "o recenseamento de todos os delitos possíveis, e além dos delitos, de todos os comportamentos" suspeitos ou, mais precisamente, "que se prestam à suspeição"[46]. Eles têm como denominador comum a nocividade (*nuisance*)[47] e, como mostrou Soljenitsin, apagam "a distinção entre [criminosos] políticos e [criminosos] de direito comum"[48]. "O reino da violência se combina assim com o do formalismo"[49]. Julgado pelos seus efeitos, o artigo 58 aparece como o "equivalente perverso de uma lei fundamental"[50]. "Indicando as ações, abstenções, intenções ou presunções de intenções e não-denúncias, que remetem a crimes contra o Estado, o Povo ou o Partido", o artigo "designa um modelo de sociedade" em que todos são "culpados potenciais" e em que "a fronteira entre o legal e o ilegal não é garantida"[51].

Esta análise da jurisdição se articula com o tema maior do livro, a relação entre Estado e sociedade civil. Conforme observa Aron, "político" designa a "politéia", a sociedade política, mas ao mesmo tempo o regime político, "o modo da organização do comando"[52]. Se, nesse sentido, em qualquer sociedade há um primado do "político", e "regime e sociedade política são noções equivalentes"[53], "o signo de formação de um novo tipo de sociedade" é que nela (Lefort resume Aron) desaparece "a distinção entre o que remete ao político e o que remete ao não-político"[54]. Eu diria que, em regime democrático ou pelo menos não totalitário, há algo como um movimento rigorosamente dialético entre os dois sentidos objetivos do político, um dos quais indica ao mesmo tempo um *momento* do todo e o próprio todo (o outro indica o *todo* e a sua reflexão num momento), e que a sociedade burocrática, como as sociedades totalitárias em geral, *cristaliza* o movimento que existe entre esses dois pólos. O que era *momento* do todo (isto é, o que fazia aparecer o todo pela sua *negação*) torna-se positivamente *parte-todo*, parte que é imediata e abstratamente todo, e vice-versa. Se o pensamento liberal, no sentido de democrático, "introduz a exigência de dissociar o que remete ao domínio da política do que, por princípio se lhe escapa", dissociação que tem "ela própria uma significação política"[55], a sociedade burocrática, "*novo modo de dominação*"[56], efetua

45. C. Lefort, op. cit., p. 215.
46. Idem, p. 216.
47. Idem, p. 217.
48. Idem, p. 215.
49. Idem, p. 218.
50. Idem, ibidem.
51. Idem, p. 218 e 219.
52. R. Aron, citado por C. Lefort, op. cit., p. 145.
53. C. Lefort., op. cit., p. 145.
54. Idem, p. 146.
55. Idem, p. 83, 84.
56. Idem, p. 185, grifo de RF, cf. p. 12.

O COMUNISMO DIFÍCIL 143

"uma espécie de fechamento do social sobre si mesmo", mobilizando ao mesmo tempo as "energias coletivas" para, de modo paradoxal, supostamente criar "um mundo novo e [...] um homem novo"[57]. Um problema que permanece pendente, e que introduzirei logo mais, é o das relações e diferenças entre a sociedade burocrática de um lado, e fascismo e nazismo de outro.

Mas em que condições se dá esse fechamento, que se opera, contraditoriamente, em nome de uma alteridade radical? Aqui reaparece o trabalho de comparação entre os diferentes tipos de regimes ou de sociedades. Na democracia, "o poder não pertence a ninguém, [...] os que o exercem *não o encarnam*, são apenas *depositários* da autoridade pública, temporariamente, [...] neles não se investe a lei"[58]. No despotismo [a distinguir aqui dos totalitarismos modernos] o poder se incorpora, pelo contrário, na figura do déspota. Ora, no caso do bolchevismo, temos "a idealização do partido, figuração de um Ser coletivo"[59] – "'órgão coletivo' [...] alma das instituições"[60] – e que está "acima dos militantes e dos próprios dirigentes, mas ao mesmo tempo os engloba"[61]. A significação disto é que "a revolução se torna por assim dizer *incorporada*"[62]. O partido "deve *encarnar* a lei suprema e ao mesmo tempo ter o conhecimento exclusivo da marcha da história"[63]. Assim, embora órgão coletivo e abstrato, o partido *encarna*. Comento: na sociedade burocrática, há uma encarnação como no despotismo, mas ela se opera através de um *particular*, que é abstrato como os universais da democracia. Porém o poder burocrático, pelo menos na sua grande época, não se limita a isso. Se o poder se encarna no Partido, o Chefe, por sua vez, é a *encarnação* deste. Aludindo ao *Discurso sobre a Servidão Voluntária* de La Boétie, Lefort observa, recusando reconhecer na pessoa de Stálin a figura clássica do déspota:

> Por tentador que seja transferir a Stálin o poder dessa fé [a fé que o "servo voluntário" deposita no déspota ou tirano] [deve-se observar que] ele próprio [Stálin] aparece como a *encarnação do partido*. O corpo dele [do partido] não se oferece à vista. Ele tem essa extraordinária propriedade de dar consistência ao Uno, sob a forma de um indivíduo coletivo[64].

Comento: há uma dupla mediação na sociedade burocrática, e nas duas mediações se vê o que ela deve ao despotismo e o que ela tira, para pervertê-la, da democracia. Diante dos extremos do poder

57. Idem, p. 186.
58. Idem, p. 145, grifos de RF.
59. Idem, p. 182.
60. Idem, p. 184.
61. Idem, p. 182.
62. Idem, ibidem, grifo de RF.
63. Idem, ibidem, grifo de RF.
64. Idem, p. 226, grifo de RF.

144 A ESQUERDA DIFÍCIL

encarnado (despotismo) e do poder como lugar vazio (democracia), a sociedade burocrática aparece como dotada de duas instâncias: a do poder de um *particular abstrato* – não se trata de um indivíduo –, mas que é ao mesmo tempo (por sua "vocação") *universal*: o partido, (o partido *encarna* o universal); e o poder de um *indivíduo*, *encarnado* nesse *particular universal* (que, acabamos de ver, exprime ele próprio uma *encarnação*). O poder burocrático aparece assim como um jogo complicado de forma e de conteúdo, de universalização e de particularização. Há nele uma espécie de silogismo da encarnação, em que o singular se encarna no particular (o chefe no Partido), e o particular no universal (o Partido na História). No despotismo, há somente encarnação do singular no universal. Enquanto na democracia não há encarnação, o poder permanece abstrato, manifestando-se e também se modificando pelo movimento da delegação.

Um problema importante e já clássico (ver Arendt) é a relação entre o comunismo burocrático de um lado, e o fascismo e o nazismo de outro. Começo por observar: se a sociedade burocrática foi tida como "socialista" ou "proto-socialista", mesmo quando se admitiu que ela continha certas "deformações", o nazismo e o fascismo foram vistos como variantes do capitalismo. De certo modo, eles o são, mas como indicarei mais adiante, "capitalismo" não define por si só uma *forma social específica*, mas – ouso dizer – *só* um modo de produção (o conceito de "modo de produção" marca época na história da teoria social, mas é *insuficiente* para definir as formas sociais contemporâneas). Nesse sentido, apesar das aparências, dizer que eles eram capitalistas, se não for falso, é pouco. Trata-se de uma forma particular de sociedade e de regime – deixo de lado aqui as diferenças entre fascismo e nazismo – que se distingue tanto das sociedades democráticas como da sociedade burocrática. Lefort assinala o que, em termos de gênese, separa o nazismo e o fascismo do comunismo: nazismo e fascismo representam, à sua maneira, uma revolução, mas uma revolução que não nasce de uma "insurreição *popular*"[65]. A minoria nazista e fascista chega ao poder graças ao "apoio ativo de uma ampla fração da classe média", e beneficiando-se "do compromisso de uma parte dos dirigentes conservadores"[66]. Isto não significa (sou eu que o digo, mas esta deve ser a posição de Lefort) que com o nazismo e o fascismo não se tenha uma nova forma social. Sem dúvida, há convergências entre eles e a sociedade burocrática. Como o texto assinala, há, nos dois casos, partido único e subordinação do Estado a esse partido[67]. Para estabelecer um critério de diferenciação, talvez se possa afirmar, em conexão com o que eu disse mais acima sobre a sociedade burocrática: se nesta

65. Idem, p. 53, grifo de RF.
66. Idem, ibidem.
67. Idem, ibidem.

última tem-se o singular (o Chefe), o particular (o Partido) e o universal (a História, o gênero humano, presentes no plano da ideologia, mas esta importa), no nazismo tem-se o singular (o Chefe), o particular (o Partido), mas falta o terceiro termo. Falta o universal (Lefort: "o fascismo foi abertamente antiuniversalista"[68]). O espaço do terceiro termo, do universal, é ocupado pela *comunidade* ou pela *natureza* (cf. Arendt). É para essa diferença que apontam as observações de Aron e de Merleau-Ponty[69] sobre o *fio* que liga o comunismo à democracia, fio que não é essencial, mas também não é literalmente insignificante. No fascismo ou no nazismo falta, assim, o universal. Se é permitido dar um salto e tocar no problema do jacobinismo, eu diria que no jacobinismo *falta o particular*. Isto "traduz" a observação de Lefort[70] de que no jacobinismo não se tem partido. A tensão entre "a ditadura e a liberdade" de que fala Lefort[71] é o sintoma do confronto *imediato* com o princípio universal. A presença do particular, do Partido, no bolchevismo, atenua enormente essa tensão, mas não a liquida inteiramente. No nazismo – onde se expulsa o universal – ela desaparece.

A essas considerações sobre a estrutura ou a forma do poder burocrático é preciso acrescentar uma análise do tipo de *sujeito* que serve de mola propulsora ao sistema, pelo menos como base da sua ideologia. O livro se ocupa do problema. Não creio ser infiel ao texto, resumindo-o assim: no despotismo temos um Eu ou um Ele; na democracia o sujeito é indeterminado (algo como o *on* francês). Na sociedade burocrática – Lefort volta várias vezes ao tema – o sujeito é um *nós*. Nela tem-se "um sistema de pensamento que implica a abolição do Sujeito ("Sujeito" visa aqui a autonomia individual) e a submersão do indivíduo no *nós* comunista"[72]. "[As ilusões] não bastam para dar conta de uma captura do indivíduo, tal como a que ele sofre no *nós* comunista"[73]. O que nos conduz ao universo dos processos. "O acusado está constantemente incluído no *nós* que o excluía"[74]. "Você tem de se arrepender [diz o promotor] porque *você e nós*, juntos, *isto faz* (c'est) *[um] nós*"[75]. Esse "nós" que, apesar do "We the people" – observo – da Constituição americana, não representa o princípio da democracia, é evidentemente a base do mecanismo psicológico principal de coerção da sociedade burocrática, o da *culpabilização*[76]. Ele está presente mesmo fora do registro dos processos políticos. Gérard Duchêne, num texto de caráter

---

68. Idem, p. 52.
69. Idem, p. 100 e 136.
70. Idem, p. 65 e ss.
71. Idem, p. 68, 69.
72. Idem, p. 15.
73. Idem, p. 136.
74. Idem, p. 225, grifo de RF.
75. A. Soljenitsin, citado por C. Lefort, op. cit., p. 224, grifos de RF.
76. Ver C. Lefort, op. cit., p. 237.

146      A ESQUERDA DIFÍCIL

econômico, publicado em *Libre* (n. 7), citado por Lefort, observa que "a interiorização da repressão é uma dimensão mencionada muito raramente nos estudos econômicos sobre o cotidiano vivido pelos cidadãos soviéticos"[77]. Analisando "o descompasso (*clivage*) [...] entre a teoria e a prática [isto é, entre o que é legal e o que é ilegal], no plano da economia", Duchêne evoca a hipótese de uma vontade de "culpabilização social", observando que "para as autoridades é uma grande vantagem pôr todos os cidadãos fora da lei"[78]. Nem em democracia, nem no despotismo, a culpabilização tem esse papel. Acho que também a propósito deles e de outras formas sociais seria preciso estudar o " tipo de personalidade"[79] correspondente, um pouco à maneira da teoria política antiga e clássica (Platão, Montesquieu). A meu ver, o privilégio do "nós" ajuda, por outro lado, a entender o que contém de verdade o tema do "movimento" em H. Arendt (o das leis de movimento que dominam ou inspiram as sociedades totalitárias). A legitimidade a que faz apelo o poder burocrático é a de um *projeto* e, portanto, a de um *processo* (o que não exclui – pelo contrário, implica – o caráter ilusório de um e de outro). E "projeto" entende-se aqui como projeto *contra* alguma coisa, sendo essa coisa o capitalismo, ou antes, uma fantasmagoria dele. A *perversão da crítica* é certamente um traço fundamental da ideologia burocrática[80]. Acrescentaria ainda: o nós é, por outro lado, o fulcro de uma operação que aparece como a caricatura do contrato clássico. Aqui não se alienam todos os direitos naturais em troca da sua plena restituição como direitos civis (o que significava no fundo só uma "supressão", em sentido hegeliano, dos primeiros), alienam-se todos os direitos; o que vai mais longe também do que a variante hobbesiana, onde desaparece a "restituição", mas que, além de ter como conseqüência subtrair o indivíduo à contra-dição autodestrutiva do "direito natural", exclui explicitamente do pacto o sacrifício da própria vida. É também no sentido da oposição ao contrato clássico que vai o tema recorrente, no livro de Lefort, da relação *dual* e da recusa de todo terceiro, como dominantes no mun-do burocrático. Eu diria que na base da leitura burocrática, tanto da realidade *internacional* como da realidade *nacional*, encontra-se uma *lógica política de terceiro excluído*, talvez a matriz ideológica funda-mental para descrever os desvarios – "de esquerda" – do século, "em todos os registros da vida social se estabelece uma relação dual entre o representante da autoridade pública e o cidadão"[81]. "Não é a primeira vez que a dimensão do *outro* se acha se não abolida – como poderia

---

77. Gérard Duchêne, citado por C. Lefort, op. cit., p. 237.
78. Idem, ibidem.
79. C. Lefort, op. cit., p. 137.
80. Ver idem, p. 102, sobre "a exploração ideológica do marxismo".
81. Idem, p. 220.

sê-lo? – pelo menos apagada?"[82]. "Em democracia, a presunção de inocência, o direito à defesa que tem o acusado [...] a autoridade do juiz enquanto *terceiro* acima das partes [...] essas regras derivam da natureza do regime"[83].

Essa temática se articula por sua vez com a questão do imaginário e do simbólico, "um dos pontos mais difíceis da reflexão sobre o comunismo"[84]. "Num certo sentido – escreve Lefort – pode-se falar de eficácia simbólica [do poder burocrático], em outro, de uma dominação (*emprise*) do imaginário"[85]. Esses dois pólos – na situação geral, sem dúvida – "parecem se contradizer". Mas a sua relação se apresenta como um "enigma" na sociedade burocrática. De fato, há por um lado "relações regulamentadas (*reglées*) entre os grupos e os indivíduos"; de outro, há o "fantasma" do "Uno" que denega furiosamente "a divisão social"[86]. O dilema nos conduziria ao "limite do nomeável": como falar em simples fantasma se há instituições legais, porém o que são essas instituições se a sua "idéia" só nos é dada "pela coação (*les contraintes*) que ela impõe?"[87]. Toda dificuldade – eu observaria – está em que também em democracia há alguma imbricação entre o simbólico e o imaginário, enquanto que, no despotismo, o *real* e o simbólico se interpenetram. Qual a especificidade da versão burocrática da imbricação (ou qualquer que seja a natureza do relacionamento) entre o simbólico e o imaginário? Retomando a idéia de uma dupla instância, o comunismo burocrático parece se caracterizar – no que se refere ao problema – por dois momentos ou movimentos. Pelo menos no auge do sistema ocorre, por um lado, à maneira do poder despótico, uma simbiose do simbólico e do *real*. Em primeira instância, o chefe é o centro de onde emanam as "leis". Mas, em segundo lugar, como justificadamente insiste Lefort, o chefe age sempre em nome do partido. Ora, que é o partido (em termos de simbólico ou de imaginário)? Mais do que imbricação do *real* e do simbólico, o partido – ao mesmo tempo instituição e Sujeito de um projeto histórico e transhistórico que se impõe a todos – é antes uma imbricação de simbólico e imaginário. De novo aparece – sob outra forma – o "silogismo burocrático". Aqui, os termos são real, simbólico e imaginário, e a especificidade do regime não está evidentemente na presença deles, mas na sua forma de imbricação. Como distingui-la daquela que encontramos na democracia? Em primeiro lugar, já vimos, não há, na democracia, imbricação entre o real e o simbólico: a separação entre esses dois elementos lhe é constitutiva. Em segundo lugar, se o simbólico e o imaginário se comunicam de algum modo,

82. Idem, p. 187.
83. Idem, p. 219.
84. Idem, p. 185.
85. Idem, ibidem.
86. Idem, ibidem.
87. Idem, ibidem.

148 A ESQUERDA DIFÍCIL

eles não o fazem como no interior do universo burocrático. Digamos que na democracia um se *interverte* no outro (ou mais precisamente, a ordem democrática se interverte em dominação; o bloqueio dessa interversão, que o próprio sistema segrega, produz a ideologia). Na sociedade burocrática, simbólico e imaginário como que se imbricam imediatamente. Por isso, a crítica da ideologia burocrática não pode consistir em mostrar a interversão do simbólico no imaginário, como faz a crítica da ideologia capitalista; ela deve mostrar, diferentemente, como o simbólico *se investe* no imaginário (e vice-versa), para constituir a ideologia do "modo de dominação" de uma nova camada dominante. O que revela, num mesmo movimento, como na sociedade burocrática o tema crítico da interversão, petrificado, passa a ser peça essencial do imaginário ideológico.

O sistema totalitário comunista – Lefort observa – parece resistir a "toda análise em termos puramente políticos (em sentido estrito), assim como a toda análise em termos puramente econômicos ou sociológicos"[88]. "O fenômeno foge [...] da perspectiva do historiador, como da do sociólogo ou do economista"[89]. *A Complicação* é uma tentativa de articular essas várias dimensões do fenômeno, e assim – com o perdão da tautologia – complicá-lo. Há uma passagem nas páginas finais do livro que poderia resumir, até certo ponto, tanto os resultados da análise como os obstáculos que ela se dispôs a enfrentar. Fazendo remontar as origens do totalitarismo comunista ao partido de estilo radicalmente novo fundado por Lênin, Lefort escreve no último tópico do seu livro:

> O partido de um gênero inédito que surge na Rússia no início do século [...] não é o produto da imaginação de Lênin, embora se lhe deva reconhecer o "gênio" de ter captado em uma conjuntura o sentido de uma aliança de contrários, de ter dado passagem à concepção de um *despotismo sem déspota*, de uma *democracia sem cidadãos*, de um *capitalismo sem capitalistas*, de um *proletariado sem movimento operário*, de um *Estado sem uma armadura de direitos que lhe sejam próprios*, enfim, de ter introduzido o esquema de uma sociedade totalmente articulada segundo o princípio da racionalidade de organização, e ao mesmo tempo totalmente incorporada, segundo o princípio da identificação do indivíduo à comunidade[90].

O livro de Lefort, que se situa na linha de outros trabalhos do autor sobre a burocracia, é um belo texto. A obra em que ele se insere representa, com algumas outras, o melhor do que se escreveu sobre o tema no século xx. Porém, no final da leitura de *A Complicação*, tem-se a impressão de que, embora introduzindo elementos essenciais, o livro fica um pouco aquém da apresentação de uma verdadeira teoria do poder burocrático. Seria pedir demais? Mas a recorrência dos temas, se posi-

88. Idem, p. 183.
89. Idem, p. 186.
90. Idem, p. 251, 252, grifos de RF.

O COMUNISMO DIFÍCIL

tiva e construtiva, oculta também – o autor, de resto, não o esconde – um certo impasse diante da resistência do objeto.

Tentando organizar o que poderiam ser as dificuldades do texto, diria que elas aparecem tanto no plano da crítica a Furet e Malia (não discordo dessa crítica, mas a "estratégia" assumida não me convence inteiramente) como num plano mais geral. Lefort se preocupa, e com razão, em pôr em xeque o esquema genético dos dois autores. Como vimos, segundo eles, o comunismo burocrático "viria" do socialismo marxista que por sua vez derivaria do ideal democrático da igualdade, e de um modo mais geral, da filosofia das luzes. Como vimos também, Lefort desconfia "das soluções de uma simplicidade surpreendente"[91], para as quais a desastrosa experiência russa derivaria da utopia de uma "sociedade inteiramente igualitária", utopia que em última instância seria o produto "da filosofia iluminista"[92]. Se por um lado o autor recusa as fórmulas do tipo, "o comunismo" surge do "flanco da democracia para descer a rampa do igualitarismo até a sua queda final"[93], em escritos anteriores, ele admitira que o totalitarismo só é inteligível no quadro histórico geral da revolução democrática, e só se explica, "se compreendermos a relação que ele tem com a democracia"[94]. Mais do que isto: "[O comunismo] surgiu [da democracia] [...] ele a derruba (*renverse*, também "interverte"), apropriando-se ao mesmo tempo de alguns de seus traços e lhes dando um prolongamento fantástico"[95]. Aproximamo-nos do que é decisivo. O que há de inteiramente justificado no procedimento crítico de Lefort é, a meu ver, o questionamento "da tentativa de restabelecer a *continuidade* de um trajeto ideológico" que "violenta a história das idéias" (e com isto perde de vista a radicalidade do chamado regime soviético)[96]. A dificuldade do esquema genético de Furet e de Malia está na *continuidade*. Mas há aí um problema. Preocupado, justificadamente, em contestar a legitimidade do esquema continuísta (que apesar desta ou daquela advertência dos autores parece ser a linha mestra do trabalho deles), Lefort acaba, se não cortando, aparando demais, a meu ver, o fio que une o comunismo burocrático ao seu lugar de origem (ou, como se verá, aos seus lugares de origem), o que compromete afinal a possibilidade de uma teoria mais precisa sobre a gênese e, a partir desta, sobre a essência do sistema. Diria assim que se Lefort tem inteiramente razão quando invalida a série *contínua* socialismo marxista – bolchevismo – stalinismo, ou ainda Luzes (ou, filosofias revolucionárias do século XVIII) – socialismo marxista – bolchevismo – stalinismo, – pelo modo mesmo pelo qual

91. Idem, p. 139.
92. Idem, ibidem.
93. Idem, p. 244.
94. C. Lefort, L'image du corps et le totalitarisme, em *L'invention démocratique*, citado em *La complication*, p. 74.
95. Idem, ibidem.
96. C. Lefort, op. cit., p. 256, 257, grifo de RF.

150 A ESQUERDA DIFÍCIL

contesta (explico-me em seguida), ele não vai suficientemente longe na análise do "problema"[97] que está contido nessa sucessão. A recusa da continuidade não deve impedir que se *pense* a sucessão, digamos, como série *possível* (Lefort só tematiza realmente o último movimento). Propô-la como problema não exclui *a priori* nem descontinuidades na ordem genética, nem novidade radical no plano estrutural.

Iria mais longe, e aqui aparece um elemento curioso: a convergência que, *malgré lui,* se descobre, creio eu, entre as bases da crítica de Lefort e os fundamentos dos autores que ele critica, Furet pelo menos. É que, além da exigência de uma verdadeira problematização das relações entre projeto socialista e burocratismo, seria necessário estudar mais de perto as relações (o que também não prejulga uma resposta continuísta) entre burocratismo e *capitalismo*. Aqui surge a dificuldade. Se Lefort se refere algumas vezes ao capitalismo e ao capital[98] – ele indica mesmo, como foi visto, o que a sociedade burocrática tiraria do capitalismo (*mas* "dissociado" *da democracia*) –, o *outro* da sociedade burocrática (no século XX) aparece essencialmente, como em Furet, sob o modo da "democracia liberal"[99], da "democracia"[100], das "sociedades democráticas"[101], da "democracia moderna"[102] etc. Não quero dizer com isto, que, à maneira dos marxistas (ou do marxismo corrente), deva-se substituir os termos "democracia", "democracia liberal", "sociedade democrática" etc. pelo termo "capitalismo", como se os primeiros designassem puras formas. O que proponho (e não é difícil mostrar que a questão não tem nada de simplesmente terminológica) é que, para designar esse "outro", não se fale *nem simplesmente de* "democracia"*, nem apenas de* "capitalismo". O conceito que se impõe é, ao meu ver, o de "democracia capitalista", o qual, no limite, é sem dúvida um *oximoro* [expressão que contém elementos contraditórios], mas oximoro objetivo, e que por isso mesmo indica melhor do que qualquer outro a *essência contraditória* do sistema. Lefort alude sem dúvida à "contradição" do regime burguês "que reivindica princípios universais e por isso atiça as reivindicações sociais"[103], mas o faz *en passant* e não com muita profundidade. Quanto aos marxistas, eles indicam as contradições do regime, *mas não o nomeiam enquanto contraditório*, por razões que discutirei em outro lugar. Nos dois casos separa-se [de fato] democracia de capitalismo, o que pode se justificar *e se justifica no interior de um projeto* – projeto que, diga-se de passa-

97. Idem, p. 30.
98. Idem, p. 13, 71, 162, 255.
99. Idem, p. 199.
100. Idem, p. 219, 246.
101. Idem, p. 25.
102. Idem, p. 256.
103. Idem, p. 80.

O COMUNISMO DIFÍCIL 151

gem, o liberal Furet contestava[104] –, mas é inadequado, *por uma razão ou pela razão contrária*, para *descrever o objeto* [na sua compósita forma atual]. E por que isso seria importante? Porque, a meu ver, para fazer uma teoria (ou, preferindo, uma apresentação) das formas sociais – Lefort critica as "tipologias"[105] e toma distância em relação à "teoria da história"[106], mas não abandona a "idéia" de história[107] – assim como para estudar a genealogia do projeto socialista e, "através" dele, a genealogia da ideologia burocrática, precisamos de uma apresentação rigorosa do capitalismo. Duas observações: 1) Em boa parte desse texto mantive-me, voluntariamente, no interior da conceituação que agora indico como insuficiente; só num movimento final introduzi o problema da ideologia em democracia capitalista; 2) O recobrimento da democracia capitalista pela idéia de simples "democracia" é, a meu ver, a peça mestra do que há de ideológico no livro de Furet (livro que de resto tem os seus méritos). A posição de Lefort é eminentemente crítica, como demonstra no final do livro em seu acerto de contas com o "liberalismo econômico" e suas considerações sobre o papel das correntes socialistas na formação das sociedades ocidentais[108]. É a *análise* teórica – a da burocracia em particular – que sofre com o discurso sobre a simples democracia.

O que estou sugerindo é um terceiro caminho entre uma análise continuísta e uma espécie de recusa de toda genealogia que não seja a que combina despotismo ou semi-despotismo "asiático" (mais o lado "sombrio" do movimento socialista, porém visto quase exclusivamente naquele quadro) e rasgos capitalistas dissociados da democracia. A meu ver, desde que se parta de uma caracterização suficientemente rigorosa da democracia capitalista, poder-se-ia explorar *como um campo de possíveis*, tanto a matriz democrática como o que vai surgir a partir dela, o projeto socialista. E isto tanto no plano da gênese como no da *apresentação diferencial das formas*.

Alguns sintomas das dificuldades fundamentais. Vimos que Lefort não acredita que o comunismo seja simplesmente uma ilusão do *passado*. "O comunismo pertence ao passado; mas a *questão* do comunismo permanece no centro (*coeur*) do nosso tempo"[109]. Mas o que significa conservar a *questão*? A resposta de Lefort passa sem dúvida por Hannah Arendt: segundo ela, com o comunismo, "ultrapassou-se um limiar (*seuil*)"[110], resposta que se situa num plano antropológico, ou preferindo, histórico-antropológico. Mas tratar-se-ia – se ouso dizer – só disto? A

104. Ver seus escritos póstumos.
105. C. Lefort, op. cit., p. 186.
106. Idem, p. 251.
107. Idem, p. 26.
108. Idem, p. 256.
109. Idem, p. 5, abertura do livro.
110. Idem, p. 257.

152 A ESQUERDA DIFÍCIL

alternativa burocrática enquanto possibilidade não seria ainda, ela mesma, atual? E não me refiro apenas à China, que Lefort menciona[111], ou ao caso cubano. Tenho a impressão de que esse tipo de pergunta só poderia ser respondido por uma análise muito mais cerrada das relações burocratismo/socialismo e socialismo/capitalismo. O mesmo problema aparece sob a forma de uma questão mal resolvida pelo livro (e que deixei em suspenso), a do suposto caráter "temporário" ("digressivo") da burocracia. Esta tese é recusada por Lefort. Mas se sobrou apenas a *questão* do comunismo, e como questão histórico-antropológica, não se vê bem o sentido, ou pelo menos o alcance, da recusa. Creio que também a esse respeito, e se trata do mesmo problema visto de um modo um pouco diferente, a origem primeira da ambigüidade se encontra nas dificuldades indicadas.

Há uma outra questão, essencial, mas que não introduzo como crítica ao livro senão de maneira secundária, porque Lefort alude a ela[112], embora não insista suficientemente. É que nem o estudo da gênese do bolchevismo nem a crítica estrutural dele podem ser feitas de modo pertinente, sem que se considere o seu *contrário inseparável*: a *política* – não *da* socialdemocracia (nem de Kautsky, quaisquer que tenham sido as suas fraquezas em 1914) – mas *da direção e da maioria* do partido socialdemocrata oficial. O interesse em considerar conjuntamente os dois fenômenos, como já o faziam o *jovem* Trótski e Rosa Luxemburgo (também à sua maneira Kautsky, a partir de 1916/1917) é múltiplo: *histórico*, como assinala Lefort, pois a capitulação diante do nacionalismo e da guerra por parte da direção socialdemocrata forneceu uma arma poderosa ao bolchevismo; *teórico*, pois a consideração conjunta das duas "perversões" ajuda-nos a entender o sentido da história do século; e *político*, pois esta é a única maneira de evitar, mesmo e talvez sobretudo entre nós, que a grande corrente em crescimento da crítica do bolchevismo venha a desaguar nas águas turvas das pseudosocialdemocracias – não me refiro às européias – capitulacionistas. O capitulacionismo se alimenta da crítica do bolchevismo, assim como o neobolchevismo, sempre vivo entre nós, não conhece outra melodia que não a da crítica ambígua – porque mistura coisas diferentes – do "reformismo". O mérito de Lefort, como o de Castoriadis, e no plano da política teórico-prática, o do jovem Trótski, de Rosa Luxemburgo, e sem dúvida também do internacionalista Martov, é o de não ter transigido nem diante de um nem diante de outro.

Pelo tamanho das questões que suscita, e por seu próprio porte teórico – o leitor deve ter sentido –, *La complication* é um texto que exige mais do que uma *resenha*. Tentarei retomar tudo em outro lugar. Caso as críticas aqui esboçadas se confirmem, não será um lugar

111. Ver por exemplo, idem, p. 36.
112. Ver idem, p. 253, 116, 140.

O COMUNISMO DIFÍCIL

comum dizer que o que falta deverá também ser posto na conta da fecundidade desse livro, que se lê – como diziam, de outros, em passagens famosas... Malebranche, e muito depois Lévi-Strauss – "com o coração batendo muito forte".

## POSFÁCIO (2005):

Se compararmos a teorização do "totalitarismo burocrático" que apresenta Lefort com a que tentei nos textos anteriores ("Totalitarismo", "Trótski, a Democracia e o Totalitarismo" etc.), ver-se-á que Lefort, a exemplo de Hannah Arendt, não considera o totalitarismo burocrático como uma forma de "despotismo". Em geral, ele não chama o dirigente-autocrata desses regimes de déspota, reservando essa denominação para os casos clássicos. De minha parte, usei, algumas vezes, o termo despotismo, porém mais freqüentemente neodespotismo. A rigor, precisaríamos de um termo novo. Na realidade, se o autocrata dos regimes totalitários modernos é, em termos gerais, um "guia" (no sentido de que há sempre certa aura em torno dele), a figura desse guia é variável, ora mais próxima de um *duce*, de um "condutor" (Hitler mas também Castro), ora mais próxima de um "déspota" (Stálin, Mao). Essa variação é uma das dificuldades que se encontra quando se tenta nomear o regime a que esta figura vem ligada. Testei alguns neologismos, mas eles não são satisfatórios. No intervalo, neodespotismo pode servir, sem dúvida, mas como uma denominação provisória. [O conceito utilizado por Hannah Arendt, autora que representa sem dúvida a referência principal nessa matéria, é, como se sabe, precisamente, o de totalitarismo. O termo tem a vantagem de distinguir, radicalmente, uma forma, que é nova, das formas anteriores que de algum modo se lhe aparentam. Mas, pelo menos se utilizado no singular, o termo tem, talvez, o inconveniente de homogeneizar demais o comunismo e o nazismo, e, de algum modo, de cristalizar essa nova forma a qual – se é lícito exprimir-se assim em relação a um fenômeno que custou tão caro à humanidade – como que "passa" pela história. De minha parte, se utilizei o termo totalitarismo – termo de qualquer modo muito importante, e injustamente rejeitado durante muito tempo, por razões mal fundadas – pareceu-me necessário duplicá-lo com outras denominações, mais analíticas]

# 7. O Zero e o Infinito*

O livro reúne artigos publicados pelo autor entre 1997 e 2001. Tratam de política e de cultura: da "fratura brasileira", de Marcuse, da cultura e da barbárie, das ONGs, do *Manifesto Comunista*, dos movimentos de 1968... e, *not the least*, do governo Lula. O texto é muito elaborado do ponto de vista teórico, e articula, de um modo muito animado, na forma como no conteúdo, política, filosofia e crítica da cultura. Como resultado tem-se algumas análises críticas muito ricas e informadas sobre assuntos como a emergência da nação e o nacionalismo, a cidade ou a imprensa no capitalismo mais recente etc. Ao mesmo tempo há, no interior mesmo do campo de visibilidade do texto, uma zona cega. O discurso hipercrítico que o livro oferece é, em medida considerável, um discurso acrítico. A tese geral do texto poderia ser resumida por uma expressão de um historiador citado pelo autor: "século marxista"[1]. Século marxista, o XX é claro, significaria duas coisas: que a história do século XX teria correspondido muito bem ao que Marx pensava da história contemporânea (e talvez ao que ele imaginava seria o século seguinte ao seu), e que o marxismo, por isso mesmo, forneceria o melhor aparato conceitual para pensar esse objeto. Ora, e esta é a dificuldade principal do livro, se é verdade que o curso do capitalismo parece seguir, em grandes linhas – não em detalhe –, a

---

*. À propósito de Paulo Eduardo Arantes, *Zero à Esquerda,* São Paulo: Conrad Livros, 2004.

1. Idem, p. 36.

156 A ESQUERDA DIFÍCIL

direção que Marx havia suposto, há muita coisa no século (cuja história não é aliás apenas a do capitalismo) que não "bate" com o pensamento marxiano e vai mesmo na contramão daquilo que Marx imaginara. Bem entendido, nesses fenômenos (pense-se na ditadura stalinista, incluindo fome camponesa e grande terror, na ditadura maoísta com o catastrófico "grande salto para frente" e a assim chamada Revolução Cultural, no genocídio cambojano etc.), o marxismo aparece, de algum modo; mas aparece como ideologia (enquanto consciência falsa), o que significa o contrário do que a expressão "século marxista" pode sugerir. Difícil supor que o surgimento de neodespotismos burocráticos de tipo igualitarista esteja em convergência com a perspectiva que Marx poderia ter, e de fato teve, para o século que lhe sucedeu. Ora, sendo assim, o verdadeiro retrato do século xx não é "marxista", muito embora seja falso afirmar – erro oposto, cometido por parte do pensamento europeu – que a crítica marxiana não nos ensine nada sobre o que se passou. Bem entendido, é sempre possível compreender o século como "século marxista", mas o preço que se paga por esse entendimento é muito alto: os objetos são devorados pelo *maelstrom* das categorias marxistas, perdem sua especificidade e figura própria, e se tornam irreconhecíveis. Ao privilegiar esses temas, espero não ter sido vítima daquela "obsessão anticomunista" (sic)[2], que o autor imputa a Claude Lefort: a minha tese é a de que o segredo do livro de Arantes está nesses objetos em parte não tematizados. Pergunto-me mesmo se, com algumas exceções, não se toca aí numa insuficiência da tradição crítica brasileira, insuficiência que dificulta também a compreensão do Brasil.

Aqui se objetarão duas coisas, uma sobre o autor e outra sobre o objeto. Dir-se-á em primeiro lugar que a perspectiva de Arantes não é simplesmente marxista, que ele introduz, e de maneira explícita, elementos críticos. Em segundo lugar, observar-se-á que, se houve ditaduras despótico-burocráticas igualitaristas, elas parecem estar em processo de extinção. As duas objeções exigiriam um desenvolvimento mais longo. Se Arantes toma distância em relação ao marxismo (e de fato também em relação a Marx), esse distanciamento é em parte insuficiente, em parte ilusório. Arantes se distancia de Marx a partir da crítica do progresso: o capitalismo se revela mais destrutivo e menos "progressista" do que Marx supôs[3] (além do fato de que a revolução parece hoje muito improvável). De acordo, mas esse tipo de observação que, em forma mais moderada, é a que se impôs em certos meios da extrema esquerda, é insuficiente enquanto ela não for capaz de dizer o que significa o fenômeno dos neodespotismos burocráticos "de esquerda" (para além das fórmulas fantasiosas do tipo "estado

2. Idem, p. 266.
3. Idem, p. 134, cf. p. 65.

operário degenerado" etc). Ora, Arantes fala muito pouco desses regimes, e quando fala (quase sempre *en passant*, utilizando fórmulas do tipo "horror stalinista" ou "socialismo de caserna" etc.[4]), o faz de tal modo que tais formas políticas, em princípio impensáveis a partir das vulgatas de esquerda dominantes, acabam sendo remetidas, por baixo do pano, aos esquemas que essas vulgatas propõem. Assim, se Arantes critica o leninismo e o stalinismo, ele o faz denunciando o "produtivismo modernizador"[5] ou "a acumulação primitiva em um só país"[6] ou "a transformação do marxismo em ideologia da industrialização retardatária"[7] e a "economia soviética de comando"[8]. Quanto à Revolução Russa, seguindo o que escreve um historiador, Arantes vê sua debilidade na "estratégia dos dois passos", "primeiro a conquista do poder e depois a transformação do mundo"[9]: "etapismo do marxismo ortodoxo soviético"[10]. Fórmulas que têm o defeito de deixar escapar o essencial, a análise da particularidade do neodespotismo burocrático igualitarista e, acima de tudo, a descontinuidade que ele institui em relação à história do desenvolvimento do capitalismo. Na realidade, eles são remetidos "sem mais" (ou com poucos "mais") à história do capitalismo. Afinal é esse o estatuto que tem o chamado "socialismo real" no texto de Arantes: momento da história do capitalismo[11]. Para se ter uma idéia de até onde vai essa tese, leia-se esse trecho um pouco surpreendente:

> Num certo sentido, as crises ficaram mais claras: não é muito difícil se convencer de que doutrinas políticas, sistemas filosóficos, códigos jurídicos e assemelhados não podiam mais ofuscar a verdade enunciada pela fórmula trinitária do Apocalipse da *civilização capitalista*: Auschwitz, *Gulag*, Hiroshima, a simbiose entre forças produtivas, servidão e extinção[12].

Assim, o Gulag – um Auschwitz-capitalista também deveria ser discutido, mas vamos ao que salta aos olhos – é incorporado sem mais à "civilização capitalista", é posto na conta do capitalismo. Um aluno de primeiro ano da tão mal-afamada ciência política não cometeria um

---

4. Idem, p. 122.
5. Idem, p. 145.
6. Idem, p. 146.
7. Idem, p. 148.
8. Idem, p. 245. Cf. também, p. 248, "stalinismo, horror modernizador".
9. Idem, p. 146, 147.
10. Idem, p. 249.
11. Resultado típico de quem não sai do modelo de Marx, modelo "progressista" apesar de toda complexização do progresso, e com privilégio abusivo da *sucessão*. O que não é socialismo, ou transição para o socialismo, só poderia ser capitalismo. Não há *tertius*. Tudo o que cair na rede da contemporaneidade, se não for socialista ou quase, só pode ser peixe capitalista. E isso, meio século depois das *Origens do Totalitarismo* de Arendt, dos trabalhos de Lefort, Castoriadis etc.
12. P. Arantes, op. cit., p. 229, grifos de RF.

158  A ESQUERDA DIFÍCIL

erro dessa idade. Paralelamente, as lutas contra os neodespotismos burocráticos são postas mais ou menos no mesmo plano dos movimentos anticapitalistas, dissolvendo as primeiras nos últimos. Assim, a queda do muro aparece como reprise dos movimentos de 1968[13]. Que os estudantes tchecos dissidentes chegando a Paris se escandalizassem com o trotskismo e o maoísmo dos manifestantes parisienses e com seu pouco interesse pela democracia, para não dizer mais, isso deve ser, para o autor, complicação historicamente desprezível.

A outra objeção é a de que, seja como for, o neodespotismo burocrático terminou o seu curso, e foi afinal reabsorvido pelo capitalismo, que hoje seria a única coisa importante. A esse respeito, duas observações. Primeiro, se aquele neodespotismo está de fato "em fim de linha" (a revelação do seu provável caráter transitório é certamente um ponto para certas leituras críticas de extrema-esquerda, mas quase o seu único ponto), ele não desapareceu de todo[14]. Restam alguns exemplares, e um deles, que é bom não esquecer, na América Latina (Sobre ele, praticamente nenhuma palavra no texto de Arantes. Observo *en passant* que um dos gurus do autor é Ignacio Ramonet, diretor do *Monde Diplomatique*, um homem que fez a proeza de ir a Havana para falar contra a falta de liberdade de imprensa... nos Estados Unidos [o episódio divertiu muito a imprensa européia]. Fidel Castro premiou o jornalista tão corajoso, editando-o a não sei quantos mil exemplares). Para além disso, o essencial é que, em vias de desaparecimento ou não, o neodespotismo burocrático marcou de tal forma o século XX, e marcou de tal modo a *história da esquerda,* que é impossível ter hoje uma perspectiva clara para o futuro, sem ter levado até o fim a reflexão sobre o que ele significou. O fenômeno da emergência dos neodespotismos burocráticos "comunistas" no século XX, lido como deve ser lido, a saber como alguma coisa que surgiu a partir da prática do "nosso lado" (e não como simples fenômenos em exterioridade ou "objetividade", em relação à prática da esquerda), tem de provocar, nessa mesma esquerda (e já provocou, salvo no Terceiro Mundo), uma verdadeira revolução na maneira tradicional de pensar. Dir-se-á de novo que Arantes está consciente disto porque fala dos impasses atuais: diz "que a política herdada chegou ao seu limite histórico"[15], que, segundo um crítico alemão que ele e seus amigos apreciam, "a emancipação negativa pela luta de classe [...] bateu no seu teto histórico"[16], que a "era das revoluções" terminou[17]; afirma que "estamos

13. Idem, p. 142.
14. Cf. idem, p. 116, "não existem mais regimes totalitários". Será?
15. Idem, p. 157.
16. Idem, p. 124.
17. Idem, p. 140.

O ZERO E O INFINITO

num limiar"[18], pergunta-se se o socialismo ainda tem algum futuro[19], e mesmo, afinal, o que é o socialismo[20]. Diz até que é preciso repensar inteiramente o socialismo[21]. Mas todas essas observações são de pouca utilidade, se, como dizem os franceses, "não varrermos à nossa porta". Na realidade, o discurso de Arantes pressupõe não apenas uma sociedade "reconciliada", mas uma sociedade sem nenhum tipo de abstração social. É desse ponto de vista ortodoxo que se articula a crítica. Já, por isso mesmo, intrinsecamente problemática, sua crítica é de pouca utilidade, enquanto continuar recalcando a especificidade do fenômeno despótico-burocrático, e – razão ou conseqüência disto – não fizer as duas operações necessárias para questionar a hegemonia do marxismo no movimento socialista, hegemonia que agora chega ao seu fim (é disto que se trata): 1) separar democracia e capitalismo encarando os dois objetos como coexistentes, mas não como mutuamente fundantes; 2) questionar a tese marxista de que a circulação simples, a economia de mercado, ou mesmo a simples existência da propriedade privada deve levar inevitavelmente, mesmo se por um processo contraditório, ao desenvolvimento, e ao desenvolvimento máximo, de relações capitalistas (isto é, separar – como possibilidade futura, sem dúvida – economia de mercado e propriedade privada, de um lado, e capitalismo ou capitalismo plenamente "desencadeado" de outro). Tanto essa última exigência como a anterior significam, em alguma medida, considerar como utópico o que Marx considerava como realista, e realista o que Marx considerava como utópico, em sentido mais ou menos pejorativo. Arantes se fecha tanto a uma coisa como à outra, como se fecha, no plano da política mundial, à idéia de que vai surgindo um esboço, frágil embora, de uma ordem jurídica internacional. Para ele, como para a Terceira Internacional, toda emergência de um "transcendental" na história é mera ideologia, a serviço do império. O resultado é muito negativo. Só num momento, ao se referir a um livro de Paulo Singer, publicado pela coleção Zero à Esquerda (que Arantes dirigia, e cujo nome serviu de título para este livro), ele enevera pelo que é criticamente essencial, e se refere em termos positivos à democracia: "socialismo e democracia para Singer são sinônimos. O sufrágio universal foi 'arrancado pelos de baixo. O Estado de Direito também é um implante socialista, também foi arrancado pelos despossuídos, pois o Estado liberal sempre foi oligárquico'"[22]. Muito bem. Mas se Arantes levar a sério essas palavras de Singer, o seu livro tem de ser reescrito.

18. Idem, ibidem.
19. Idem, ibidem.
20. Idem, p. 234, 235.
21. Idem, p. 295.
22. Idem, p. 296.

160 A ESQUERDA DIFÍCIL

Esses erros de perspectiva, para não dizer mais, têm conseqüências. Uma delas é a maneira pela qual Arantes lê o significado da chamada Escola de Frankfurt. Um dos motes do livro é o elogio de Marcuse[23]. Um dia "Marcuse será finalmente compreendido na sua verdadeira dimensão"[24]. Marcuse aparece como o verdadeiro herói da Teoria Crítica, aquele que encarnou melhor do que ninguém o lado revolucionário da Teoria e o movimento de 1968. Habermas é a ovelha negra. Adorno fica entre os dois. A idealização de Marcuse e do movimento de 1968, assim como a atitude em relação aos demais, mostra bem toda a fragilidade da construção de Arantes. Sobre a pretensa lucidez de Marcuse, lembremo-nos (ou não se sabe disto?) que lá pelo final da década de 1960, no meio do delírio criminoso da chamada Revolução Cultural, e alguns poucos anos depois do "grande salto para frente" que custou a vida de mais ou menos vinte milhões (é isso: vinte milhões, parece que a maior fome da história) de camponeses, Marcuse afirmava que o socialismo estava sendo construído na China e talvez estivesse sendo construído em Cuba (ou vice-versa, cito de memória), e afirmava a necessidade de um "ditador pedagogo" (idem). Dir-se-á que esse tipo de ilusão era corrente na época. Era, mas justamente o que faz os grandes pensadores, ou pelo menos os pensadores mais lúcidos, é a capacidade de "driblar" as unanimidades pseudocríticas. Ora, houve na época quem fosse capaz disso, precisamente Adorno (também Habermas, o Horkheimer do pós-guerra é uma outra história). Com relação a Adorno, Arantes, como toda uma faixa da extrema-esquerda intelectual brasileira, procede a uma espécie de "seqüestro". Pouco ou nada se fala do Adorno da última fase, o da *Dialética Negativa*, e o dos últimos ensaios, sobretudo o notável *Notas Marginais sobre Teoria e Pratica*[25]. Neste último, Adorno faz a crítica da violência (o que significa tomar distância em relação ao marxismo), rompe com toda visão maniqueísta, mas também monista da história – por exemplo, embora tomando posição contra a guerra do Vietnã, ele não esquece de dizer que "o lado de lá também tortura" – além de fazer uma crítica admirável do lado autoritário do movimento de 1968. Sabemos qual foi a atitude de Adorno diante desse movimento, e os problemas decorrentes (refiro-me à sua atitude geral, não a tal ou qual medida que tomou enquanto diretor do Instituto de Pesquisa Social). O tema "Adorno e 68" ou é omitido pelos nossos intelectuais de extrema esquerda, ou é referido como prova de decadência e da adesão final ao sistema por parte dos frankfurtianos. Ora, a meu ver, aí está uma das

---

23. Cf., entre outros, o texto "Recordações da Recepção Brasileira de Herbert Marcuse".

24. Idem, p. 153.

25. Ver *Marginalien zu Theorie und Praxis,* Theodor W. Adorno, *Stichworte: Kritische Modelle 2,* Frankfurt am Main: Suhrkamp, 1969.

coisas mais importantes do legado de Frankfurt. Esses escritos finais constituem o que há de mais interessante no que poderia ser chamado de a política de Adorno (ela existe, e está ligada essencialmente ao momento pretensamente vergonhoso da sua carreira). A denúncia do lado autoritário do movimento de 1968 (Habermas falou – tudo somado, com razão – em "fascismo de esquerda") tem de resto alguma coisa a ver com a compreensão que Adorno e Habermas tinham das sociedades ditas comunistas (incluindo sem dúvida – não me lembro de referências expressas, mas devem existir – a chamada Revolução Cultural, essa espécie de horror anarcodespótico – pedindo vênia para o oximoro que a realidade exige). Marcuse não compreendeu nada do que se tratava, e eu ousaria dizer... Arantes também não. Quanto aos escritos frankfurtianos dos anos anteriores, seria longo comentar: diria apenas que esses textos, em geral, são notáveis, mas que alguns deles, entretanto, só são utilizáveis hoje se forem lidos *cum grano salis* (pelo menos "em extensão"). É por exemplo o caso do famoso "A Indústria Cultural", texto brilhante, mas que, salvo erro, praticamente ilegitima o conjunto da produção cinematográfica até então (incluindo Chaplin e Orson Welles). A transposição dessa primeira crítica da cultura de Frankfurt para um modelo de crítica política "compacta" de um mundo globalizado, em que não se vê nenhuma possibilidade de saída, acaba transmitindo ao leitor, paradoxalmente, uma sensação de cumplicidade do autor com o seu objeto.

Em quê o livro de Paulo Arantes poderia servir para pensar a situação brasileira? Em muito pouco. O triste da atual situação brasileira no plano intelectual é que, diante de uma conjuntura que exige uma grande finura crítica, oferecem-se, com poucas exceções, só três tipos de discursos críticos: o que veicula o bombardeio crítico, sob muitos aspectos demagógico, da mídia; o dos partidários do antigo governo; e o da extrema-esquerda *quasi* niilista (ou neoleninista). Se cada um dos três diz algumas verdades, nenhum deles pode dar uma contribuição realmente importante e equilibrada. Digamos, voltando ao nosso autor, que os problemas que enfrentamos se situam na perspectiva da reforma, e reforma para Arantes é mais ou menos o equivalente ao demônio. Em quê um livro como o de Arantes nos ajudaria a definir um registro crítico fecundo (mais do que isto não seria exigível de um livro como o dele, mas o que se exige não é demais) como fundo para a reflexão sobre a atual situação econômica do país, reflexão que aparentemente não deve conduzir nem ao impasse da ortodoxia neoliberal, nem aos abismos da [simples] ruptura com os organismos financeiros internacionais? O livro de Arantes não nos ajuda a pensar o grande problema da esquerda atual, o da crise do modelo keynesiano. Defender e ampliar conquistas sociais sem repetir as soluções do Estado-Providência clássico é o desafio que enfrenta a esquerda mundial. Mas, para Arantes, não há, a rigor, desafio. O Estado-Providência e o keynesianismo foram

162 A ESQUERDA DIFÍCIL

parêntesis que se fecharam. Não haveria, assim, por que pensar nesse problema. Quanto à tese, defendida nesse contexto pelo autor, de que o capitalismo pós-keynesiano mimetiza o marxismo vulgar, ela tem alguma verdade, mas oferece dificuldades. Menos do que transparência, surgiu, creio eu, uma nova opacidade. No final das contas, o autor simplesmente nos remete de volta ao *Manifesto Comunista*, o qual, segundo ele – apesar do progressismo otimista a criticar – é "hoje muito mais verdadeiro do que há 150 anos"[26]. Com tudo isso, o livro acaba abandonando ao centro e ao centro-direita temas críticos importantes e jogando nos braços desses mesmos centro e centro-direita pensadores críticos de importância, Habermas por exemplo.

Os melhores textos de Arantes se situam lá onde, pelo menos em parte, ele filosofa[27]. Há também muitas tiradas expressivas engraçadas como a da burguesia compradora... de estatais, ou brilhantes jogos de oposição de idéias como o que ele faz em torno do nominalismo político de Mme Thatcher (que afirmou: "a sociedade não existe") em confronto com o realismo dos universais concretos da crítica marxiana. Já as *family jokes* e as referências infinitas às figuras do próprio grupo, incluindo uma "intervenção" da digitadora, dão um sabor ao mesmo tempo provinciano e elitista a um texto que, sem dúvida, não perdoaria tais tiques aos adversários. Em geral, tem-se a impressão de que a passagem do autor da filosofia à não-filosofia, passagem que ele descreve num dos textos – o que contém uma entrevista já publicada anteriormente em livro –, não foi muito bem-sucedida. Aliás, esse fracasso já se anunciava no tom antifilosófico que ele assumiu no primeiro momento da "transição". Às vezes me pergunto se finalmente Arantes não substituiu uma boa filosofia, a dos seus excelentes trabalhos de filósofo ou de historiador da filosofia, *ex professo*, por uma má filosofia, a que ele pratica atualmente enquanto teórico de um radicalismo em parte neomarxista, em parte niilista.

Entre a ortodoxia neoliberal e o vanguardismo arcaico (a barragem de fogo da mídia e os nostálgicos do governo anterior completam o quadro ou se inserem nele), um dia – espero – haverá lugar no Brasil para uma reflexão radical de esquerda democrática. Mas, para isso, é preciso fazer o que Arantes – sem dúvida um dos melhores intelectuais brasileiros – não quis ou não pôde fazer até aqui: estudar com obsessão empírica (que vai junto com a crítica) a história do século XX e do século XXI nascente, principalmente a história política; e, em especial, a história da esquerda. Por que nenhuma palavra ou muito pouco sobre a China, sobre a socialdemocracia, sobre a Europa, ou

26. Ver o texto "Nem Tudo o Que é Sólido Desmancha no Ar".

27. Ver por exemplo, a análise da nação e do nacionalismo, em conexão com Arendt, Habermas e a *Crítica do Julgamento* de Kant.

também sobre o terrorismo... ? Dir-se-ia que Arantes estudou tudo e sabe tudo, só não estudou o essencial. Só depois de feito esse estudo é que se pode apelar, se for o caso, para os esquemas explicativos gerais. Ou mais precisamente, em vez de praticar um discurso de subsunção, que enquadra "pela razão ou pela força" a história contemporânea no molde pré-fixado das categorias neomarxistas – o *Gulag* é capitalista, o muro de Berlim, segundo o guru alemão, também seria capitalista... –, é preciso verificar, depois de bem estudado o objeto na sua especificidade, em que medida os quadros teóricos tradicionais do pensamento da esquerda resistem à experiência crítica dos fatos. Refiro-me à esquerda brasileira, porque a européia, se tem seus defeitos, e graves, há trinta anos mais ou menos não carrega mais esse tipo de ilusão. Diga-se de passagem, os pensadores e jornalistas europeus que a nossa extrema-esquerda adota como ícones são em geral muito lidos... no Terceiro Mundo. Enfim, é preciso inverter o processo. Infelizmente, a força dos preconceitos, mesmo sobre os melhores, é forte demais.

## POSFÁCIO (2005)

1. O cerne da minha crítica, na linha do que observei em forma geral, na introdução, é a de que, se Arantes faz algumas análises pertinentes de problemas específicos, ou mesmo mais ou menos gerais, relativos ao capitalismo, essas análises ficam prejudicadas pelas insuficiências da sua perspectiva global teórico-política (teórico-prática). Esta oscila entre uma tematização clássica e uma não-tematização (a não-tematização vai, aliás, na direção da posição clássica). Com isso, o livro perde muito da sua força e pertinência, e, de certo modo, tem as suas análises particulares comprometidas. A insuficiência da perspectiva global teórico-prática é tanto mais grave, pelo fato de que ela se manifesta em parte em forma negativa, isto é, no fato de que a perspectiva global fica no registro de uma "não-tematização". Ao crítico que se dispuser a mostrar sua realidade e seus efeitos – a meu ver, o trabalho mais importante –, sempre se objetará que ele (o crítico) visa mal o objeto, porque se ocupa de um assunto de que Arantes *não* tratou. Mas o problema é o da natureza desse "não". A perspectiva global teórico-prática está e não está presente no livro de Arantes; e quando está, não se afasta suficientemente da perspectiva clássica. A quase presença tem uma função mistificante. Quem se limitar a comentar a crítica arantiana do capitalismo repõe esse silêncio, e de certo modo cai na armadilha do autor. Criticar o capitalismo sem pôr na mesa pelo menos um esboço do seu outro, ou dos seus outros, bons ou maus, já era uma insuficiência, digamos (em termos de "outros" eventuais), num discurso de esquerda do início do século XX. Hoje ele é um defeito maior. Eu ousaria dizer que uma enésima crítica do capitalismo, que

não venha acompanhada de uma crítica das sociedades burocrático-igualitaristas (em Arantes tem-se, em lugar disto, no máximo – além de pelo menos um erro grosseiro – um discurso em claro-obscuro sobre elas, que não exclui, o que é mais grave, uma certa cumplicidade com os seus ícones midiáticos), e que não venha acompanhada também pelo menos de algumas indicações sobre caminhos possíveis para uma política socialista para o nosso tempo – este o grande problema –, é mais mistificante do que iluminadora.

2. A certa altura digo que é preciso pensar uma relação de não-necessidade na passagem do extrato circulação simples ao extrato capitalismo enquanto capitalismo (Marx afirma ao mesmo tempo o caráter contraditório dos dois extratos, e a necessidade lógico-histórica da passagem de um ao outro). Ora, poderia parecer que o meu argumento é inválido, porque desmentido pela experiência histórica. De fato, a história do capitalismo no século XX e nesse início do XXI vai mostrando um processo constante de passagem da não-mercadoria à mercadoria, e da mercadoria ao capital. A mercantilização do mundo e a *capitalização* do mundo vão se impondo em escala crescente. Mas, pelo menos de uma perspectiva pós-marxista, as tendências que revela a história recente do capitalismo não são argumentos absolutos contra a configuração que deve ou pode ter o projeto socialista. Este projeto não tem que se inserir, necessariamente, nas tendências mais "radicais" do capital ou mais precisamente na "explosão" do sistema, como resultado destas tendências (mesmo se não renuncia à herança dos avanços técnicos realizados sob a dominação do capital). Por outro lado, há movimentos recentes de ordem socioeconômica que, de algum modo, vão na direção do projeto. São tendências até certo ponto marginais, do ponto de vista econômico, das quais se pode dizer, em certo sentido, que elas vão à contracorrente do capital. O melhor exemplo é o do desenvolvimento das cooperativas. Partir daí, entre outras coisas, no plano econômico, é *mutatis mutandis*, paralelo a fazer da democracia – embora na forma imperfeita em que ela existe sob o capitalismo – um ponto de partida político para o projeto socialista. Esses dois apoios servem a um projeto diferente da perspectiva catastrófica que o marxismo propõe.

# 8. A Teoria da Revolução do Jovem Marx*

Trinta anos depois da sua primeira publicação, em francês, e depois das traduções italiana, espanhola, inglesa e japonesa, *A Teoria da Revolução no Jovem Marx*, de Michael Löwy, aparece finalmente em português. O autor eliminou a parte final, que tratava da teoria da revolução depois de Marx, e acrescentou um prefácio recente, "Marx Está Morto?". Além de conter, no final, uma síntese sobre a política de Marx depois de 1848, o livro reconstitui com finura o processo pelo qual o democrata radical dos anos de 1842/1843 abandona um certo universo teórico e político, e se transforma no pensador e homem de ação comunista dos anos de 1845/1848. É essencial distinguir com precisão os momentos dessa mutação, o que os comentadores foram incapazes de fazer[1]. "A primeira fase", isto é, a da primeira mudança, é a da adesão ao "comunismo filosófico". A segunda "é a da 'descoberta'" do proletariado como classe emancipadora, mas "descoberta ainda filosófica"[2]. A terceira é a de "uma nova descoberta, concreta desta vez, do proletariado revolucionário"[3]. A quarta e última será a do "comunismo de massas", tal como ele é apresentado nas *Teses sobre Feuerbach* e na *Ideologia Alemã* (também no *Manifesto*). A idéia central será então, e

---

\*. A propósito de Michael Löwy, *A Teoria da Revolução no Jovem Marx*, tradução de Anderson Gonçalves, Petrópolis: Vozes, 2002.

1. Cf. M. Löwy, op. cit., p. 106 e 152.

2. Idem, p. 92.

3. Idem, p. 94.

166 A ESQUERDA DIFÍCIL

este é o *leitmotiv* da obra, a *autodeterminação* do proletariado. Porém o livro não pretende reconstituir apenas um processo de idéias. A sua originalidade é juntar a história das idéias com a história social. Nesse sentido, além do papel auto-educativo da atividade de Marx no quadro dos grupos revolucionários, uma importância considerável é atribuída à insurreição dos tecelões da Silésia (junho de 1844) que teria sido o "catalisador"[4] da mutação de Marx. Defrontamo-nos aí com o difícil problema de compor o tempo da teoria ou o do discurso em geral, e o tempo da história "concreta", principalmente como história das lutas. Löwy pretende, por meio desses elementos, explicar a "evolução" de Marx, não, entretanto, indicando as condições necessárias e suficientes para a eclosão dos "efeitos", mas apenas as condições necessárias (as duas juntas são como que o limite da pesquisa)[5]. O que ele faz – e é muito – é uma rigorosa reconstituição dos elementos da história social (e da história ideológico-prática), que envolvem a história de vida do indivíduo Marx[6]. Ele vai mais longe na análise extremamente fina da noção de "partido" no *Manifesto*[7], que remete a uma prática de construção de um partido (comunista) dentro de um partido (do proletariado). Löwy utiliza no essencial, os *conteúdos* dos discursos, não o que poderíamos denominar a *forma* deles. Explico-me: não há propriamente *mise en rapport* (articulação) de estruturas teóricas (em sentido estrito) com estruturas históricas. Se ele fala em "totalidade", no plano teórico o conceito se resolve na categoria perigosa porque vaga e hiperabrangente de "concepção do mundo" (*Weltanschauung*). Sei que é cômodo dizer o que *poderia* ser feito. Mas, para dar um exemplo, um texto como a "Introdução à Crítica da Filosofia do Direito de Hegel" apresenta-se como um movimento de passagem a registros diferentes com índice temporal (antes da revolução burguesa, depois dela) e espacial (Alemanha, França). Esse jogo de estruturas espaciais e temporais com *limites* poderia talvez ser articulado com os deslocamentos reais do indivíduo Marx, ou com a articulação efetiva dos tempos e dos espaços na história que lhe é contemporânea. Isto para dar um começo de resposta ao problema, de solução possível dentro de certos limites, de como integrar um tipo de leitura cujo elemento não é a filosofia, mas a história social das idéias, com as leituras mais especialmente filosóficas, dominantes no Brasil.

A história (uma pré-história) das figuras político-teóricas pelas quais passa Marx culminaria com o momento da *Ideologia Alemã* e das *Teses sobre Feuerbach* que têm por isso mesmo um caráter "de

4. Idem, p. 134.
5. Idem, p. 29.
6. Ver, por exemplo, a reconstituição da origem social dos quadros das associações comunistas de 1838 a 1847 (p. 117) e, mais adiante, a da totalidade dos membros da *Liga dos Comunistas* (p. 206, 207).
7. M. Löwy, op. cit., p. 214 e ss.

A TEORIA DA REVOLUÇÃO DO JOVEM MARX                    167

autocrítica"[8]. Mas, sem que se negue a importância política e teórica do
que vem depois, não se deixa espaço para pensar uma possível autocrítica dessa autocrítica. Os textos de 1845 se inscreveriam assim
como *terminus* de um movimento cujos primeiros momentos são as
fases acima assinaladas. Mais precisamente: essas duas primeiras fases – deixando de lado o "grau zero", o do radicalismo democrático – poderiam representar em conjunto o primeiro momento, o do
comunismo filosófico, de estilo subjetivizante, ao qual sucederia como
primeira "negação", o momento objetivista "materialista-metafísico"
da *Sagrada Família*. As *Teses...* e a *Ideologia Alemã* seriam "a 'negação da negação'", reconstituindo "a unidade entre teoria e prática"[9].
Ora, se o esquema não é sem justificação, ele não deixa de oferecer
dificuldades por causa do seu ponto de chegada. Seria fácil mostrar, e
creio já tê-lo feito, o quanto o universo lógico da *Ideologia Alemã* se
separa do *Capital* e dos *Grundrisse*. O radicalismo antifilosófico da
etapa 1845/1846, quando por exemplo noções como as de "substância"
são denunciadas como entulho filosófico, vai a contrapelo do discurso
dialético da maturidade, onde, por exemplo, o trabalho abstrato será
dito *substância* do valor. Se da *Ideologia Alemã* e das *Teses...*, aos
*Grundrisse* e ao *Capital*, é a articulação interna e o estatuto "externo" da teoria que se alteram, isso tem conseqüências também para a
política. Resumindo diria que se o universo de 1845/1846 pode ser
considerado como um progresso e como a unidade dos dois momentos
indicados, ele não concede à teoria o lugar que lhe cabe, a saber, o de
uma "região" que se constrói em *descontinuidade* com os "discursos
práticos". A teoria é pensada, ali, pelo contrário, em continuidade com
o movimento da práxis, diluindo o teórico no tempo histórico (deve-se
recusar também a tese oposta, "anti-historicista", e propor um caminho
complexo de descontinuidades e continuidades entre os dois registros).
Isto corresponde a um segundo problema, o da natureza e valor dos
momentos do pensamento de Marx.

Para além desta questão, resta o problema mais geral do marxismo,
o de Marx, como o dos herdeiros (considero primeiro só um aspecto).
Mesmo se parece excessivo introduzir tal discussão a propósito de
um livro escrito por um jovem no início dos anos de 1960, o tom não
acadêmico do livro (que coexiste com a meticulosidade de um *scho-
lar*), e também o teor do prefácio, a legitimam. A obra se apresenta
como uma "análise marxista da gênese do próprio marxismo"[10]. O que
significa aceitar um certo número de pressuposições – no sentido usual
do termo – substantivas, as quais durante anos representaram o fundo
inabalável da consciência da esquerda. No essencial, a suposição de

8. Idem, p. 174.
9. Idem, p. 161.
10. Idem, p. 25.

168    A ESQUERDA DIFÍCIL

que há uma afinidade entre o proletariado e o comunismo, e de que por isso mesmo a política marxista é a mais apta para levar a bom termo a luta do proletariado. Seria preciso repensar tudo isto. Minha impressão é de que o papel da política marxista, digamos desde o momento em que Marx e Engels adquirem um mínimo de influência sobre as organizações políticas até o ano de 1917 (o que vem depois exige um diagnóstico particular), é contraditório. É evidente que Marx e Engels imprimem às práticas políticas uma perspectiva de ruptura com o antigo utopismo e "sectarismo" (um dos temas do livro), o que foi positivo. Mas ao mesmo tempo eles tomavam como evidência que o "destino", a "vocação" (*Bestimmung*) do proletariado, é a construção do comunismo (Na esteira da tradição lukacsiana, Löwy apela para o conceito muito frágil de "consciência adjudicada", para dar conta da distância entre a consciência de fato do proletariado num momento dado e a consciência comunista que lhe conviria). Ora, não só, como observou Lefort, seria o caso de lembrar que as grandes lutas do fim do século XIX e da virada do século XX ter-se-iam travado em geral em torno de objetivos democráticos ou de reforma social (entenda-se, sem que a visada do comunismo, mesmo como objetivo último, estivesse presente), como também se poderia perguntar em que medida a bandeira do comunismo teve, nesse período, um impacto positivo sobre o destino dessas lutas.

O prefácio nos conduz, finalmente, à atualidade. Em torno dele se situa o quarto e último núcleo de problemas: os do marxismo hoje, com todas as suas implicações teóricas e políticas. Escrito num tom antidogmático, o prefácio propõe uma atitude aberta à obra de toda uma série de pensadores e homens políticos, mas culmina (em conexão com a idéia da sobrevivência do capitalismo) com a frase seguinte: "Desse ponto de vista, penso que Jean-Paul Sartre tinha razão em ver no marxismo 'o horizonte intelectual de nossa época': as tentativas de o superar conduzem apenas à regressão a níveis inferiores do pensamento, não além mas *aquém* de Marx"[11]. Se Löwy chega a esta conclusão ortodoxa é porque só insiste na necessidade de incorporar contribuições. Mas *apesar das aparências, o mais urgente não é incorporar, mas saber o que devemos recusar*. A atitude negativa, não a atitude afirmativa, é aqui a antidogmática. Entre as figuras da "herança marxiana"[12] que o autor reivindica estão Rosa Luxemburgo e Bloch, mas também Trótski e Lênin. Entre os chamados socialistas românticos que ele quer revisitar estão, entre outros, W. Morris e Péguy, mas também Georges Sorel. Esse tipo de abertura escamoteia dificuldades. Um dos problemas da esquerda atual é – e se não é deveria ser: qual a responsabilidade do bolchevismo na constituição do regime stalinista?

11. Idem, p. 18.
12. Idem, ibidem.

A TEORIA DA REVOLUÇÃO DO JOVEM MARX 169

(O capítulo final da edição francesa, eliminado por razões válidas, continha entretanto uma análise crítica importante do "ultrabolchevismo" de Trótski). Outro problema: em que limites a violência – mesmo se "revolucionária" – é legítima? A esse respeito, confesso que o nome de Georges Sorel (muito apreciado pelos fascistas italianos) me dá frio na espinha. Se me disserem que se trata de incorporar o melhor e não o pior dele, responderia – pedindo vênia ao meu amigo Löwy: à luz da experiência do século xx interessa antes conhecer – e recusar – o pior. O autor escreve: "agora que o marxismo deixou de ser usado como ideologia de Estado por regimes burocráticos parasitários, existe uma oportunidade histórica para redescobrir a mensagem marxiana originária". Até aí – fora o "pequeno" esquecimento de que ainda existem regimes desse tipo e um deles na América Latina – concordo. Mas a conclusão é a de que "a experiência trágica da urss stalinista e pós-stalinista [...] longe de 'falsificar' a teoria marxiana da revolução, é sua espantosa confirmação"[13]. A conclusão hiperboliza ilegitimamente o que se pode tirar de premissas críticas válidas. Numa época marcada por um ampla mobilização contra os efeitos da mundialização neoliberal, mas também por uma enorme confusão a respeito dos objetivos da esquerda, não gostaria que este livro, cuja história conheço bem – o projeto de Löwy era um dos temas das conversas sem fim dos dois amigos, nas suas andanças pelo Quartier Latin, em 1962 –, servisse para confirmar certezas em crise de legitimação. Gostaria antes que funcionasse, por assim dizer, como uma "peça" a ser juntada ao dossiê. Uma peça original, *a fortiori* se pensarmos na tendência geral do que se escreve sobre Marx no Brasil, e peça que haveria de servir não para simplificar, mas para complicar – no melhor sentido – os problemas histórico, teórico e político. Pensando sobretudo no que a obra representou no momento da sua aparição (uma leitura de Marx em ruptura com a pseudo-ortodoxia dominante), mas também nas suas grandes qualidades enquanto análise de um momento muito importante da história do pensamento político, acho que esse destino crítico é, tudo somado, o que corresponde melhor à "vocação" profunda desse livro.

---

13. Idem, p. 17.

# 9. Lênin, Outubro: O Charme Discreto da Ortodoxia

*Às Portas da Revolução*[1] – com uma breve introdução e um longo posfácio, ambos do editor, Slavoj Zizek – é uma antologia dos escritos de Lênin de fevereiro a outubro de 1917. Há que falar do editor, do autor, e do problema geral: é possível, hoje, ser leninista? A esquerda trotskista encarnou classicamente, à sua maneira, a defesa do leninismo. Mas a estratégia de Zizek é de uma outra ordem. Como muitos dos textos de extrema esquerda – penso em particular nos de crítica da cultura –, os dois textos de Zizek contêm múltiplas análises críticas sobre o mundo capitalista (principalmente sobre a produção cultural) inseridas sobre o fundo de um projeto político. No conjunto das críticas de extrema esquerda, o projeto político subjacente aparece, freqüentemente, só em forma indireta, como sintoma diria o outro, e o problema é muitas vezes o de saber como se articula, precisamente, o dito com esse não-dito. Na presente publicação, pelo fato mesmo de se tratar de uma antologia, e de uma antologia de um autor muito particular, esse fundo aflora: é Lênin quem fala, e sua fala imediatamente política é legitimada pelo editor de modo, em princípio, inequívoco: "[...] o legado de Lênin, a ser reinventado hoje, é a política da verdade". "A premissa de Lênin – [...] hoje [...] mais pertinente do que nunca –, é que [...] a verdade *universal* de uma situação concreta pode ser

---

1. Lênin, *Às Portas da Revolução*: seleção dos escritos de fevereiro a outubro de 1917, organização, introdução e posfácio de Slavoj Zizek, tradução de Luiz Bernardo Pericás e Fabrizio Rigout, São Paulo: Boitempo, 2005.

172 A ESQUERDA DIFÍCIL

articulada apenas a partir de uma posição completamente *partidária*" etc.[2]. Porém, apesar de tudo, permanece um certo desequilíbrio entre o discurso da crítica (ou da política como crítica) e o da política (enquanto apresentação de um projeto prático). Observar-se-á, por exemplo, que a palavra do autor, Lênin, ocupa menos espaço, no livro, do que os textos do editor. E o espaço consagrado à política leninista nos textos de Zizek é relativamente reduzido, em face da enxurrada de considerações sobre psicanálise, cinema, literatura etc. Procuramos em vão uma discussão se não detalhada, pelo menos suficiente da política leninista, de suas origens (ela evidentemente não começa em 1914), das críticas que a ela endereçam Rosa Luxemburgo e o jovem Trótski, e também do que vem depois de Outubro (sobre isto volto mais adiante). Tem-se a impressão de que o posfácio principalmente trata muito mais do grande Outro e do pequeno "a"... Nem por isso a legitimação do leninismo é abalada, embora no final principalmente Zizek tente, de algum modo, limitar o alcance da operação: "repetir Lênin não significa retornar a Lênin – repetir Lênin é aceitar que 'Lênin esteja morto', que a solução proposta por ele fracassou, e até que fracassou monstruosamente, mas que havia uma chama utópica ali que vale a pena guardar"[3]. Ah, bom. O que sobra, assim, é "a chama utópica", ou como ele dirá na página final, em bom lacanês, "o significante Lênin".... Mas o livro só defende a "chama utópica" e o "significante"? Ou, dito de outro modo: o que está contido no significante "chama utópica" e no significante... "significante Lênin"?

A meu ver, a estratégia geral de Zizek, com exceção de um desenvolvimento interessante sobre as implicações possíveis dos direitos do homem[4], pode ser esquematizada mais ou menos assim. Ele começa pondo em dúvida a realidade de quase todo progresso em termos de democracia ou em termos sociais em geral, explorando as dificuldades e contradições, em meio às quais, sem dúvida, esses progressos ocorreram. Um exemplo, a abolição da pena de morte seria totalitária porque solidária de uma "biopolítica" que cobre "uma rede de relações de poder"[5]. Isso posto, abre-se um outro horizonte. Esse horizonte é, em forma geral, o do leninismo, mas, como veremos, também se reserva um lugar para o stalinismo. Porém, antes de falar deste último, o que significa o leninismo para Zizek? Desde o prefácio, fica claro que leninismo significa sobretudo condenar a ilusão da via parlamentar, e não só para o caso russo. Trata-se de "arriscar o ato revolucionário". Mas o elogio do ato revolucionário vem junto com a legitimação da "renúncia à utopia" numa primeira etapa, a do projeto "modestamente

2. Slavoj Zizek, A Escolha de Lenin, em Lênin, op. cit., p. 184 e 185.
3. Idem, p. 340, 341.
4. Idem, p. 285 e ss.
5. Idem, p. 226, v. nota 79.

LÊNIN, OUTUBRO: O CHARME DISCRETO DA ORTODOXIA          173

realista" que é o da Nova Política Econômica, do início dos anos de 1920. A propósito desta última poder-se-ia lembrar que, se na época da NEP, houve um controle muito menos estrito da vida econômica, isso não significa que a repressão política tenha desaparecido. Sob certos aspectos, ela até aumentou. Zizek sabe disso, como se pode ver pelo comentário de um texto de Lênin, que ele faz em seu livro *On Belief* (Sobre a Crença)[6]. Lênin escreve, em 1922, que não se deve discutir com os mencheviques e outros opositores, mas pô-los diante de um pelotão de fuzilamento[7]. Depois de uma espécie de refutação provisória do que seria o fundamento dessa atitude de Lênin – como ocorrerá em outros lugares, Zizek começa "soltando lastro" –, ele passa a fazer longas considerações sobre a liberdade no Ocidente, discutindo, entre outras coisas, as implicações da previdência social sob Clinton... Partindo da idéia de que a liberdade formal não se confunde sem mais com a real – não posso discutir aqui todas as mediações, ilusórias a meu ver, dessa passagem, e do seu texto em geral –, ele conclui pelo que, no plano do efeito de leitura, representa na realidade uma justificação pelo menos parcial do apelo ao pelotão de fuzilamento[8]. Assim, o "significante Lênin" e a "chama utópica" são suficientemente amplos e abertos para acolher e justificar o trabalho radical dos funcionários da polícia política. Duas observações sobre toda essa história: 1) O convite a fuzilar os mencheviques era absolutamente condenável, como, de resto, qualquer fuzilamento, por motivos políticos ou não, exceto talvez o caso dos grandes criminosos nazistas; e condenável tanto por razões imediatamente éticas como pelos efeitos éticos e políticos que os fuzilamentos costumam ter, como de fato tiveram, no caso, sobre os fuziladores; 2) Mas para além disto: os mencheviques, ou pelo menos os melhores deles, como os melhores socialistas-revolucionários, representavam certamente o campo do progresso social na Rússia de 1922. Lênin e Trótski, quaisquer que fossem as suas intenções, estavam criando as bases do Estado totalitário que Stálin iria edificar. A observar que aqueles que justificaram as recentes execuções em Cuba – como muitos dos nostálgicos das violências maoístas dos anos 50 e 60 – não são em geral stalinistas, mas também cultores do "significante Lênin".

Porém importa mostrar o sentido propriamente teórico de toda essa operação de legitimação. Trata-se na realidade de retomar a velha ortodoxia leninista e uma concepção de história, que é no fundo muito tradicional. Porém, para restabelecer a ortodoxia, a "língua de madeira" não serve mais. Nem se pode retomar sem mais a filosofia do *Mate-*

---

6. S. Zizek, *On Belief*, Londres/ Nova York: Routledge, 2001.
7. Ver idem, p. 113.
8. "[Há] um momento de verdade na resposta acerba de Lênin etc.", cf. idem, p. 121.

174 A ESQUERDA DIFÍCIL

*rialismo e Empirocriticismo* de Lênin. Busca-se um outro caminho. Além de passar por Lacan, essa via se serve da filosofia do século XX, inclusive, aparentemente, de uma de suas expressões que tem mais afinidade com o pensamento antidemocrático, a filosofia de Heidegger. Há no texto de Zizek uma atmosfera oracular de estilo heideggeriano, que se revela, principalmente, quando ele trata do stalinismo. Se Zizek não se recusa a criticar o poder stalinista, ele se refere, entretanto, à "inabilidade de nossas mentes [para] suportar a 'contradição absoluta', a intolerável tensão, intrínseca no projeto stalinista em si"[9]. E defende a idéia de que há um "potencial utópico-emancipatório no stalinismo"[10]. Para justificá-la, serve-se de uma historiadora, em parte "revisionista", do stalinismo, que afirma não ser este um tipo de Termidor mas, na prática, a conseqüente radicalização da Revolução de Outubro. Nos seus piores momentos, Isaac Deutscher não está muito longe desse tipo de afirmação. Observe-se a fragilidade do argumento que é, por excelência, convencional: ou Termidor – como pretendia Trótski –, ou utopia emancipatória radicalizando conseqüentemente outubro, entendido como revolução autêntica. Ora, se o stalinismo não foi, de forma alguma, Termidor (o conceito não se aplica ao caso), nem por isso ele é o que Zizek sugere. De fato, a URSS se industrializará. Mas a que preço? Genocídio de camponeses, liquidação da *intelligentsia*, asfixia do movimento socialista russo, e *not least*, uma direção desastrosa por ocasião do início da Segunda Guerra Mundial (ver a respeito o livro de Volkogonov). A semi-apologia do stalinismo – e aqui chegamos ao ponto – só se explica, no plano mais teórico, por uma espécie de culto do que "é", de estilo heideggeriano. Em Heidegger – que interpõe a chamada metafísica especial, cujo objeto mais alto é Deus, na metafísica geral ou ontologia – o ser é sacralizado. De modo análogo, o stalinismo (embora, em linguagem heideggeriana, ele, como tudo mais, não remeta ao ser mas ao ente) é de certa maneira também sacralizado; sacralizado porque "existiu". O que importa ao autor é, digamos, a existência "bruta" do poder stalinista. De fato, ele existiu com a violência que lhe foi peculiar, e certamente teve muitos efeitos sobre a história do mundo. Isso bastaria para merecer reverência. Que ele possa ter sido uma grande regressão histórica fica fora do discurso de Zizek. O stalinismo e, antes dele, Lênin e o partido bolchevique, funcionam aqui – creio que também se pode dizer – como uma espécie de "Dasein" (como o homem em Heidegger), mas cujo "cuidado" é guardar a história. Eles seriam como que "guardiães da história".

Outras filosofias e tendências teóricas do século XX também são incorporadas, de diferentes modos, ao discurso de legitimação do leninismo e de seus herdeiros. Zizek critica o *Materialismo e Empiro-*

9. S. Zizek, A Escolha de Lênin, em Lênin, op. cit., p. 204.
10. Idem, ibidem.

*criticismo* de Lênin com argumentos que vêm da fenomenologia, mas afinal tenta convencer o leitor, pelo menos em parte, do valor teórico desse livro pesado e desinteressante. Quanto a Lacan, ele surge como o homólogo de Lênin. Lacan estaria para Freud como Lênin para Marx. Na realidade, a homologia tem alguma verdade, mas no mau sentido. De Freud a Lacan, como de Marx a Lênin, há uma inflexão anti-humanista (o *anti*-humanismo é só uma, e a pior das críticas possíveis ao humanismo): em um dos casos, aquela inflexão oblitera em boa medida um projeto de autonomia do sujeito e, no outro, amplia o espaço em que se legitima a violência e o autocratismo.

Para quem relê os textos de Lênin uns trinta ou quarenta anos depois da última leitura, impressiona o fato de que Lênin prepara uma insurreição por meio de um discurso que não corresponde àquilo que ele fará (e nos perguntamos até que ponto corresponde mesmo ao que ele já pensava antes de outubro). O que significa: o exame dos textos leninianos de dezessete levanta a exigência de uma leitura deles como ideologia, como "falsa consciência", a meio caminho do engano e da falsificação. Lênin propõe ou evoca certos objetivos, que a vitória do bolchevismo iria na realidade liquidar. O primeiro deles, velha reivindicação democrática, é a eleição da Assembléia Constituinte, que o Governo Provisório custa a convocar. O poder bolchevista liquidará a Assembléia Constituinte finalmente eleita. Porém mais importante é a palavra de ordem de "todo o poder aos sovietes". Na realidade, Lênin lança essa palavra de ordem, depois a abandona denunciando a política dos representantes não-bolcheviques nos sovietes, e em seguida quando se dá conta de que o seu partido tende a obter a maioria dos votos, a relança. Mas o essencial é que na fase final (e quando abandona provisoriamente essa palavra de ordem o projeto de tomada de poder pelo bolchevismo fica sempre envolto na fórmula da vitória do proletariado) ele afirma lutar pelo poder dos sovietes. Ora, nenhuma pirueta lacaniano-heideggeriana, nenhuma casuística pós-moderna "de esquerda", poderá negar o fato de que a chegada ao poder dos bolcheviques significou a morte dos sovietes independentes (em alguns meses eles serão moribundos, em seis meses, mais ou menos, eles estarão mortos). A chamada "revolução de outubro" que foi na realidade uma insurreição muito parcial (um golpe de Estado, embora *sui generis* ou uma revolução traída na noite mesma da insurreição) teve como resultado – paradoxal para o senso comum de esquerda, mas o senso comum de esquerda acreditou durante trinta anos pelo menos na genialidade de Stálin – a asfixia e o confisco do poder soviético. E isto em nome do poder dos sovietes. A propósito, um detalhe curioso. Para Zizek, uma das provas (ele diz mesmo "a maior prova") de que Outubro não foi um golpe de Estado[11] teria sido a encenação

---

11. Cf. idem, p. 280, 281.

176 A ESQUERDA DIFÍCIL

da tomada do Palácio de Inverno, feita por artistas de vanguarda no terceiro aniversário da insurreição – em cena ou no público, estariam lá, talvez, alguns participantes da insurreição –, encenação assistida e "acompanhada" por dezenas de milhares de pessoas. Há duas coisas a observar aí. Primeiro: como já foi observado, essa montagem foi o primeiro passo para a mitificação do golpe de outubro. Ela teve uns dez mil atores, provavelmente mais gente do que houvera no original... Porém, mais importante. Três meses depois desse espetáculo (e esses três meses foram marcados por greves em Moscou e Petrogrado) quinze mil pessoas, mais ou menos um terço da população da cidade insular de Cronstadt – cidade que havia conseguido preservar em nível local a democracia soviética –, aprovaram a resolução das tripulações de dois navios de guerra, pedindo liberdade para os sovietes, libertação dos presos e outras medidas revolucionárias-democráticas. Pesquisas recentes mostram que, ao contrário da lenda bolchevique, mais de noventa por cento da tripulação desses navios havia embarcado antes de 1917. O que significa que os marinheiros cuja declaração foi o ponto de partida do movimento pela liberdade dos sovietes, e que depois, recusadas as exigências, empunharam armas, *eram os mesmos que haviam apoiado o levante de outubro ou participado dele*. Perto desse fato – aqui os participantes da insurreição de outubro estão realmente de volta, e não para fazer teatro – o espetáculo de Petersburgo é um acontecimento menor e quase lamentável. O levante de Cronstadt, que como se sabe foi esmagado, com direito a execução de prisioneiros e tudo o mais, *foi a tentativa de quebrar a fratura do levante de outubro*, fratura entre a ideologia revolucionária-democrática em nome da qual ele se fez e os seus resultados efetivos. Zizek assume em forma quase caricatural esse *refoulement* ideológico, quando, no prefácio da antologia, escreve, sem rir, que a revolução "socialista" apareceu como "única forma 'realista' de proteger os verdadeiros ganhos da Revolução de Fevereiro (liberdade de organização e da imprensa"[12]. Curiosa "forma realista" de proteger a liberdade de imprensa... De fato, esse realismo protetor liquidou definitivamente, a liberdade de imprensa – mesmo a da imprensa socialista – em apenas alguns dias!

Como contraponto à antologia leninista de Zizek, assinalo a publicação em português, que já data de alguns anos – mas falou-se o bastante dela? – de um livro notável de Orlando Figes[13]. Enumero algumas das suas qualidades, além do enorme trabalho de pesquisa e de elaboração: uma crítica do bolchevismo que não deixa de mostrar, ao mesmo tempo, as debilidades dos socialistas democráticos e a necessidade de um verdadeiro poder dos sovietes, sem excluir o da

12. Cf. Prefácio, em Lênin, op. cit.
13. *A Tragédia de um Povo*: história da Revolução Russa, 1891-1924, tradução de Valéria Rodrigues, Rio de Janeiro/ São Paulo: Record, 1999.

Assembléia Constituinte; uma crítica das leituras da revolução russa propostas por historiadores simpáticos aos brancos; uma análise realista de Fevereiro, em que se mostra como essa verdadeira revolução – referência central do livro – não se fez, entretanto, sem violências e abusos. Mas, como observa o autor, foram violências no interior de um processo revolucionário espontâneo, o que não têm nada a ver com a política de ratificação da violência popular anárquica e de estímulo a ela, que constituiu um dos aspectos do bolchevismo nos seus primeiros tempos de governo.

No que me concerne, depois da leitura desses dois livros – embora, no caso de Zizek me pergunte se outros dos seus textos, sobretudo os mais recentes, não vão no sentido de uma maior abertura –, não resisto à tentação de dizer, com vistas sobretudo à juventude universitária, e parafraseando um clássico, que melhor seria dedicar apenas algumas horas por ano à leitura dos ideólogos (refiro-me mais de perto aos "editores", pois os "autores" podem ser, como no caso presente, parte constitutiva da história do objeto) e, pelo contrário, dedicar alguns meses à leitura dos grandes historiadores. Penso, em particular, nos historiadores das revoluções (a acrescentar, nesse quadro, os especialistas na "civilização" dos países em revolução, os sinólogos por exemplo). Não que os historiadores se abstenham de tomar posição. Mas além de competentes tecnicamente, eles são também, salvo exceções, surpreendentemente lúcidos no plano político, ao contrário do que sugerem as aparências (e os ideólogos). Um pouco menos de excitação provinciana com esses últimos – há cidades brasileiras em que se constituem verdadeiras seitas em torno do último guru importado – e um pouco mais de leitura, crítica, dos grandes historiadores permitiria, sem dúvida, elevar bastante a qualidade do nosso debate político.

# 10. Stálin: O Déspota
   e o Burocrata

A editora Nova Fronteira publica em português a primeira parte (1879-1939) da biografia de Stálin, por Dmitri Volkogonov[1], em tradução feita a partir da versão inglesa. O autor (1928-1995), general do exército soviético, filho de um técnico em agricultura que Stálin fuzilou, trabalhou no setor de propaganda do exército (época em que "adquiriu a reputação de 'linha dura'"), foi diretor do Instituto de História Militar do Exército e, mais tarde, assessor de Boris Yeltsin e presidente de uma comissão parlamentar que suspendeu o sigilo de milhões de documentos do Partido Comunista da União Soviética. Dadas as suas funções, pelo menos parcialmente, o autor não precisou esperar por essa medida. O livro, publicado em 1989, utiliza materiais a que os biógrafos anteriores não tinham acesso. Da bibliografia mais recente sobre o tema, é preciso mencionar o livro de Simon Sebag Montefiore, *Stalin: the court of the Red Tsar* (Stálin: A Corte do Tzar Vermelho), editado na Grã-Bretanha, em 2003[2]. O livro de Montefiore contém uma espécie de análise etnográfica da "corte" de Stálin. Sob muitos aspectos, é o complemento indispensável ao trabalho de Volkogonov.

Se a crueldade e a amoralidade de Stálin são confirmadas pelos dois autores, eles rompem com a visão, que vem principalmente de

1. *Stálin, 1879-1939*: triunfo e tragédia, Rio de Janeiro: Nova Fronteira, 2004, v. 1.
2. Simon Sebag Montefiore, *Stálin*: the court of the Red Tsar, London: Phoenix, 2004.

180 A ESQUERDA DIFÍCIL

Trótski, de um Stálin que personifica a "mediocridade burocrática incolor"[3]. Sem pôr em dúvida a tese do amoralismo "anti-humano" de Stálin, Volkogonov afirma que se poderia dizer que ele tinha "um intelecto excepcional" (de modo algum, "genialidade"). Autodidata com gostos literários e artísticos os mais tradicionais sem dúvida, Stálin era freqüentador assíduo dos teatros e grande leitor, principalmente, de literatura e de história. O que não excluía, muito pelo contrário, uma grande hostilidade para com os "intelectuais". Lembremo-nos de que Hitler, que era igualmente um autodidata semiculto, tinha um ressentimento profundo em relação à *intelligentsia*...

Esse primeiro volume de Volkogonov nos conta a ascensão de um dirigente de importância secundária à direção suprema do partido e do Estado. A perspectiva de Volkogonov é bastante crítica em relação a Stálin, mas ele idealiza, em alguma medida, a figura de Lênin e o leninismo. Já com relação a Trótski, sem cair na demonização tradicional, e reconhecendo alguns méritos ao personagem, a sua crítica parece, apesar de tudo, excessiva ("individualista", "egoísta", "eslavófobo" etc.). Nos textos posteriores de Volkogonov – outros tempos, sem dúvida – ele critica Lênin e Trótski de forma mais equilibrada. No que se refere à relação bolchevismo/ stalinismo, a perspectiva de Montefiore, cujo livro é muito rico em histórias, tem o defeito oposto. Ao descrever as práticas dos dirigentes stalinistas, o autor se refere, freqüentemente, e sem mais, ao "bolchevismo". A responsabilidade do bolchevismo pelo que aconteceu depois é muito grande, porém importa lembrar que não houve simples continuidade.

Nos dois livros mostra-se bem que a responsabilidade pelos crimes não é só de Stálin, mas também de sua equipe de colaboradores. Os grandes co-responsáveis se chamam Molotov, Vorochilov – uma figura particularmente repugnante pelo amoralismo e pela mediocridade, embora fosse fisicamente corajoso – e Kaganovitch. Também Béria – um sádico de rara crueldade – e Zdanov. Além de Malenkov, os dois livros revelam quanta culpa no cartório tinha, igualmente, Khruchtchev, que, após a morte de Stálin, lançaria a luta contra "o culto da personalidade".

A história da emergência do grande terror stalinista é contada em registro mais político por Volkogonov, e mais "etnográfico" por Montefiore. É preciso ler os dois textos para ter uma idéia completa dessa novela de horror. Bem entendido, antes do grande terror – refiro-me à liquidação irracional e "compulsiva" de quadros do partido e da sociedade civil que se dá a partir de 1934 – já tinha havido muita violência. E o genocídio dos camponeses ocorrido no início dos anos de 1930 ultrapassa de longe o número de vítimas imediatas do terror. Porém a maneira pela qual Stálin liquida os seus companheiros de partido

3. Idem, p. 3.

durante o grande terror é, se ouso dizer, notável: um verdadeiro clássico da brutalidade e da abjeção. A história de Kamenev e Zinoviev, antigos companheiros de direção, é particularmente atroz, Kamenev e Zinoviev já tinham capitulado de um modo humilhante nos anos de 1920, mas só são processados nos anos de 1930. Stálin lhes informa que se se dispuserem a confessar todos os "crimes" (trata-se das acusações mais estapafúrdias de traição e conspirações), o Bureau Político – mas do Bureau Político só aparecerão Stálin e mais dois – lhes garantirá a vida. Como era de se esperar, eles confessam tudo e são condenados à morte. No dia da execução, Zinoviev – Kamenev tem uma atitude mais firme – pede, desesperada e inutilmente, aos guardas, para falar com Stálin. Semanas depois, num jantar comemorativo, um dos personagens da corte de Stálin, [um policial] que fazia freqüentemente o papel de bufão, imita as últimas palavras de Zinoviev (o artista usa sotaque ídiche: Zinoviev, como o próprio bufão, que, mais tarde, também seria executado, eram judeus). Stálin e os demais convivas riem a não poder mais...

Dentre os muitos problemas teóricos e históricos que a leitura de uma biografia de Stálin levanta, destaco três (só proponho algumas hipóteses, evidentemente). Um é o da natureza do regime stalinista. O segundo é o de por que a opinião mundial de esquerda se iludiu, em proporção impressionante, com a figura de Stálin e com a natureza do seu regime. O terceiro problema, mais específico, é o das razões do Terror. A primeira questão, que já discuti em outros lugares (ver neste volume o texto sobre Trótski), poderia ser resumida pelos dois termos que utilizei no título do presente artigo. Stálin foi em geral considerado pela crítica (de esquerda, em particular) como um burocrata. Mas ele aparece também – ou antes? – como um déspota. Na realidade, Stálin foi as duas coisas. E mais: a reunião desses dois estilos numa só pessoa é um sintoma da originalidade do sistema stalinista. (Observe-se que também no nazismo há despotismo e burocracia. Porém se Hitler foi, em sentido geral, um "déspota", ele não foi, como Stálin, um burocrata). Para a segunda questão diria que, embora esta não seja a única razão, seria importante ressaltar que a doutrina hegemônica no interior da esquerda desde o final do século XIX, o marxismo, estava mal preparada para pensar a emergência de um *tertius* entre o capitalismo e o socialismo (em última análise, porque apesar de todas as suas inovações, o marxismo dependia demais da filosofia do progresso); e mal preparada, em especial para decifrar um *tertius* que se apresentava sob a forma de um despotismo. Como já disse em outro lugar, "despotismo" não é um verdadeiro conceito no discurso de Marx. Sobre a questão dos motivos do Terror, tenho a impressão de que havia ali pelo menos dois elementos. De um lado, como os dois autores observam, havia o aspecto que poderíamos chamar de "queima de arquivo". Stálin queria liquidar aqueles que sabiam demais, e que sabiam principalmente duas

182  A ESQUERDA DIFÍCIL

coisas: que o papel histórico de Stálin havia sido bastante secundário, e outra, mais grave, que no seu famoso "Testamento", Lênin tinha proposto o afastamento dele, Stálin, do Secretariado Geral, por ser ele excessivamente rude, pouco leal etc. A liquidação desses "arquivos" apareceu como uma necessidade a partir do XVII Congresso do Partido (1934), porque, para surpresa geral, na eleição para o Comitê Central, houve mais de trezentos participantes que não votaram em Stálin; com a agravante de que só três deixaram de votar em Kirov, o dirigente que seria assassinado pouco mais tarde, em circunstâncias misteriosas. Que a votação tenha sido secreta – e que a eleição de Stálin não estivesse ameaçada – não protegeu os opositores. Stálin liquidou em massa os participantes desse congresso. Havia assim um descontentamento surdo contra Stálin. Mas, além disso, e sem falar na "inércia" de todo terror, para além do objetivo de eliminar testemunhas, Stálin deve ter visto o interesse que oferecia o terror. Provavelmente ele se deu conta de que o despotismo não sobrevive sem um terror cíclico.

## POSFÁCIOS (2005)

### O Indivíduo Stálin

Em que pontos a biografia de Volkogonov e o livro de Sebag Montefiore alteram a figura de Stálin, que se poderia construir a partir de algumas das biografias até aqui publicadas? Há aí evidentemente dois problemas: se há oposição entre o que escrevem esses dois autores e o que se encontra pelo menos em alguns dos livros anteriores; e se o que dizem os dois autores é bem fundado. Em termos do julgamento ético do personagem, eles certamente não atenuam a visão da figura cruel e amoral que dele se teve até aqui. De algum modo, até agravam esses traços negativos. Restam outros pontos de discussão sobre o personagem: sua inteligência, capacidade de trabalho, cultura. Limito-me ao primeiro e ao último deles.

Os dois autores parecem apresentar a figura de um Stálin "inteligente". Volkogonov afirma que, "embora se possa dizer que Stálin teve um intelecto excepcional, ele estava longe de ser um gênio"[4].

Trótski escrevia, pelo contrário, que Stálin "é mais astuto do que inteligente":

> Stálin parece talvez um homem de grande estatura porque ele se eleva no vértice da gigantesca pirâmide da burocracia, e projeta uma sombra alongada. Mas na realidade ele é de estatura média, de capacidades medíocres, mais astuto (rusé) do que inteligente.

4. D. Volkogonov, [1991], Stalin: triumph and tragedy, London: Phoenix Press, 2000. Original russo, Tryumphi i tragediya: politicheski portret I.V. Stalina, Moscou: Novosti, 1989, p. 234; trad. bras., op. cit., v. 1, p. 234, retraduzido por RF.

STÁLIN: O DÉSPOTA E O BUROCRATA          183

Ele tem uma ambição insaciável, uma tenacidade extraordinária e é ferozmente invejoso e vingativo [...] O poder lhe foi dado por uma combinação de circunstâncias históricas, ele não fez mais do que colhê-lo como um fruto maduro[5].

Trotski fala da "clarividência" de Stálin, a curto mas não a longo prazo. Conquest, na sua biografia de Stálin, se refere também à mediocridade do personagem: "Um dos seus traços mais relevantes (*frappants*) era, sob muitos aspectos, uma grande mediocridade associada a uma vontade sobre-humana"[6]. Ele confirma aliás a tese de Trótski[7], segundo a qual os textos de Stálin não tinham uma estrutura lógica coerente: "Seu estilo escrito foi analisado por especialistas soviéticos: ele se compõe de uma série de afirmações, que têm a pretensão de se encadear logicamente sem ter na realidade qualquer relação lógica. A conclusão precede o raciocínio"[8]. Essas apreciações são radicais e marcam uma posição diferente da de Volkogonov, mas deve-se observar que o juízo de Trótski comporta algumas nuances (ele reconhece, entre outras coisas, a "astúcia" de Stálin etc.) e que, do outro lado, o elogio de Volkogonov tem alguma coisa de condicional ("pode-se dizer que...") e se faz sobretudo no plano político.

Sebag Montefiore é mais radical:

Longe de ser a mediocridade burocrática incolor desprezada por Trótski, o Stálin real era um [ator] melodramático (*melodramatist*) enérgico e hipervaidoso (*vainglorious*) que era excepcional sob todos os aspectos (*in every way*). [...] Situado no contexto da cissípara liderança bolchevique, ambiente singular (*unique*), ele se torna uma pessoa real. Dentro do homem (*the man inside*) [havia] *um político superinteligente e dotado*, para o qual o seu próprio papel era de uma importância capital (*paramount*), um intelectual nervoso (*nervy*) que lia história e literatura como um maníaco, um hipocondríaco agitado sofrendo de amidalite crônica, psoríase, dores reumáticas provenientes do seu braço deformado e do frio glacial do seu exílio siberiano[9].

Robert Tucker já ia nessa direção: ele não só se referia à "extraordinária habilidade" (*skill*) de Stálin, "enquanto estrategista político"[10], mas contestava a idéia de um Stálin medíocre: "Não havia nada de 'automático' no processo de ascensão de Stálin durante os anos de 1920. Foi preciso um homem de dotes incomuns (*uncommonly gifted*) para navegar pelas águas traiçoeiras da política bolchevista com a habilidade que ele mostrou naqueles anos"[11]. "Não foi por ser medíocre que ele ganhou a luta pela primacia no partido, mas por ser um mestre da

---

5. Leon Trotski, O Que Eu Penso de Stálin, 13/03/40, *Oeuvres*, v. 23, p. 214.

6. Robert Conquest, *Staline*, Paris: Odile Jacob, 1993, p. 339.

7. Cf. L. Trótski, Stálin, op. cit., v. I, p. 290.

8. R. Conquest, op. cit., p. 343.

9. S. Montefiore, op. cit., p. 3 e 4, grifo de RF.

10. Cf. *Stalin as revolutionary, 1879-1929*: a study in history and personality, Nova York: W.W. Norton & Company, 1973, p. 300.

11. Idem, p. 392.

184 A ESQUERDA DIFÍCIL

política (*master politician*) e por fornecer ao bolchevismo uma liderança de um tipo que muita gente via com bons olhos"[12]. Tucker escreve mesmo que ao retomar a idéia de "socialismo num só país" (que vinha de Bukhárin) e de fazer dela a sua plataforma, Stálin mostrava "visão política e imaginação", e que na controvérsia com polemistas tão combativos como Trótski, Kamenev e Zinoviev, "ele mostrou capacidades mentais (*powers of mind*) e elocutivas impressionantes"[13].

Que conclusões se poderia tirar dessa discussão sobre a "inteligência" de Stálin, e sobre a sua "cultura"? Na medida em que posso emitir um julgamento a respeito desse problema de especialistas, diria que o resultado principal e mais seguro que dela se poderia obter refere-se menos à questão bastante ambígua da inteligência de Stálin do que ao das suas relações com a cultura. Não que ele apareça nesses livros como um homem de verdadeira cultura. Mas parece evidente, pela leitura dos dois livros, que Stálin não é um personagem *inculto* como a leitura de Trótski poderia induzir (mesmo se há em Trótski elementos que poderiam levar a um juízo um pouco diferente), Stálin é na realidade um *semiculto*. Isso evidentemente não altera nem o juízo político nem o ético, e só em parte o juízo intelectual, que poderíamos fazer sobre ele. Altera, na realidade, a figura do personagem do ponto de vista psicológico e sociológico. Se o que dizem Montefiore e Volkogonov é verdade (mas a esse respeito há dados, e as observações são convincentes), Stálin tinha – à sua maneira, bem entendido – "interesses culturais". E não apenas no sentido de que ele impôs um certo tipo de política cultural (ou anticultural). Ele lia – e bastante, aparentemente – livros de história e de literatura, embora os livros estrangeiros só os conhecesse por meio de traduções. Há no Stálin de Volkogonov um certo número de elementos que são surpreendentes para quem construiu sua imagem de Stálin a partir do que escreveu Trótski (e do que se encontra em grande parte da literatura de oposição). Por exemplo, em maio de 1925, Stálin encarrega o seu assistente Tovstukha de organizar uma boa biblioteca para seu uso pessoal. Dispomos das instruções de Stálin para a constituição e a organização dessa biblioteca. Elas vão por aí:

Nota para o bibliotecário [...] os livros devem ser organizados por assunto, não por autor: a) filosofia; b) psicologia; c) sociologia; d) economia política; [seguem-se] finanças; indústria; agricultura; cooperativas; história russa; história de outros países; diplomacia; comércio exterior e interior; [...] periódicos políticos; periódicos científicos; diversos dicionários; memórias[14].

12. Idem, p. 392, 393.
13. Idem, p. 392.
14. D. Volkogonov, op. cit., p. 226; trad. bras., p. 225.

STÁLIN: O DÉSPOTA E O BUROCRATA 185

Em seguida, ele fornece nomes de autores a destacar da lista e pôr "em estantes separadas" (todos "políticos": Marx, Engels, Kautsky, Plekhánov, Trótski, Luxemburgo etc.), e dá instruções sobre o modo de classificação dos demais livros.

Claro que essas instruções não provam que Stálin fosse culto, e menos ainda que fosse talentoso (pode-se, de resto, discutir a racionalidade da organização proposta). Mas, a menos que tudo seja uma simples encenação[15], a encomenda [já em si mesma] não é a de um personagem inculto [Aliás Stálin ironizava a incultura de certos personagens. De Khruchtchev, ele dizia que era ignorante "como o Negus da Etiópia"]. Juntando esse tipo de informação com outras que temos a respeito dos seus interesses culturais, Stálin aparece antes como um semiculto (o que representa uma categoria diferente), isto é, alguém que se interessa bastante pela cultura, mas que a cultiva de um modo limitado.

No primeiro volume da sua obra, muito interessante, sobre Stálin, Tucker tenta até certo ponto reabilitá-lo também como teórico; e não apenas na base do livro sobre a questão nacional (a propósito do qual se discute o quanto Stálin foi ajudado por Lênin). Tucker se dispõe a reconhecer, dentro de certos limites, os méritos dos *Fundamentos do Leninismo*, "obra de considerável poder"[16]. Há, nos argumentos de Tucker, um lado interessante que é o de mostrar como o esquematismo de Stálin era em parte o de Lênin, e nesse sentido, os defeitos do seu pensamento nem sempre são exclusivamente dele. Mas o elogio dos *Fundamentos do Leninismo* não vai muito longe. Tucker não só não deixa de reconhecer, seguindo a opinião crítica tradicional, que o livro é "catecístico no estilo e autoritário no tom"[17], mas introduz a questão do quanto Stálin devia a um outro. De fato, as pesquisas de Roy Medvedev, a quem Tucker se refere, revelaram que Stálin havia lido um livro, então inédito, de um jovem intelectual do partido, F. A. Ksenofontov, *A Doutrina da Revolução de Lênin e a Ditadura do Proletariado*, intelectual que fora chamado para trabalhar com Stálin e que, parece, protestara pela maneira pela qual Stálin se apropriara de algumas de suas fórmulas. Retomando a comparação entre os dois textos, já que é impossível saber muito mais sobre a trasmissão oral, Tucker tenta atenuar, sem eliminar inteiramente, a dívida de Stálin para com Ksenofontov, o qual, como se pode prever, acabará sendo liquidado nos anos de 1930. Mas o leitor não pode deixar de observar, fazendo o balanço das considerações de Tucker: afinal o que resta

15. Stálin parece ter feito encenações desse tipo em outras ocasiões – cf. a respeito R. Conquest, op. cit., p. 340 –, mas aqui se tratava de organizar uma biblioteca para ele próprio.

16. R. Tucker, op. cit., p. 318.

17. Idem, ibidem.

186 A ESQUERDA DIFÍCIL

do Stálin teórico? Muito pouco sem dúvida. O forte desse semiculto, como disse uma vez Riazanov (opinião que deve ter contribuído para a desgraça deste último), não era certamente a teoria.

Já que Hitler era também um semiculto, as novas revelações sobre Stálin, a partir das quais ele aparece também como um *Halbgebildete* (semiculto), poderiam servir de base para alguma reflexão sobre o caráter dos personagens que encarnaram o totalitarismo, e sobre a natureza do próprio totalitarismo.

## Stálin e a Segunda Guerra Mundial

Meu texto comenta só o primeiro volume da tradução brasileira do *Stalin* de Volkogonov. No restante do livro de Volkogonov (segundo volume da tradução) talvez o mais interessante seja a análise da atitude de Stálin no momento do ataque da URSS por Hitler em 1941. Enquanto historiador militar e general do exército, Volkogonov tem em princípio bastante competência para tratar do assunto. Como se sabe, Stálin, que fizera um pacto com Hitler, não acreditava num ataque alemão naquela data, e se recusou a tomar qualquer iniciativa mais radical, apesar das várias informações que teve sobre a iminência do ataque alemão.

> Nos [...] dois meses que antecederam a guerra, Stálin recebeu vários relatórios de diversas fontes [...] alertando para o iminente ataque de Hitler à URSS. Os governos inglês e americano também mandaram avisos. Churchill [...] enviou um relatório afirmando que os alemães deslocavam consideráveis efetivos de suas tropas para o leste[18].

Mas, para Stálin, tratava-se de "outra tentativa inglesa de empurrar a URSS ao confronto com Hitler". Porém, como "alertas semelhantes se acumularam [...] Stálin julgou prudente checá-los com a própria Berlim. Em 14 de junho de 1941, ordenou à TASS que publicasse um desmentido sobre rumores de concentração de tropas germânicas nas fronteiras da URSS, tachando-os de tolice e de propaganda canhestra de forças hostis à Alemanha e à URSS"[19]. Stálin foi mais longe ainda na sua certeza dogmática de que os alemães não atacariam imediatamente: quando se acumularam as informações sobre a concentração de forças alemãs na Polônia, "Stálin escreve uma carta pessoal a Hitler" manifestando a sua surpresa com o que estava acontecendo, porque os movimentos de tropa davam

> a impressão de que o *Führer* se preparava para lutar com a URSS. Hitler respondeu [...] que a informação era correta, que muitas unidades de tropa estavam, de fato, agrupadas na Polônia. [...] [;] [mas] suas tropas na Polônia não objetivavam um ataque à União

18. D. Volkogonov, op. cit., p. 391; trad. bras., v. 2, p. 408.
19. Idem, ibidem.

## STÁLIN: O DÉSPOTA E O BUROCRATA

Soviética, [...] ele tencionava observar estritamente o Pacto com a honra devida a um chefe de Estado"[20].

O que teria ocorrido era que, por causa dos ataques aéreos que se multiplicavam, "ele se via obrigado a deslocar um grande efetivo de tropas para o leste". Ao mesmo tempo, Köstring, o adido militar alemão em Moscou, afirmava a funcionários soviéticos que as forças germânicas estavam entrando em licença: "deixemos que descansem", acrescentou[21]. Sabe-se que uma vez desencadeado o ataque alemão, Stálin entrou em depressão e perdeu completamente o domínio da situação:

> Nesse estado de aflição, Stálin comportou-se de forma hesitante [...] aparecendo muito pouco. [...] Todo o mundo sabia que Stálin ainda detinha todo o poder e toda a autoridade, mas agia impulsivamente e seu estado de depressão era visível. Isso [...] se refletia em certo grau sobre o comando militar, e algumas de suas ordens traziam a marca do desespero, como, por exemplo, [as que mandavam] que regimentos de infantaria leve [...] destruíssem os carros-de-combate das formações inimigas que tivessem ficado sem combustível[22].

Sobre a atitude geral de Stálin em relação a Hitler, e vice-versa, ver também a biografia de Stálin escrita por Souvarine, principalmente o "Arrière propos". Os dados sobre a atitude de Stálin no início da guerra já eram conhecidos, mas é sempre bom lembrá-los, principalmente agora quando vêm reforçados por novos elementos, porque, mais do que quaisquer outros, mostram o que há de mitológico na idéia de que Stálin teria sido um grande chefe de Estado. Mesmo fazendo abstração do conteúdo de sua política, formalmente, ele a rigor não o foi.

20. Idem, p. 399 e 400; trad. bras., v. 2, p. 417.
21. Idem, ibidem.
22. Idem, p. 429.

# 11. Adorno ou Lukács?*

*Ressentimento da Dialética* é uma espécie de história social da dialética "negativa", e do seu desfecho, a dialética hegeliana, dialética positiva, que opera uma "negação da negação". A "dialética negativa" – Arantes mostra, contra Adorno, que a noção se encontra em Hegel – corresponderia às experiências da sofística, da dialética antiga, do ceticismo, da conversação ilustrada do século XVIII (principalmente na figura "cínica" de *O Sobrinho de Rameau* de Diderot), da ironia romântica, e também ao radicalismo dos inícios do idealismo alemão. Ela é lida em conexão com a emergência da figura do letrado independente e "não orgânico" – em contraposição à do *clerc* medieval (o autor remete a Le Goff) sobredeterminada pela marginalidade *sui generis* a que era condenado o intelectual em países atrasados como a Alemanha (as referências principais são agora Norbert Elias, Lukács e Adorno). A dialética de Hegel vem "idealizar" a situação da Alemanha e dos seus intelectuais, convertendo o antigo gesto negativo, niilista ou quase-jacobino, do intelectual marginalizado, em legitimação da via alemã de desenvolvimento. Quando a Alemanha realiza o salto que a conduz à condição de grande nação capitalista moderna, a idealização, que o prenunciava, já não serve.

*. A propósito dos livros Paulo Eduardo Arantes, *Ressentimento da Dialética*: dialética e experiência intelectual em Hegel, São Paulo: Paz e Terra, 1996, antigos estudos sobre o ABC da miséria alemã; e *O Fio da Meada*, São Paulo: Paz e Terra, 1996, uma conversa e quatro entrevistas sobre filosofia e vida nacional.

190 A ESQUERDA DIFÍCIL

Do século XIX a Heidegger, passando pelas *Confissões de um Apolítico* de Thomas Mann, o quadro se reverte de novo. Um dos capítulos finais do livro põe em cena Hegel e Heidegger: Heidegger decide "ficar na província", opção simetricamente oposta à de Hegel, ao aceitar uma cátedra em Berlim, mas que sob certo aspecto lhe é paralela, com a diferença essencial de que Heidegger decide em nome de uma ideologização da "terra" e, seria bom acrescentar, para aderir a um poder que em matéria de violência excedia de muito (e já nos anos de 1930) ao da Alemanha de Hegel. As idéias não são muito novas – como assinala no prefácio Bento Prado Jr. – e ao resumi-las perde-se alguma coisa da força do livro. Ela não está propriamente nas idéias, embora o autor as tenha levado muito longe (e nesse sentido são novas), mas na finura da análise, na prosa de uma justeza excepcional, e na incorporação, como objeto ou para a análise dele, de uma seqüência impressionante de figuras filosóficas e literárias (além de historiadores e sociólogos), na trama das histórias nacionais da Alemanha, da França e em menor medida da Itália (há um estudo em torno de Gramsci e do confronto Renascimento/ Reforma).

Mas o melhor do livro está, a meu ver, nos apêndices, quatro artigos sobre o radicalismo dos anos 40 (dos Oitocentos), principalmente o de Max Stirner, sobre o destino da filosofia da história, e sobre a *intelligentsia*, publicados na revista *Almanaque* de 1975 a 1978. Arantes já se distanciara suficientemente de um ponto de vista estritamente filosófico, de maneira a incorporar a seu modo a história e a sociologia das idéias, mas não se distanciara demais, o que lhe permitia explorar em detalhe, e tomando posição, a problemática interna dos textos, inclusive a de natureza lógica. É assim que ele analisa o discurso antiespeculativo de Stirner nas suas diferenças com a crítica feuerbachiana da especulação e nas suas relações com a própria "especulação", no caso com o capítulo inicial da *Fenomenologia do Espírito,* de Hegel, sobre a certeza sensível. Seria difícil encontrar na literatura filosófica brasileira melhor exemplo de adequação entre forma e conteúdo. É visível em geral nos textos dos apêndices um recurso intencional a uma dupla linguagem[1], alternando-se um registro filosófico e um registro não-filosófico, um pouco à maneira da *Ideologia Alemã*, mas para melhor, porque não reducionista. O corpo do livro não fica muito atrás, mas eu ousaria dizer que com as suas qualidades se anunciam, um pouco, algumas das dificuldades de *O Fio da Meada*. Entenda-se: não é que o texto derive em simples história das idéias. O trabalho é, sempre, também o de um historiador da filosofia, o que significa – em princípio – de um filósofo. Aliás o autor nos adverte "que incluir o 'idealismo' – tanto o da cultura quanto, em particular, o dos filósofos clássicos – no rol das ilusões compensadoras, forjadas

---

1. Cf. *Ressentimento da Dialética*, p. 395, por exemplo.

ADORNO OU LUKÁCS? 191

pela consciência infeliz do atraso nacional, evidentemente não o explica"; mesmo se, faltando essas origens, "não o entendemos em sua justa medida"[2]. Mas o que parece ir desaparecendo no corpo do livro é a presença do filósofo em sentido forte, aquele que se pronuncia sobre o valor de verdade das teses em exame. Nesse sentido, talvez se possa contrapor a perspectiva crítica do historiador da literatura que Arantes também é (o qual, por exemplo, na esteira da crítica literária dialética desanca o *Tasso* de Goethe, ou registra o fracasso do realismo da *Emilia Gallotti* de Lessing) ao historiador da filosofia que – afinal como faz a ortodoxia universitária –, com raras exceções, analisa mas não julga a história dos sistemas e dos anti-sistemas. Na realidade – se não estou projetando o segundo livro sobre o primeiro – o autor se situa numa posição crítica em relação a todas as filosofias (o que alguns considerarão um progresso), mas essa perspectiva deixa entrar pela janela o que se expulsara pela porta: uma leitura sem julgamento – porque com julgamento demais agora – da história da filosofia.

Um advogado do diabo poderia dizer ainda outras coisas: por exemplo, que a análise sociológica da cultura é atenta às classes, mas não propriamente às estruturas (mesmo se as primeiras pressupõem as últimas), isto é, é atenta à consciência que os agentes têm (ou não têm) da sua situação e dos seus interesses, mais do que à emergência de objetos sociais que induzam o desenvolvimento de tal ou qual forma de pensamento. É verdade que o autor alude à correspondência entre certa forma de abstração teórica e a abstração do Estado moderno. E é verdade também que o caso limite dessa adequação, o discurso do "velho" Marx, fica fora do âmbito do texto. Mas resta a impressão de uma sondagem numa matéria sociológica "subjetiva", entenda-se a das classes entendidas como constelações de práticas dos agentes. Outro ponto, não sem interesse também para a leitura crítica do segundo livro: não se teria superestimado o peso da situação nacional diante de outro alinhamento possível que, atravessando fronteiras, juntasse pensamentos afins de origem diferente? Finalmente, poder-se-ia perguntar que teoria pressupõe a análise da posição dos intelectuais. Das duas teses em presença, a que pensa a consciência dos intelectuais como refratando com maior ou menor lucidez a situação objetiva das grandes classes, tese que em geral contrapõe a coerência – de direito – das "massas" às hesitações da intelectualidade; e a tese de Alfred Weber e de Mannheim, a de uma intelectualidade que paira mais ou menos livremente por sobre os conflitos de classe (*freischwebende Intelligenz*), intelectualidade que na versão de Alfred Weber, ao que parece, seria capaz de uma visão das coisas superior à das grandes classes, conservadoras ou revolucionárias, – o autor parece optar pela primeira. Mas há aí um problema ao qual voltarei.

2. *O Fio da Meada*, op. cit., p. 175.

192 A ESQUERDA DIFÍCIL

Os críticos que pretenderam separar *de um modo absoluto O Fio da Meada* e o *Ressentimento da Dialética*, contrariando a recomendação geral que faz Bento Prado Jr. no prefácio ao segundo, sem dúvida, se equivocaram. E, principalmente, quando a sua crítica exclusiva d'*O Fio da Meada* os levou, paradoxalmente, a conclusões que, num jogo ambíguo, visam o autor em geral. Mas não separar *O Fio da Meada* d'*O Ressentimento da Dialética* não significa supor que os dois livros têm o mesmo caráter nem o mesmo valor.

*O Fio da Meada* se apresenta como uma conversa que reúne o autor e três interlocutoras, e que segue o curso do itinerário intelectual de Arantes; mas não fica bem claro até onde as interlocutoras falam em seu próprio nome ou funcionam simplesmente como "heterônimos" do autor. A conversa tem dois níveis que se alternam ou se intercomunicam: o da discussão sobre a filosofia, a literatura e a política dos séculos XIX e XX, e o da história das vicissitudes da filosofia e da sociologia universitárias em São Paulo. Começo separando os dois aspectos.

Lido sobre o fundo d'*O Ressentimento da Dialética*, *O Fio da Meada* revela antes de mais nada uma tendência antifilosófica, que radicaliza ao extremo uma disposição que, em outra forma, se anunciava. Assim, a filosofia aparece como "coisa do passado"[3]: o autor fala da "tecla desafinada da filosofia"[4], do "atestado de óbito da filosofia"[5], da "falência do gênero filosofia em geral"[6], da "finada filosofia (como guardiã da integralidade do processo)"[7], da "filosofia [...] coisa do passado, extinta"[8] já não sei há quanto tempo etc. Aqui o tom é novamente o da *Ideologia Alemã* de Marx, mas para pior. Se não vejamos. No referido prefácio a *Ressentimento da Dialética*, Bento Prado Jr. se recusa a ver no discurso de Paulo Arantes uma não-filosofia ou uma antifilosofia (se os escritos de Arantes "não são filosóficos [...] a que gênero literário pertencem?"[9]); e ele caracteriza a filosofia de Arantes como uma dialética negativa que não converge entretanto com a de Adorno: "paradoxalmente", esta última teria dado um lugar ao "momento positivo-racional", a uma "cristalização positiva" da dialética, que Arantes recusa. Na realidade, a temática da antifilosofia n'*O Fio da Meada* é inseparável da atitude de Arantes em relação ao marxismo. Porque se a sua dialética é negativa, no sentido de que se volta contra todas as *filosofias*, ela não é negativa em relação a essa "não"-filosofia que representa o pensamento de Marx. E nesse sentido a dialética de Arantes – refiro-me a *O Fio da Meada* – não tem nada de negativa.

3. Idem, p. 28.
4. Idem, p. 99.
5. Idem, p. 112.
6. Idem, p. 148.
7. Idem, p. 117.
8. Idem, p. 265.
9. *Ressentimento da Dialética*, op. cit., p. 15.

ADORNO OU LUKÁCS? 193

Porque se formos caracterizar como dialética negativa todas as formas de crítica que, não deixando em pé o conjunto da tradição filosófica, ressalvam entretanto a obra de Marx (concebida ou não como "materialismo dialético", isso importa, mas não muito) vamos chegar a um curioso conceito de negatividade (por exemplo, a dialética de Lukács d'*A Destruição da Razão*, dialética que sob muitos aspectos é dogmática, seria também "negativa", o que é no mínimo estranho).

Conviria estudar mais de perto a relação entre crítica da filosofia e marxismo em Paulo Eduardo Arantes, assim como a sua atitude para com a dialética negativa de Adorno. Como assinalei em outro lugar, se Arantes não deixa espaço para a filosofia, é porque também não deixa espaço para a crítica do marxismo. As duas coisas vão juntas. Essa ligação se revela, se refletirmos sobre o que ele escreve a respeito de Adorno. Diferentemente do que ocorre com *Ressentimento da Dialética*, *O Fio da Meada* incorpora Adorno ao rol dos objetos da crítica. Ele é visado tanto no plano político como no plano teórico. No plano político, a propósito dos incidentes envolvendo o filósofo e certos estudantes gauchistas em 1968: Adorno não estaria "'resistindo' a nenhuma ditadura", escreve Arantes (ou sua interlocutora Iná Camargo Costa). De resto, a ex-"torre de marfim, era agora um instituto que precisava brigar por subvenções"[10]. No plano da teoria, Arantes – agora em pessoa – se pergunta afinal: "por que diabos um tipo como Adorno continuou a falar em filosofia"?[11]. Na realidade, se Adorno se indispôs com um certo "fascismo vermelho" que teve curso no interior do movimento de 1968, era porque sabia que o inimigo não é simplesmente o capitalismo, e que, como a história do século XX mostrou à saciedade, também a partir do anticapitalismo podem surgir formas brutais de exploração e de dominação. Mas para levar esses fenômenos a sério seria preciso tomar alguma distância em relação ao marxismo, encarando de forma crítica a história da esquerda neste século, o que a despeito de algumas referências ao stalinismo, *O Fio da Meada* não faz. Inversamente, se Adorno "continua a falar em filosofia" é porque sabe que para pensar Auschwitz e mais ainda as sociedades burocráticas, o marxismo não basta. É preciso incorporar outras fontes. E a "história" (não estou citando) não as fornece – ver o início da *Dialética Negativa* – como Arantes parece pressupor sem inteiramente pressupor (esta ambigüidade está por trás de sua análise da intelectualidade). Assim a relação de Arantes para com Adorno ilumina o jogo de sombras entre a recusa de toda filosofia e uma crítica social que tem o marxismo clássico como referência essencial.

Aliás, se *Ressentimento da Dialética*, principalmente nos seus apêndices, tem ainda muita coisa em comum com o estilo teórico de

10. *O Fio da Meada*, op. cit., p. 259.
11. Idem, p. 52.

194 A ESQUERDA DIFÍCIL

Adorno, *O Fio da Meada*, apesar das aparências, já não tem muito a ver com ele. O que faz a força de Adorno é que o seu pensamento se situa nos dois planos: é um movimento constante do plano da imanência do texto ao da análise ideológica (de certo modo os dois são imanentes). E entenda-se, imanência ao texto não significa apenas análise interna (o que Arantes sempre faz), mas imanência do filósofo ao texto: o que quer dizer, tomada de posição *filosófica* diante de um texto filosófico, que a análise ideológica não liquida. Sob um aspecto, é verdade, para além (ou aquém) de Marx, Arantes depende muito de uma filosofia, e essa filosofia é o hegelianismo. Diria que por trás d'*O Fio da Meada* há uma espécie de hegelianismo marxista. Hegelianismo, porque não há real abertura para o futuro, e quanto ao passado, o capital e a luta de classes tomam a lugar da Idéia. A propósito do futuro, isto é, da política d'*O Fio da Meada*, diria que a ênfase na "crítica do fetichismo da mercadoria"[12] que o autor (se optarmos pela formulação mais feliz) quer converter "em prática social tangível" poderia ter alguma justificação na medida em que hoje mais do que nunca se naturalizam as leis do sistema. Mas a fórmula é excessivamente geral. E há uma espécie de fixação na derrota das massas na revolução de 1848[13] que não ajuda muito. Mesmo se 1848 foi um marco importante, de lá para cá, muita água passou pela ponte. E não é um certo marxismo clássico, que não vê nada de novo sob o sol, que vai nos tirar da enrascada.

Mas esta é apenas a metade da história. Porque *O Fio da Meada* se ocupa também do Brasil. Por meio da conversa sobre o itinerário intelectual do autor, o livro retoma – num plano mais geral, porque não trata só dos filósofos, e até um momento mais recente – a história e o destino de uma certa geração de universitários de São Paulo, lida como a dos participantes do primeiro seminário de leitura d'*O Capital*, tema de que Arantes já se ocupara em livro anterior. Essa história seria a do ascenso e declínio de um grupo de intelectuais brasileiros que, começando com uma brilhante reelaboração dos temas do marxismo ocidental, teriam acabado assumindo um certo ideal industrialista rejeitado no passado. Mas a perspectiva de Arantes é um pouco ambígua, porque em parte se trata antes de mostrar que essa maneira de ver é ilusória: como teria provado Roberto Schwarz, num texto de 1995, a mudança fora na realidade aparente, o "industrialismo" dos membros mais em vista do seminário, já estaria no cerne dos seus trabalhos e projetos desde os anos de 1950/1960, como mostrariam análises históricas recentes. A meu ver, há aí uma discussão importante que envolve questões políticas, de método e outras. Depois de saudar a "ressalva" de Schwarz[14], Arantes (Iná Camargo Costa) se pergunta:

12. Idem, p. 326 e 327.
13. Ver idem, p. 31, 37, 44, 51, 95, 98, 111, 149, etc.
14. Idem, ver p. 182, 189, 192, 261, 227, 244...

"por que só agora [...] Roberto Schwarz, [...] pôs essas restrições na roda?". Eu faria a pergunta ao próprio Arantes. Porque não é verdade que Roberto Schwarz "foi o primeiro a remover o véu da ilusão" (sic)[15]. Nem que, antes, ele teria convencido a "todos nós"[16]; isto é, que "todos nós" teríamos acreditado na maneira tradicional de ver o seminário (Nesse ponto, eu diria que Arantes confunde os limites da mesa com os limites do mundo. O último conviva com a última Thule). Porque, para alguns, a descoberta de Roberto Schwarz feita em 1995 já era uma evidência desde mais ou menos o final dos anos 50. E não se trata do problema sem interesse de saber quem viu primeiro. Trata-se em primeiro lugar de uma questão de método. Desde *Um Departamento Francês de Ultramar*[17], Paulo Eduardo Arantes tenta uma história da filosofia e das ciências sociais em São Paulo, a partir da idéia de "formação", história cujo grande modelo seria a *Formação da Literatura Brasileira* de Antonio Candido. Mas – não por culpa deste último – a transposição para a filosofia, as ciências sociais e a política e para um objeto contemporâneo, pelo menos para o caso do seminário, funcionou mal. A idéia de "formação" foi, a meu ver, indevidamente hipostasiada. E o resultado foi um discurso que às vezes converge – é curioso – com a barulheira da mídia em torno dos grandes homens e dos grandes professores do país.

Para a análise de um fenômeno como o do seminário – depois de bem delimitar o objeto que, é bom não esquecer, fazia parte de um campo mais vasto – importava estudar: 1) o conteúdo e o valor teórico, em termos universais, das obras produzidas; 2) o seu significado político e macrossocial em geral (para além do fato de que se lia ou não se lia Marx); 3) o significado do grupo ou dos seus representantes mais poderosos, no plano microssocial da universidade. Se isto não se fez suficientemente – estou convencido – foi porque o peso da idéia de formação (nacional) obscureceu tanto o lado da universalidade (a "história" obliterou o momento acrônico e atópico que a teoria comporta) como o da singularidade (o universal "nação" engoliu as determinações microssociológicas). Em filosofia, era preciso se perguntar, como alguns o fizeram, o que representava um marxismo, sem dúvida antialthusseriano, mas com um verdadeiro horror ao vivido e a todo pensamento crítico que sem trair o "conceito" se abrisse – pelo próprio conceito – ao vivido. Na realidade, a "filosofia" dominante no seminário não era apenas uma filosofia de crítica ao humanismo: apesar de sucessivos ajustes, tratava-se de um verdadeiro anti-humanismo embora de matriz hegeliana. O lado a-acrítico dessa filosofia saltava aos olhos, para quem quisesse ver, a começar pela recusa *in*

---

15. Idem, p. 189.
16. Idem, p. 263.
17. São Paulo: Paz e Terra, 1994.

*limine* do pensamento de Frankfurt. Partindo de um momento inicial de certo rigor e criatividade, a "filosofia do seminário" muito cedo descambou num discurso opaco em que uma aparente complexidade ocultava dificuldades e imprecisões. Em sociologia e política teria sido essencial observar, para efeito do diagnóstico político do seminário, que a crítica do desenvolvimentismo não conduzia a nenhuma opção política unívoca. A sociologia "do seminário" concluía com razão que a burguesia nacional "progressista" de que falava o PCB era na realidade aliada do resto do empresariado, mas isto não prejulgava da atitude política que tomaria aquela sociologia em relação ao bloco dos empresários. Em vez de seguir esses caminhos, o que se teve foi uma leitura do seminário que, sem dúvida, não deixa de ser analítica – e nem quero dizer com isso que ele não teve os seus méritos – mas em que todos os lados difíceis foram mitificados pelo tema do grupo-brilhante-de-intelectuais-brasileiros-que-se-puseram-a-ler-*O Capital*. Eu diria mesmo que apesar do seu conteúdo crítico, *O Fio da Meada* tem ainda um tom apologético[18].

A insuficiência da análise global do que representou o primeiro seminário aparece também na maneira pela qual Arantes critica a "guinada final". A propósito de um dos membros mais conhecidos do grupo, um filósofo, ele insiste sobre a virada regressiva que teria constituído a passagem do interesse que este tinha por Marx à fascinação por um grande lógico e filósofo do século XX. A crítica é quase banalmente política. Se esse fosse o problema, bastaria ao filósofo em questão "voltar a Marx", como se diz, para que tudo se resolvesse. O que ele pode fazer. Paris vale uma missa (Arantes dirá que uma nova guinada só confirmaria o seu argumento, que visa antes o estilo "ventoinha" da tradição nacional. Mas é fácil ver que o seu argumento politiza demais – ou mal – e perde de vista aspectos importantes. Afinal se o filósofo tivesse escrito um bom livro sobre Wittgenstein, por que não? Arantes responderia talvez que por razões sociais ele não poderia ter escrito esse livro. Mas não convém abusar da idéia de necessidade histórica).

Quanto aos que fizeram uma outra leitura do seminário, sua crítica, é verdade, ficou muitas vezes comprometida por um radicalismo revolucionário cujo lado desastroso se comprovou. Nesse sentido, seria preciso dizer que a tendência de alguns a valorizar a experiência do *segundo* seminário e da revista *Teoria e Prática*, que dele resultou, é igualmente ilusória. Também a história do segundo seminário foi mistificada. A oposição militantismo/ intelectualismo é falsa; além do que, seria preciso mostrar por exemplo que não foi a direita, mas foram os próprios grupos de extrema esquerda (houve até desvio de dinheiro em

---

18. Ver o tema ambíguo do discurso sobre o "pensador nº 1", o "pensador nº 2" etc.

nome de pretensos interesses revolucionários) que liquidaram a revista *Teoria e Prática*. A direita só deu o tiro de misericórdia.

Da experiência dos dois seminários pode-se, de resto, tirar certas conclusões que interessam o destino da esquerda brasileira e da política brasileira em geral. A desconfiança da cúpula do primeiro seminário em relação às soluções revolucionárias (em particular revolucionárias armadas) teve um lado positivo. O inconveniente é que ela vinha ligada com a prática das alianças que começavam com a "burguesia nacional" e terminavam não se sabe onde. Inversamente, se o revolucionarismo do segundo grupo era ilusório, não era ilusória a sua exigência de respeito pelos princípios, nem a recusa do oportunismo das alianças com qualquer um. Na superação dessa alternativa está a meu ver a saída para o impasse atual da esquerda brasileira: importa denunciar a política de alianças que levou aonde levou, sem que isso implique fidelidade a qualquer uma das ideologias paramarxistas ou marxistas do século: maoísmo, stalinismo, castrismo, mas também leninismo e trotskismo.

Retomando "o fio da meada". Se a análise global se ressente de uma espécie de hegelianismo marxista, a discussão sobre a intelectualidade paulista vai da hipóstase da idéia de formação (que privilegia a distinção finalmente problemática entre o "sistema" e "as manifestações avulsas"[19], pista perigosa que só alguém como Antonio Candido e falando de literatura e de literatura dos séculos XVIII e XIX pode manter nos seus devidos limites), a uma espécie de crítica política unilateral. Se sob o primeiro aspecto (a hipóstase da formação) os defeitos da leitura que o livro faz da história da intelectualidade em São Paulo são de uma natureza diferente das dificuldades do livro no plano da problemática geral (elas vão em parte em direção oposta: perde-se por exemplo a análise de classe), sob o segundo aspecto, elas vão no mesmo sentido.

Há certos paralelismos e interferências entre os dois planos que poderiam ser desenvolvidos se considerarmos também os trabalhos de uma das interlocutoras de Arantes, à qual já fiz alusão, Iná Camargo Costa. As críticas a Adorno n'*O Fio da Meada*, feitas em parte sob o nome dela, correspondem às que, nos seus trabalhos sobre o teatro de Brecht, ela fez ao pensador de Frankfurt. E, nesses trabalhos, essa crítica se reflete, por sua vez, na discussão brasileira. Entre outras coisas, não posso deixar de me referir, nesse contexto, ao questionamento, por parte da autora, do pretenso antimarxismo de um grande crítico teatral da geração da revista *Clima* [Décio de Almeida Prado]. Embora a minha competência em matéria de teatro seja pouco mais do que nula (mas os trabalhos de Iná C. Costa são também políticos), eu diria – é a minha impressão – que aquilo que, por meio de uma discussão sobre Brecht, ela não perdoa ao crítico, converge com aquilo que ela

---

19. *O Fio da Meada*, op. cit., p. 271.

não tolera em Adorno, em oposição a Brecht: uma postura crítica *pós-marxista*, em particular diante da sociedade burocrática. Como tenta mostrar a própria Iná Camargo Costa – ela o faz para ressaltar os méritos de Brecht –, a posição do Brecht dos anos de 1940 em relação à burocracia "soviética" (para não falar de outro Brecht, o dos "mil olhos do partido" por exemplo, diante dos quais o dissidente só teria dois...) se aproximava – eu diria: não ia além – da crítica, digamos, marxista clássica, ou trotskista, à burocracia. De fato, a posição de Brecht – ver textos aduzidos pela autora em seus artigos – coincidia então, mais ou menos, com a daquele tipo de crítica à burocracia: o governo da URSS seria, de algum modo, uma ditadura sobre o proletariado, mas, ao mesmo tempo, encarnaria de algum modo os interesses do proletariado. E assim, voltando à discussão brasileira, se a minha hipótese é correta, Iná Costa criticou um membro do grupo *Clima* naquilo que foi um dos pontos fortes do grupo – a meu ver, o que ele teve de melhor: a recusa não só do stalinismo mas também da postura trotskista e marxista clássica – postura crítica mas atenuada e ambígua – diante das sociedades burocráticas. Ver a esse propósito o notável documento político redigido por Antonio Candido, um projeto de plataforma para o antigo Partido Socialista publicado no número 1 da revista *Praga*, texto que abre fogo tanto contra o capitalismo como contra o que ele chamava de "capitalismo de Estado". Em compensação, valeria a pena estudar os efeitos, positivos ou negativos, que teve sobre o grupo *Clima*, a idéia de formação e, e em geral, a de desenvolvimento nacional. Porque esses efeitos podem não ter sido só positivos. Segundo alguns – e contra as aparências imediatas –, se não o privilégio da idéia de formação, pelo menos a ênfase posta no "desenvolvimento nacional" explicaria até mesmo, em anos mais recentes, uma certa indulgência do grande crítico literário do grupo em relação a determinados governos burocráticos do Terceiro Mundo, indulgência que desconcerta um pouco alguns dos seus amigos e discípulos (entre os quais me incluo), que estavam habituados a uma outra lição[20]. Enfim, os problemas que levanta a leitura de *O Fio da Meada* mostram, entre outras coisas, que uma história crítica do grupo *Clima*, se ainda não existe, tem de ser feita.

A quantas estamos? *Ressentimento da Dialética* é um grande livro. *O Fio da Meada*, um passo em falso, embora o livro tenha alguns

---

20. Essa referência crítica a meu mestre e amigo Antonio Candido provocou uma verdadeira tempestade por parte de alguns, excessivamente zelosos. Pensei em eliminá-la, primeiro porque a "hipótese explicativa" pode não ser verdadeira e, depois, porque tenho a impressão de que Antonio Candido tem, hoje, uma posição mais dura em relação a certos autocratismos "de esquerda". Mas me pareceu útil deixar a referência. Ela serve contra um mau hábito brasileiro de passar por cima dos problemas e das divergências, em nome de pretensas exigências de "cordialidade". No caso presente, não posso deixar de assinalar que, sob diferentes aspectos, meus contatos com o grande mestre e amigo foram desde o início marcados pela política e pela discussão política.

ADORNO OU LUKÁCS? 199

bons momentos. Fazendo um balanço dos trabalhos de Paulo Eduardo Arantes, incluindo também *Um Departamento Francês de Ultramar* e *Sentimento da Dialética*, seria preciso dizer o seguinte. Se uma ruptura com a leitura universitária tradicional dos textos filosóficos, sem cair na história das idéias em sentido vulgar, já estava mais ou menos no ar em nosso meio, Paulo Eduardo Arantes foi quem teve a coragem de levar esse trabalho até às suas últimas conseqüências (o problema é o de saber se ele não ultrapassou os limites de validade dessa operação). Em segundo lugar, se a crítica de certa filosofia francesa sempre esteve em pauta no departamento "francês" da Universidade de São Paulo, a nossa crítica dos franceses poupou em geral a historiografia filosófica com a qual nos havíamos formado. Sem deixar de fazer as distinções necessárias, Arantes teve o mérito de haver considerado o conjunto da produção filosófica francesa de um modo não escolar: ele descobriu filosofia também nos melhores historiadores-filósofos, nossas "vacas sagradas", e a criticou sem temor reverencial. Tarefa considerável que foi recebida com reticências por alguns brasileiros e franceses. Em terceiro lugar, se a reflexão sobre a experiência filosófica universitária em São Paulo já tinha dado alguns passos, ele certamente a levou mais longe do que ninguém (também aqui, resta saber quais são os limites desse tipo de reflexão). De qualquer forma, Arantes modificou substancialmente a paisagem. Da sua geração – incluindo também a geração anterior –, Paulo Eduardo Arantes é, certamente, um daqueles que melhor pensa e escreve. E, provavelmente, o que mais sabe "coisas". Isso é muito para um indivíduo só. Entretanto, há riscos. Disse que o projeto do autor é a crítica dos filósofos contemporâneos, na sua tríplice expressão: a "ideologia francesa" (incluindo Lyotard e os "désirants") , a teoria alemã da ação comunicativa e o neopragmatismo americano[21]. A julgar pelo que se lê nos dois livros comentados, Arantes parece estar metido numa alternativa objetiva: sua crítica poderá seguir os caminhos de Adorno (crítica externa e interna, no sentido mais enfático, tal como defini anteriormente), mas também pode seguir , digamos, os da *Destruição da Razão* de Lukács, obra que o *Ressentimento da Dialética* (mas o que pensa dela *O Fio da Meada*?) considera como "reconhecidamente disparatada"[22] ou, menos duramente, como um "importante livro malogrado"[23]. A alternativa é assim, um pouco: Adorno ou Lukács? De qualquer forma, ao contrário do que pensaram alguns, o fenômeno Arantes tem menos ar de cataplasma do que de terremoto.

21. *O Fio da Meada*, op. cit., p. 204, por exemplo.
22. *Ressentimento da Dialética*, op. cit., p. 56, n. 88.
23. Idem, p. 207, n. 26.

200 A ESQUERDA DIFÍCIL

## NOTAS (CONTEMPORÂNEAS AO TEXTO)

1. Se o hábito de dar entrevistas, que são na realidade auto-entrevistas, se tornou corrente, confesso que o procedimento de *O Fio da Meada* me incomoda, porque é de outra ordem. Nas pseudo-entrevistas, o interlocutor é uma figura anônima que representa o jornal; e quando não é anônima, é a de um jornalista que, perguntando sobre aquilo que o entrevistado quer falar, faz pouco mais do que facilitar o andamento do texto. Em *O Fio da Meada*, as interlocutoras têm nome, obra, e fazem longas intervenções de importância substancial, que vão no sentido dos seus trabalhos. Mas ao mesmo tempo há indicações de que quem fala é sempre o autor; de modo que o crítico vê-se na impossibilidade de saber de quem é o texto que está comentando. O autor se permite mesmo certos efeitos dramáticos, de gosto duvidoso. Assim, ele desaparece nas últimas páginas, as interlocutoras – abandonadas a elas mesmas – se perguntam onde ele está. Nesse sentido, eu diria que *O Fio da Meada* se ressente em geral de um certo egocentrismo municipal, tique que, sem vantagem, toma o lugar do antigo europeísmo deslumbrado.

2. Já que as minhas observações sobre o viés antifilosófico do último Arantes parecem fazer correr muita tinta, seria bom precisar algumas coisas. As críticas que a esse respeito faço ao *O Fio da Meada* tem pouco a ver com o *tópos* tradicional do elogio da filosofia. Que quero dizer com elas? Parto dos textos citados em que Arantes constata/ deseja a morte do gênero filosofia. Meu problema é saber o que esses textos significam e como se coadunam com os projetos do autor. Como ele anuncia uma espécie de crítica dos filósofos contemporâneos, e na medida em que todo crítico dos filósofos, como também todo historiador da filosofia, faz em certo sentido filosofia, é claro que eles não visam a filosofia nesse sentido segundo. É a filosofia em sentido primeiro que ele exclui, aquela que o autor diz nunca ter feito (ele afirma não ter escrito uma única linha de filosofia). Mas como definir essa filosofia em sentido primeiro, que deveria ser recusada? Ela não se limita à ontologia. Observo que não há nada de novo nem de escandaloso em supor que a ontologia perdeu o lugar que tinha no passado; é aliás a tese dos frankfurtianos. A recusa atinge também as outras formas de filosofia e de "não"-filosofia, e explicitamente a dialética negativa no sentido de Adorno. Por que a censura vai até aí?

A posição de Arantes se esclarece – o que não quer dizer se legitima – se pensarmos na situação atual da crítica contemporânea. No meu entender, ao pensamento crítico – anticapitalista e antiburocrático – se propõe um trabalho de reconstrução ou de reconstituição, no plano da política, da ética, e da filosofia da história. Há também muita coisa a fazer em matéria de lógica, trabalho que vai na linha da dialética adorniana,

ADORNO OU LUKÁCS? 201

mas pode ultrapassá-la. Essa reconstituição, que não é habermasiana – trabalho coletivo que a longo prazo deveria conduzir a uma nova figura da história da dialética –, não nos reconduz ao universo filosófico clássico nem pós-clássico, mas atravessa de uma forma ou de outra a tradição filosófica. Por outro lado, como no caso da dialética negativa de Adorno, o projeto é indissociável de uma reflexão crítica sobre o marxismo. Reconstrução crítica, "re-prise" negativa da tradição filosófica e crítica do marxismo vão juntas. Aqui se toca no segredo dos textos antifilosóficos de Arantes. Arantes não pensa o marxismo; pensa no interior do marxismo, o que é outra coisa. Para ele, não há portanto reconstrução a fazer. E não havendo reconstrução, não há lugar para nenhum tipo de filosofia, mesmo a negativa de Adorno, ou qualquer outra filosofia negativa que se constitua a partir dela. Dizer adeus à filosofia converge, no caso, com dizer adeus à análise crítica do marxismo. O que significa, em termos do seu trabalho: Arantes se dispõe a fazer história, crítica literária e mesmo filosofia em sentido segundo, crítica filosófica, sempre a partir do marxismo. Mas pensar para além do marxismo – eis o que realmente está em jogo – não entra no seu projeto nem no seu universo. Observemos que uma perspectiva mais heterodoxa não excluiria – pelo contrário, reforçaria – a projetada crítica do pensamento francês-alemão-americano, trabalho importante que uma visão muito ortodoxa pode em parte comprometer.

3. A propósito da idéia de formação e do método associado a ela (em particular sobre a *Formação da Literatura Brasileira* de Antonio Candido). Se por várias razões é difícil acompanhar os críticos de Antonio Candido (na *Formação* o método não é hipostasiado, Antonio Candido – como já se mostrou – não busca origens etc.), não é menos verdade, parece – opinião de amador em história da literatura brasileira – que o problema existe. Há alguma coisa de perturbador num método que obriga o autor a tratar dos poemas de José Bonifácio, mas lhe permite omitir Gregório de Matos (para só falar no *casus belli*). Os riscos de uma hipóstase desse método são evidentes. E se menos do que um método, a idéia de formação constituísse um "momento" – em sentido técnico, determinação a ser "negada" – do método? De resto, Antonio Candido não omite as dificuldades. Abandonada a si mesma e hipostasiada, a idéia de formação pode levar, e levou, a meu ver, a abusos e enganos. Para me restringir ao que nos concerne mais de perto (para além da obra de A. Candido): que significava saber se o livro x do filósofo y correspondia ao livro que, segundo Mário de Andrade, um brasileiro escreveria um dia? Questão inocente? Não. A análise interna e universal dos textos perdeu com coisas desse tipo. De um modo mais geral, a distinção problemática entre manifestação avulsa e sistema, manejada *à chaud* (visando o presente imediato) teve efeitos perversos. Embora a idéia de formação não tenha em si mesma

202  A ESQUERDA DIFÍCIL

essas implicações (mas pensada como mais do que um "momento" do método, ela pode ter), tenho a impressão de que ela acabou levando, entre outras coisas – refiro-me ao seu investimento para a análise de contemporâneos –, a exagerar a realidade e a importância de certos grupos (não de todos), em prejuízo dos "avulsos". Isso parece banal, mas foi o que aconteceu[24]. Os "avulsos" – no melhor dos casos, e às vezes sem dúvida para evitar injustiça – só tiveram um lugar quando incorporados, de uma forma ou de outra, a grupos, transfigurados em suportes da história da formação nacional. Esses grupos funcionam como verdadeiros universais concretos que, à maneira da mercadoria em Marx (a transposição é ilegítima), dariam sentido – no limite seriam a única fonte de sentido – aos casos anômalos. A acrescentar que certos "avulsos" só foram reconhecidos quando passaram a ser lidos e "investidos". Isto é, quando, de certo modo, deixaram de ser "avulsos". A crítica, que deveria ser uma práxis, pôs-se assim a reboque do tempo, que é idealizado. A acrescentar, como disse também no mesmo lugar, que por causa do ponto de vista da formação nacional, toda uma série de problemas importantes e mesmo decisivos em termos teóricos – em particular problemas de ordem filosófica, de natureza ética ou lógica – foram desvalorizados em nome de uma duvidosa "relevância cultural". Banalidade a refletir: em filosofia – como em arte, em ciência e em literatura – interessa em primeiro lugar o valor, a originalidade e a relevância teórica (ou respectivamente artística, científica, literária) do que se escreve ou faz. O resto vem depois ou, pelo menos, nem sempre vem junto.

24. Cf. a esse respeito minha entrevista A Esquerda Passada a Limpo, *Folha de São Paulo*, 26 out. 1996, Mais!.

# 12. A Europa, o Tratado, e os Referendos

O resultado negativo do referendo francês sobre o projeto de Tratado Constitucional, confirmado pelo referendo holandês, representou um verdadeiro terremoto que abalou o presidente Jacques Chirac, os dois partidos de centro-direita (UMP de Chirac, e UDF de François Bayrou), o Partido Socialista e os Verdes. É o conjunto da chamada classe política francesa que foi posta em xeque, com exceção das extremas direitas, da extrema esquerda (comunistas e trotskistas), dos neojacobinos de Jean-Pierre Chevènement, dos ultraliberais, e da parcela do PS e dos Verdes que se dispôs a votar contra o Tratado. Pela enumeração das tendências que sofreram uma derrota, e, sobretudo das que saem vitoriosas do *referendum*, vê-se a complexidade do fenômeno. Que entre os últimos coexistam não só extrema direita e extrema esquerda, mas também jacobinos e ultraliberais, dá idéia do embaraço do novelo cujo fio é difícil encontrar...

A meu ver, a questão geral da União Européia e a do projeto de um Tratado Constitucional – dois problemas que é preciso não confundir sem mais – é de um interesse excepcional, não só por suas implicações, que seria um erro subestimar, mas porque ela põe à prova os quadros conceituais de leitura da política contemporânea (penso principalmente nas leituras de esquerda) e as perspectivas políticas que se traçam a partir deles (penso sobretudo nas perspectivas da esquerda, e em particular na dos socialistas democráticos). Estou convencido de que o problema da União Européia não pode ser entendido nem a partir da visão de uma esquerda radical clássica, que pensa o processo

204 A ESQUERDA DIFÍCIL

essencialmente em termos do choque de interesses econômico-políticos nacionais ou do movimento e dos interesses globais do capital, nem a partir de um ponto de vista simplesmente político, no estilo do discurso dominante na França nos meios de centro-esquerda, que faz tábula rasa daqueles elementos ou, pelo menos, subestima a sua relevância. Na realidade, a questão da União Européia é "estratégica" (*un cas d'école*, como diriam os franceses), no sentido de que ela revela as dificuldades tanto das explicações marxistas clássicas como as das análises e perspectivas dos liberalismo político, incluindo, em certa medida, os social-liberalismos.

Antes de mais nada, é preciso registrar, e saudar, o formidável interesse que o referendo despertou. Discutiu-se por todo lado: cafés, barbeiro, escolas, família. Grupos se reuniam em apartamentos, com o texto do Tratado nas mãos, para pôr à prova os argumentos múltiplos (e, mesmo dentro de cada campo, contraditórios) dos partidários do sim, e dos partidários do não. Duas semanas antes do referendo, dentre os cinco livros mais vendidos de não-ficção, três, incluindo o primeiro e o segundo, eram sobre o Tratado... Houve quem comparasse a intensidade do debate ao caso Dreyfus. De minha parte, nunca vi coisa parecida, senão talvez, guardadas as diferenças, as discussões políticas que dominaram o Chile no primeiro ano do governo Allende.

A Europa, do que se trata? Por que um certo número de homens políticos (democratas-cristãos, socialistas e outros) em oposição a gaulistas, comunistas, gauchistas, jacobinos, conservadores, e parte dos socialistas, se dispuseram a começar o difícil trabalho de construção da unidade européia no início dos anos de 1950? Creio que houve dois motivos principais. Por um lado, a vontade de liquidar as guerras na Europa. Seria preciso lembrar que o mundo não esteve longe de uma repetição funesta do que aconteceu no primeiro pós-guerra com o Tratado de Versailles e o pós-Versailles, quando a imposição à Alemanha de cláusulas extremamente duras alimentou o militarismo alemão e contribuiu para a vitória de Hitler. De Gaulle era, a princípio, favorável a um desmantelamento da Alemanha. Foi contra esse revanchismo que lutaram os pró-europeus. Bem entendido, esses homens políticos eram adversários da política "soviética" (é bom não esquecer que, se do lado de cá o hegemonismo americano se desencadeava, do lado de lá era a época do golpe de Praga, do enforcamento de líderes do partido camponês na Hungria, da liquidação da democracia nos países do leste europeu etc). Mas se havia, entre os "pais fundadores" da Europa, uma atitude pró-americana, coexistia com ela uma tendência neutralista de recusa dos dois blocos.

O segundo motivo, e esse o decisivo, era a consciência de que, diante dos dois gigantes, as nações da Europa não tinham nenhum futuro, a menos que buscassem uma forma de integração. Foi a aspiração à grandeza política (não propriamente o amor pela humanidade, mas

A EUROPA, O TRATADO E OS REFERENDOS

também não propriamente o interesse do capital) que impulsionou o projeto. Surgiu assim, no interior de posições econômicas e mesmo políticas muito distantes – e constituindo, tanto a partir da direita como a partir da esquerda, uma nova polarização –, uma ruptura entre pró-europeus e antieuropeus.

A construção européia teve dois grandes adversários, na pessoa de De Gaulle (pelo menos a Europa como federação) e de Margareth Thatcher. De Gaulle sempre foi adversário da supranacionalidade, mas era favorável às instituições de tipo *con*federativo. Por outro lado, ele sempre representou uma posição antiatlantista, isto é, de independência em relação aos Estados Unidos. Estes começam apoiando a construção européia, para progressivamente ir tomando distância, à medida que a Europa foi aparecendo como um poder virtualmente independente e alternativo.

Dois acontecimentos vão influenciar a história da construção euro-péia: de um lado, o fim dos "trinta anos gloriosos", em que a economia mundial teve grande crescimento; e, depois, a queda do muro.

Se a Europa nasceu no contexto da Guerra Fria, ela nasceu tam-bém no interior de um universo em que o Estado-providência e uma economia dirigista eram aceitos, em alguma medida, mesmo pelos seus adversários. Essa situação se altera com a crise que se inicia nos anos de 1970. A partir daí, a exemplo do que ocorreu por toda parte, a ideologia neoliberal começou a ter um peso considerável na construção da Europa, e tal ideologia se reforçará depois com a entrada dos países do leste. Mas pouco a pouco, e mesmo se os socialdemocratas no poder fizeram grandes concessões à filosofia econômica emergente, surgiu, na Comunidade como depois na União, uma oposição constante entre uma esquerda socialdemocrata e uma direita neoliberal.

Mas o que representa o Tratado, que significação tem o resultado dos dois referendos, e que perspectivas se abrem (ou se fecham) de-pois desses resultados? O Tratado é um documento curioso, e muito se discute sobre a sua verdadeira natureza. Trata-se efetivamente de uma Constituição? A questão não é puramente acadêmica, veremos por quê. Ele tem quatro partes: uma primeira parte que enuncia princípios e valores gerais, e que determina a organização política da Europa. Uma segunda parte que é a retomada com modificações de uma declaração de direitos fundamentais, aprovada anteriormente; uma terceira em que se trata de várias questões (funcionamento das instituições, ação externa etc), mas sobretudo de questões econômicas, como o mercado interno e a política econômica e monetária. A quarta parte contém as disposições gerais e finais e os protocolos anexados ao Tratado.

A atitude a tomar diante do Tratado não representou nenhum problema para os adversários da Europa, em particular para aqueles que recusam todo projeto de tipo federativo. Ela só podia ser negativa. De um lado, a extrema direita de Jean-Marie Le Pen, mais a chamada

206     A ESQUERDA DIFÍCIL

direita extrema de Philippe de Villiers. Também, à esquerda, o jacobino Jean-Pierre Chevènement. O Partido Comunista Francês foi histórica e violentamente antieuropeu, seja porque os pais fundadores nunca foram simpáticos à URSS, seja porque o PCF sempre foi eminentemente nacionalista. Hoje ele se afirma europeu, mas creio que há razões para duvidar do seu empenho. A extrema esquerda trotskista também nunca revelou historicamente um interesse real pela integração européia (o internacionalismo abstrato que ela professa desconfia *a priori* desse tipo de organização, como sempre desconfiou da ONU, e já antes da Sociedade das Nações). Sua posição se modificou, mas a impressão que se tem é de que o objeto Europa lhe é de difícil deglutição, porque estranho ao seu projeto geral e à sua maneira de pensar.

O problema se coloca para os verdadeiros pró-europeus. No que se refere à esquerda, estes se encontram principalmente no PS ou entre os Verdes, além dos independentes. *Este* projeto seria, no seu conteúdo e formas, um projeto aceitável? Mas antes, e pelo próprio fato de que é preciso distinguir os dois níveis, é necessário voltar ao problema geral: quais as razões que devem levar um socialista democrata a apoiar a construção européia, razões que *poderiam* eventualmente contribuir para um posicionamento favorável em relação ao tratado? As razões são principalmente três. Primeiro, como já foi dito, a construção européia garantiu uma conquista fundamental, a paz entre as nações da Europa, em particular entre os dois velhos inimigos que se digladiaram durante 75 anos. Só esse resultado, que, claro, dependeu também de outras circunstâncias, já é um argumento de peso em favor do processo. A segunda razão é a de que a criação de um espaço mais amplo e unificador cria condições, em última análise, mais favoráveis ao desenvolvimento das lutas sindicais e populares em geral. O velho argumento da tradição da esquerda, segundo o qual a ampliação e universalização do capitalismo criava condições para a revolução proletária, pode ser transposto, dentro de certos limites, para uma situação em que não se trata mais – para mim, pelo menos, não se trata – de revolução proletária. Se não se conta mais com esta, subsistem entretanto objetivos a longo prazo, e entre estes está, a meu ver, eminentemente, a redução radical da jornada de trabalho – única solução para o problema aparentemente insolúvel do desemprego. Ora, uma mutação desse tipo não é possível sem lutas integradas, e sem movimento sindical e popular em nível transnacional. A construção européia, apoiada ou não pelo patronato, serve a esses objetivos. A terceira razão é a de que no plano internacional temos atualmente um grande poder hegemônico, os EUA, e um outro em ascensão rápida, a China. Tanto um como outro (o segundo é pior do que o primeiro, mas o primeiro é por ora muito mais forte, e toma um rumo fundamentalista funesto que talvez não seja transitório) são extremamente agressivos, autocráticos ou potencialmente antidemocráticos, além de irresponsáveis no que se refere às perspectivas de vida no planeta. A única possibilidade de ter uma alternativa a esses dois poderes é uma Europa forte. Essa Europa será capitalista, sem dúvida; mas há capitalismos e capitalismos, e existem em princípio possibilidades de que o capitalismo europeu, marcado até aqui pela socialdemocracia, venha a mostrar uma face diferente.

Passando ao Tratado. Deve-se dizer que ele contém um número importante de modificações, reforçando os procedimentos democráticos, e que a declaração de direitos fundamentais, nele incluída, contém muitos elementos positivos: igualdade entre os sexos e mesmo possibilidade de discriminação positiva em favor do "sexo sub-representado", reafirmação dos direitos do homem (quem acha que isso tem pouca importância, pergunte aos tchecos, poloneses ou bálticos), proscrição da pena de morte (praticada amplamente pelos dois gigantes), defesa do meio ambiente, incluindo o princípio de precaução etc.

Qual o problema então? Ele reside num número importante de disposições no plano econômico que estão principalmente na terceira parte, e em certo número de princípios gerais sobre a ordem econômica que aparecem desde a primeira. Há no Tratado um *leitmotiv* em torno da "concorrência não falseada" ou da "concorrência livre", que aflora pelo menos uma dezena de vezes. Dir-se-á que isso não é grave, que já fora aprovado anteriormente e, principalmente, que esse lado neoliberal é equilibrado pelas referências à "tendência ao pleno emprego", à previdência social, ao direito de greve (fala-se mesmo, uma vez, de cogestão), ao "direito a trabalhar", aos serviços públicos, além da idéia geral de "economia social de mercado". De fato, o texto é o resultado de uma longa discussão entre duas tendências, e de compromissos entre elas. Porém os adversários do Tratado respondem que as concessões não modificam o essencial, e que a hierarquia de exigências põe no topo a estabilidade dos preços e a limitação dos déficits, além de acolher o princípio da independência do Banco Central Europeu. Quanto ao fato de a maioria desses dispositivos já terem sido aprovados, lembram que colocá-los num documento que se apresenta como uma Constituição tem outro peso (negativo), acrescentando que a revisão do Tratado só poderia ser feita por unanimidade (o que já era o caso anteriormente, mas para uma Europa muito menor e muito menos heterogênea). Resumindo a sua argumentação, eles insistem sobre a idéia de que o Tratado Constitucional é perigoso: ele não se limita a incluir alguns princípios de regulação da vida econômica, como ocorre em algumas outras constituições, onde se trata em geral de proteger os economicamente frágeis, *ele inclui como princípio uma verdadeira filosofia econômica, senão uma política econômica.* O que instituiria um ferrolho antidemocrático, cujas conseqüências se pode imaginar.

Oito países já ratificaram o tratado por via parlamentar, e um por referendo. Restam catorze que ainda devem se manifestar por meio de um ou de outro procedimento, incluindo a Grã-Bretanha. Mas o resultado negativo dos referendos francês e holandês pode interromper o processo – para melhor ou para o pior.

# 13. China, Capitalismo e Repressão: A Propósito da Visita do Presidente da República à China

A visita do presidente Lula à China [em maio de 2004] tornou possível uma série de acordos comerciais, cujo conteúdo não pretendo discutir. Em linhas gerais, fora um qüiproquó em torno de eventual fornecimento de materiais de interesse para a produção de energia nuclear, e algumas outras dificuldades, os acordos parecem ter sido benéficos ao país. Interessam-me os aspectos políticos da viagem. Eles seriam de interesse secundário? Não é a minha opinião. A viagem do presidente foi precedida de contatos, na China, entre o Partido Comunista Chinês e dirigentes do PT. Fazendo um balanço da viagem em um artigo publicado na imprensa paulista no dia 8 de maio, José Genoíno, presidente do PT, descreve, com entusiasmo, os sucessos da economia chinesa. Mas não só ele faz silêncio a propósito das violações dos direitos do homem – há vagas alusões aos progressos do país no plano político – como faz o elogio da política chinesa no plano das relações internacionais: "Sua política externa [a do governo chinês] se baseia na promoção dos princípios da paz, da não-agressão, na autodeterminação dos povos, e no multiculturalismo". O presidente Lula e o ministro da relações exteriores Celso Amorim não deixaram por menos, por ocasião da visita. Amorim declarou que "o presidente Lula está consciente de que os direitos humanos fazem parte da Constituição chinesa". Relembrou ainda o voto brasileiro favorável a Pequim, na Comissão dos Direitos Humanos da ONU, o que "a parte chinesa" naturalmente agradeceu. O presidente Lula se declarou contra a independência de Taiwan e do Tibete, e a favor do princípio de uma só China, o que Hu Jintao,

210    A ESQUERDA DIFÍCIL

presidente chinês, também agradeceu. Finalmente, ao terminar a sua viagem, Lula declarou que o problema dos direitos do homem na China "é um problema superado". Aludindo à votação favorável a Pequim na Comissão dos Direitos do Homem, votação à qual o Brasil contribuiu, e que teve como resultado a eliminação de toda discussão sobre o problema, Lula declarou: "A onu discutiu e resolveu o problema para nós". Para completar a obra, o comunicado conjunto Hu Jintao/ Lula critica a "politização" do tema dos direitos humanos; e Lula fez a declaração clássica: "eu não viajo a um país para fazer julgamentos políticos sobre os problemas do país".

Houve algumas reações a esse tipo de atitude, mas não muitas. Sua suposta insignificância talvez, ou alguma outra razão, fez com que a discussão se centrasse nos problemas econômicos. Entretanto, as posições políticas que assumiram Lula e a diplomacia brasileira na China têm uma significação profunda. E devem ser lidas em continuidade com o silêncio sobre as violações das liberdades elementares em Cuba, por ocasião da viagem de Lula a Havana. O nosso embaixador em Cuba não declarou, a propósito do fuzilamento de candidatos à fuga, que se tratava de assunto interno de Cuba? Não sei se é necessário lembrar, mas há muito tempo não se considera violação dos direitos do homem como assunto interno de nenhum país; e a propósito de outros países, o governo brasileiro conhece e põe em prática essa norma. A meu ver, esse tipo de atitude configura uma tendência que eu chamaria de nacional autoritária na diplomacia brasileira. Tendência que é tanto mais lamentável, se se considerar que, em linhas gerais, a política externa foi considerada, e com razão, como um dos pontos fortes do governo Lula. Mas para aprofundar as questões, seria preciso falar da China, ou pelo menos de alguns dos problemas relativos a ela. De fato, o que se diz e escreve a respeito no Brasil (como para muitos outros assuntos de política internacional e de história contemporânea) é em geral muito insuficiente e superficial. A intelectualidade de esquerda está ainda mergulhada numa verdadeira mitologia a respeito da China e do seu regime.

O que é hoje a China? Uma potência emergente em pleno desenvolvimento, onde domina um capitalismo ao mesmo tempo selvagem e autocrático. Se se acrescentar que a ideologia continua sendo mais ou menos "comunista", poder-se-ia dizer, por um lado, que a China é um monstro como objeto sociopolítico. Usou-se da imagem do "ornitorrinco" para descrever os paradoxos aparentes da sociedade brasileira. Mas o epíteto conviria bem mais à China do que ao Brasil, pelo menos se se pensar na relação entre a sua ideologia e o que é efetivamente a sociedade e o poder na China atual. Mas como o descompasso está sobretudo na ideologia – e a ideologia chinesa é um caso limite: ela é pouco mais do que uma simples linguagem, "emissão de voz" diriam os filósofos medievais – pode-se dizer também que a China atual não

# CHINA, CAPITALISMO E REPRESSÃO

é ornitorrinco nenhum. É um capitalismo autoritário nos limites do totalitarismo, como houve e há outros, embora ela tenha alguns traços *sui generis*. Do ponto de vista da esquerda, não há razões maiores nem menores para "tomar o partido da China". Trata-se de um poder despótico, internamente, e expansionista, no plano externo. Hu Jintao não é melhor do que Bush. Quanto ao Estado chinês atual, ele é certamente muito pior do que a imperfeita democracia americana (há algum tempo um artigo do jornal inglês de esquerda, o *Guardian*, dizia, aproximadamente, que o partido comunista chinês está à direita de qualquer partido de direita europeu). A diferença em relação a Bush e aos Estados Unidos – duas coisas, de qualquer modo, a distinguir – é que a China está longe e não nos ameaça, por ora, pelo menos; e em segundo lugar, que ela é – por ora, bem entendido – bem mais fraca do que o governo que Bush dirige. Isto significa: 1) que evidentemente é válido comerciar com a China, como é válido comerciar com qualquer país; 2) mais do que isso, que é válido, no plano internacional, aproveitar o jogo da diplomacia chinesa, como o jogo diplomático de outros países, quando eles tomam posições de resistência à política de Bush; 3) mas que é inadmissível dizer amém ao governo de Pequim e à diplomacia chinesa, ou mesmo silenciar, quando entramos no capítulo das violências do governo chinês no plano interno e no plano externo. Em resumo, além de comerciar com a China, podemos votar junto com os chineses, e com vários outros, na medida em que eles funcionam como "inimigos dos nossos inimigos" (claro que o inimigo é Bush, não os EUA enquanto tal). Mas daí a concluir que enquanto inimigo do nosso inimigo, ele deve ser nosso amigo, é mais do que um erro de lógica: é um grave engano político, que terá suas conseqüências.

Já que na declaração conjunta e nas entrevistas de Lula e Amorim, além do tema dos direitos humanos ("reconhecidos pela Constituição da China", amém) falou-se (ainda para dizer amém) de Taiwan e do Tibete, analisemos um pouco esses dois problemas, acrescentando a eles um terceiro, sobre o qual se fez silêncio total: o de Hong Kong. Antes disso, duas palavras sobre os direitos do homem e o curso geral do regime de Pequim.

A revolução chinesa foi uma espécie de revolução nacionalista e modernizadora com uma ideologia comunista autocrática. Desde o início o seu lado antidemocrático e totalitário ficou evidente, mas até a sua vitória, em 1949, ela tinha o mérito de representar a força nacionalista e modernizadora mais eficaz. A partir de 1949, os camponeses são sacrificados em proveito de um projeto de industrialização rápida, culminando com o chamado "grande salto para frente" que foi na realidade o contrário. Um projeto desastroso de desenvolvimento rápido da agricultura e da indústria, do qual resultou a morte de aproximadamente vinte milhões de camponeses. Segue-se o delírio da Revolução

Cultural maoísta, que sacrificou as melhores forças intelectuais do país e acabou atacando o que ficara de pé depois do "grande salto para frente". Veio depois uma década de lutas democráticas, com uma real liberação do regime. Fase que termina com o massacre de Tiananmen em 1989. A partir daí, sob a conduta de Deng Hsiao-Ping, o Estado chinês envereda para uma abertura da economia de mercado e para o capitalismo no plano econômico, sem abrir mão do autoritarismo no plano político. Com o tempo, o governo opta por uma liberalização muito controlada no plano estritamente individual: há muito maior liberdade para viajar, ou mesmo para fundar organismos na sociedade civil. Mas isso desde que eles não tenham caráter político (no sentido mais amplo: um sindicato livre é evidentemente considerado como um órgão político). Toda tentativa de exercer uma atividade política autônoma qualquer é reprimida com violência: vários anos de prisão para quem tentou fundar um partido democrático ou um sindicato. Isso sem falar em outros aspectos, como o da pena de morte: a China detém o recorde mundial de execuções.

Taiwan, Tibete e Hong Kong. Taiwan: inicialmente, a ilha foi o refúgio de Chiang Kai-Shek, dirigente nacionalista autocrático, e também corrupto, que foi derrotado pelos comunistas. Mas o regime realiza uma reforma agrária que não sacrifica os camponeses. E com o tempo vai se democratizando. Morto Chiang Kai-Shek, e também o seu filho, que o sucedera, o poder é obrigado a tolerar um outro partido (anteriormente, havia apenas candidatos independentes). E esse partido de oposição acaba ganhando as eleições. De tal forma que, hoje, Taiwan é uma democracia (o que a China continental evidentemente não é), democracia imperfeita como todas as democracias capitalistas. Mas não há lá capitalismo quase-totalitário – em todo caso hiper-autocrático – como na China continental. Pequim ameaça Taiwan em nome da "unidade da China". Mas enquanto não houver democracia na China continental, o lado taiwanês é hoje, evidentemente, o lado mais democrático. E também, evidentemente, o lado mais fraco em termos de poder: por isso mesmo os democratas não podem silenciar diante das pressões imperiais – porque se trata disso – de Pequim.

Por sua vez, o Tibete era uma região autônoma da China. De fato, praticamente independente. Chegando ao poder, os comunistas praticaram uma política da qual o mínimo que se pode dizer é que ela não foi suficientemente flexível, e o máximo, que ela levou finalmente a um quase genocídio da população tibetana, que se revoltara. Que as primitivas instituições do Tibete tivessem muito de "feudais" não altera essencialmente o problema. Primeiro porque "feudal" parece ser aqui uma caracterização muito aproximada. Segundo porque nenhuma "luta contra o feudalismo" justifica invasões estrangeiras, e, sobretudo, se elas se destinam a instituir um poder a serviço de um governo despótico-burocrático estrangeiro. Na época do "grande sal-

CHINA, CAPITALISMO E REPRESSÃO

to para frente" e da Revolução Cultural, os tibetanos sofreram o que sofreram os chineses, mas em forma potenciada, porque as violências "sociais" eram sobredeterminadas pela opressão nacional. Hoje, depois da fuga do Dalai Lama, e da diáspora de grandes contingentes da população tibetana, não há massacres, mas a opressão, incluindo um verdadeiro desmonte da cultura tibetana, está lá. E a autonomia concedida ao Tibete não é aceita, tal como ela se apresenta, nem pelos adversários da independência, que parecem ser hoje majoritários. De qualquer modo, a história da intervenção do poder comunista no Tibete é uma típica história de opressão colonial. Nem mais nem menos.

Hong Kong. Por um tratado arrancado ao império chinês no final do século XIX, Hong Kong é entregue aos ingleses por 99 anos. Em 1997, quando se chega à data limite do tratado, os ingleses se dispõem a devolver a colônia. Acontece que no intervalo, Hong Kong se desenvolvera muito. Veio a ser um dos Tigres Asiáticos, junto com Taiwan, Coréia do Sul e Cingapura. E mais do que isto, ganhara autonomia e instituições semidemocráticas. Em todo caso, havia incomparavelmente mais liberdade em Hong Kong do que na China continental. Decidiu-se que Hong Kong seria devolvido à China, mas preservando, e mais ainda, ampliando as instituições democráticas, sobretudo o alcance da aplicação do sufrágio universal, conforme o desejo explícito da população. A China prometeu respeitar essa cláusula, porém, como se poderia esperar, a promessa vai sendo cada vez menos cumprida. Pequim se vale das antigas regras antidemocráticas da administração colonial para cercear a democracia em Hong Kong e impedir que ela se desenvolva. Grandes demonstrações populares mostram sem ambigüidade o que deseja a população. Atualmente, o governo chinês vai tirando a máscara, e máfias sinistras a serviço de Pequim ameaçam de morte personalidades democráticas, que, em muitos casos, preferem tomar o caminho da imigração. Enfim, não se sabe quanto tempo vai durar ainda a atmosfera de liberdade que, relativamente à situação na China continental, ainda existe em Hong Kong.

Essa é a situação. Bem entendido, ela é complicada e difícil, mas uma coisa é certa: ela não se ajusta a nenhum esquema do tipo "revolução chinesa *versus* opressão imperialista". De algum modo – e mesmo aí só até certo ponto – isto poderia ser dito em 1949. Hoje a situação está inteiramente mudada. O povo de Hong Kong e em parte suas instituições, como também o povo e as instituições de Taiwan, encarnam a democracia – mesmo se num quadro capitalista – diante do capitalismo ao mesmo tempo selvagem e autocrático do poder expansionista chinês. Quanto ao Tibete, qualquer que fosse o caráter das antigas instituições tibetanas, a atitude da China – fora um interregno nos anos de 1980 por iniciativa da ala mais democrática do grupo Deng Hsiao-Ping, ala que acabou sendo afastada do poder e em

214         A ESQUERDA DIFÍCIL

parte liquidada – foi sempre a de potência estrangeira dominadora e exploradora.

Voltemos ao nosso problema. Por pragmatismo, ignorância ou nacionalismo autoritário, o governo Lula se dispõe a assinar cheques políticos em branco, em favor do governo de Pequim. Os inconvenientes dessa política, não só para o PT como para o Brasil, são semelhantes aos inconvenientes da política cubana do governo brasileiro. Há três coisas a dizer a esse respeito. Em primeiro lugar, o Brasil perde o apoio do melhor das forças democráticas do mundo inteiro. Observe-se que, como em relação à ditadura castrista, a União Européia, que nem por isso deixou de comerciar com a China, condenou a política tibetana de Pequim, e tem uma posição abertamente crítica em relação às violações dos direitos do homem na China. Em segundo lugar, ao tomar posição a favor dos burocratas chineses, Lula e a diplomacia brasileira não contribuem em nada a um processo de democratização interrompido depois do massacre de Tiananmen, mas que deve reaparecer. O Brasil não ajuda as forças democráticas, mas os seus inimigos. Em terceiro lugar – o problema que indico agora é menos imediato do que no caso de Cuba, porque, se os dias da ditadura castrista estão mais ou menos contados, a democratização na China é uma possibilidade, real, sem dúvida, mas só a médio e talvez a longo prazo –, a política do governo Lula hipoteca as nossas possibilidades quando houver uma mudança de regime. Ver o ressentimento dos ex-dissidentes europeus diante de partidos e poderes que não pararam de fazer concessões às ditaduras burocráticas reinantes nas antigas "democracias populares". Aliás, já que falamos em democracias populares, talvez fosse o caso de lembrar que, por ocasião da queda do muro, se estou bem informado, havia membros, não sei se dirigentes, do PT, que faziam estágios (políticos?)... na Alemanha Oriental. Como se vê, o mal entendido é antigo, e já seria a hora de corrigi-lo. Mas como escrevi em outro lugar, como será tratado o Brasil por um governo pós-castrista (qualquer que seja a natureza desse governo)? Quantos anos ou décadas serão necessários para que tal governo considere o nosso como um governo amigo? Para o caso da China, e embora, como já disse, a democratização seja aparentemente mais problemática – mas a história mundial, como se sabe, é forte em matéria de surpresas, boas ou más – o problema, *mutatis mutandis*, será o mesmo. Enfim, tudo isso é desalentador, sobretudo para quem votou em Lula, e mais do que isto, quem continua acreditando [a crença se esgotou um dia, nota de 2006] que o PT é o partido que tem as melhores condições para se tornar um grande partido de esquerda democrática, capaz de realizar um programa de reformas no quadro de uma democracia radical.

# 14. Para um Balanço Crítico das Revoluções [e de Alguns Movimentos de Reforma] do Século XX (A Esquerda onde Está?)

INTRODUÇÃO

Pretendo tratar da significação e do destino das duas grandes linhas da política da esquerda no século xx (as duas em parte originadas no marxismo e, de qualquer modo, muito marcadas por ele): o comunismo e a socialdemocracia. A importância dessas duas figuras para a história da esquerda no Brasil é relativa, mas importa falar delas, mesmo para pensar a situação no Brasil. Tratarei bem mais do comunismo. Por outro lado, a natureza do objeto me obrigará, em alguma medida, a ultrapassar os limites dos dois temas principais.

COMUNISMO

*Introdução*

Não falarei do conjunto do movimento comunista no século xx, mas das revoluções que se intitularam comunistas e que foram vitoriosas. Em particular de três casos: Rússia, China e Cuba, com uma menção ao caso limite do Camboja. As outras (Vietnã, Iugoslávia, não há muito mais do que isto), deixarei de lado. Não farei aqui uma história, mesmo resumida, dessas revoluções. Quero ressaltar apenas o que interessa para um balanço crítico; e sobretudo desfazer alguns

216 A ESQUERDA DIFÍCIL

mitos. Claro que isso implica em dar alguma informação geral a respeito delas.

## As Três Revoluções "Mundiais"

Dessas revoluções, a primeira ocorre em 1917, no final do penúltimo ano da Primeira Guerra Mundial. Se ela foi realmente uma revolução, sobre o que pode haver alguma dúvida, ela foi a terceira das revoluções russas: a primeira foi a de 1905, e a segunda a de fevereiro de 1917.

A segunda revolução de alcance mundial, a chinesa, se fez por meio de um longo processo que implicou em sucessivas vitórias em escala regional, processo que se estende dos anos de 1920 (a fase rural começa propriamente no final dos anos 20) a 1949, com a vitória dos comunistas em toda China continental. Se a insurreição de outubro na Rússia ocorre durante a Primeira Guerra Mundial, a revolução chinesa envolve a Segunda Guerra Mundial. Por aí se pode suspeitar do papel que tiveram as duas guerras mundiais no desencadeamento das revoluções no século xx.

A terceira revolução, a cubana, é de 1959 e passa também por vitórias regionais. Nesse caso, não é Guerra Mundial ("quente"), mas a chamada Guerra Fria que tem um papel, mas só depois da vitória, sobre o destino do movimento. A Revolução Russa de outubro tem assim alguma coisa a ver, se não com o desencadeamento da revolução cubana, pelo menos com o poder que dela resulta. A Revolução Chinesa já tivera algo a ver com o governo instituído pela insurreição de outubro, o que não quer dizer que as relações entre comunistas chineses e poder leninista e depois stalinista tenham sido simples. Assim, se a insurreição de outubro não é a causa das revoluções que vieram depois, ela aparece como uma espécie de modelo, e influencia as outras, ainda que nem sempre de maneira positiva, e isso mesmo em termos de simples eficácia.

A primeira dessas revoluções se dá na Europa, ou mais precisamente, na Eurásia, a segunda na Ásia, a terceira na América Latina. Uma ocorre no que poderíamos chamar de periferia do centro do sistema econômico-político mundial, as outras duas na periferia *tout court* do sistema. Nenhuma delas se dá no centro, o que, como se sabe – e embora não seja isto o que mais nos interessa –, contraria a perspectiva principal de Marx, que era a da revolução nos países em que o proletariado seria majoritário.

Finalmente, nos três casos, a revolução tem, de algum modo, origem na *intelligentsia*; e nas três, em oposição ao cânone marxiano, o campesinato teve, de diferentes maneiras, um papel importante (ou de alguma importância). A acrescentar que, pelo próprio fato de se tratar de revoluções em periferias ou semiperiferias, elas enfrentam

PARA UM BALANÇO CRÍTICO DAS REVOLUÇÕES 217

sociedades cuja economia é só em parte (ou em certos "momentos") capitalista, e cuja estrutura política não é democrática, mas autocrática. Tratarei brevemente de cada um desses três casos, salientando os aspectos negativos. Depois tratarei dos avanços ou do que se considera como tais.

## A Revolução Russa

A chamada Revolução Russa, que como vimos, seria a terceira das revoluções na Rússia do século XX, é a que mais nos interessa, e isto por causa do seu, já mencionado, caráter canônico. Ela nasce de um partido ultracentralizado (a rigor, mais no seu projeto), ele próprio fruto de uma cisão no interior do que era a socialdemocracia russa, o partido bolchevista. O bolchevismo, que reivindica a herança histórica do jacobinismo, tem raízes no marxismo – embora, sem que o afirme, tenha diferenças com ele –, mas deve também à tradição russa dos "populistas" (narodniki). Porém o bolchevismo pretendia se apoiar em primeiro lugar nos operários e não nos camponeses como pretendiam os narodniki, e em segundo, não acreditava na eficácia das práticas terroristas. Outro traço do bolchevismo é uma espécie de imitação da racionalidade capitalista. O partido – a imagem é do próprio Lênin – deve se organizar de um modo que tenha alguma analogia com a estrutura organizacional de uma fábrica. Em 1905, por ocasião da revolução – a primeira Revolução Russa – que sucede ao início da guerra, desastrosa para a autocracia tzarista, entre a Rússia e o Japão, surgem pela primeira vez os conselhos populares, os sovietes. Os bolcheviques em princípio se opõem a esse movimento espontâneo (A atitude de Lênin foi em parte diferente, mas teve pouco efeito sobre a atitude prática dos bolcheviques em relação aos sovietes[1]). A crise da autocracia e a Primeira Guerra Mundial (ou os insucessos militares, para a oposição de centro-direita) levam à revolução de fevereiro, verdadeiro movimento popular, que mobiliza centenas de milhares de pessoas. Segue-se uma radicalização dos camponeses que se apropriam progressivamente das propriedades rurais dos nobres. O partido bolchevique ganha força, mas a chamada revolução de outubro é uma insurreição da qual (além dos marinheiros e soldados) participa diretamente, nas grandes cidades, uma massa de operários muito minoritária em relação ao conjunto da classe. Os bolcheviques tiveram sim o apoio da grande maioria do proletariado, e houve mobilização também nas províncias, sobretudo lá onde os bolcheviques e a esquerda dos socialistas-revolucionários, partido de base camponesa, dominavam os sovietes. A chamada revolução de outubro é uma espécie de golpe de Estado, embora sui generis, ou

---

1. Ver a respeito, Oskar Anweiler, Les Soviets en Russie: 1905-1921, tradução francesa de S. Bricianer, Paris: Gallimard, p. 94-99.

mais precisamente, um misto de revolução e golpe de Estado. Fevereiro foi, pelo contrário, uma verdadeira revolução. Como os bolcheviques legalizam as expropriações das terras, eles contam de imediato com o apoio, ou pelo menos, com a neutralidade dos camponeses (incluindo os camponeses-soldados). Porém muito cedo, com o início das requisições, começa um processo de ruptura. No plano político, desde os primeiros dias após a insurreição, começa a repressão contra os outros partidos, inclusive os de esquerda. Derrotados nas eleições para a Assembléia Constituinte (eleições que já estavam programadas), os bolcheviques *desmantelam* a Assembléia, sob pretexto de que ela não correspondia à nova situação (Rosa Luxemburgo critica essa medida, afirmando que a *dissolução* da Assembléia e convocação de novas eleições seria a atitude acertada). Os bolcheviques vão progressivamente liquidando a democracia soviética, e tanto mais depressa, porque os outros partidos, os mencheviques principalmente, ganham força e os suplantam freqüentemente lá onde ainda existe uma expressão popular suficientemente livre. Por volta de junho/ julho de 1918, portanto, uns sete ou oito meses depois da insurreição, os sovietes não são mais do que um simulacro controlado pelo poder bolchevista. Segue-se a repressão da insurreição de Cronstadt (1921), base naval que fora um dos sustentáculos principais da insurreição, e que se alçou contra o poder bolchevique, pedindo liberdade para os sovietes e outras medidas de tipo democrático. No mesmo ano, são proibidas as tendências no interior do partido. Tudo isso, antes da morte de Lênin, em janeiro de 1924. Começa então o poder stalinista, paradoxalmente em meio à NEP (Nova Política Econômica), que autoriza certas formas de mercado, na linha do que propunham os mencheviques. Depois da neutralização de Trótski e, em seguida, da de Kamenev e Zinoviev (com quem Stálin se aliara para derrotar Trótski), Stálin dá uma brusca guinada, e começa um processo de coletivização forçada e de industrialização rápida. Nesse momento, rompe com Bukhárin, de quem se servira na luta contra os outros três. A política stalinista tem como resultado – visado conscientemente por Stálin, que queria quebrar a resistência camponesa – a fome camponesa dos anos de 1932/1933 que custa a vida de mais ou menos sete milhões de camponeses. Segue-se o período dos expurgos e do terror. Há mais ou menos um milhão de fuzilados entre 1937 e 1939, e mais de cinco milhões de mortos no Gulag entre 1936 e 1950.

## A Revolução Chinesa

Como já disse, a Revolução Chinesa compreende um longo processo que se inicia nos anos de 1920, e termina com a vitória dos comunistas em toda a China continental em 1949. É característica da Revolução Chinesa o fato de que os comunistas concorrem com uma

PARA UM BALANÇO CRÍTICO DAS REVOLUÇÕES          219

outra força, inicialmente revolucionária, o Kuomintang de Chiang Kai-Shek. O processo revolucionário é marcado por dois períodos em que se constitui uma frente única, o primeiro dos quais, ainda na fase da luta urbana, termina com a ruptura da aliança por Chiang Kai-Shek, e um massacre de comunistas em Shangai (1927). Até aí o peso dos russos, por meio do Komintern, é muito grande. Depois da derrota, os comunistas começam a instalar bases no campo, lutando ao mesmo tempo contra Chiang Kai-Shek, e contra "os senhores da guerra" (a república fora proclamada em 1912, e o primeiro presidente fora Sun Yat-Sen, considerado como o seu fundador, mas ela não consegue estabilizar um governo central). Uma nova aliança com Chiang Kai-Shek permite um combate comum contra os japoneses que ocupavam parte do país. Após a vitória dos americanos sobre os japoneses em 1945, os comunistas continuam o combate contra Chiang Kai-Shek e finalmente conseguem expulsar o Kuomintang da China continental. Desde o período em que dispõem de um poder puramente regional, o autoritarismo e o dogmatismo da direção comunista são notórios, embora, por razões evidentes, [em certos períodos] tenham tido freqüentemente uma atitude relativamente flexível em relação aos camponeses. Mas as tendências politicamente divergentes são liquidadas muito cedo. Depois de 1949, começa um período de transição em que subsistem algumas atividades econômicas particulares. Mas no final dos anos 50, Mao decide o chamado "grande salto para frente", um plano para impor um desenvolvimento muito rápido da agricultura e também da indústria. Como resultado de uma planificação totalmente aventureira – incluindo a falsificação de estatísticas –, ocorre uma fome no campo que liquida mais ou menos vinte milhões de camponeses. Ao que parece, a maior fome da história. A observar que se a fome provocada por Stálin foi intencional (dolosa), o desastre chinês foi antes "culposo", resultado do aventurismo e do fanatismo do regime maoísta[2]. Temendo a volta de formas capitalistas, Mao desencadeia, na segunda metade dos anos 60 a chamada Revolução Cultural, movimento promovido em grande parte por uma base manipulada pela direção, mas que tem também alguma coisa de espontâneo. O resultado da Revolução Cultural foi sofrimentos e humilhações de milhões de pessoas, num clima de delírio fanático, e a morte de mais ou menos um milhão. Um fenômeno como a Revolução Cultural interessa muito, porque mostra que as deformações e violências das revoluções não vêm apenas das máquinas partidárias, mas também de uma base fanatizada. A crítica desses movimentos, que em parte visavam atacar a burocracia do partido, permite mostrar não só tudo o que há de negativo nos auto-

---

2. A literatura recente a respeito torna duvidoso esse argumento clássico: Mao sabia do massacre, mas continuou insistindo no projeto. Assim, os limites do "dolo" e da "culpa" são incertos.

220  A ESQUERDA DIFÍCIL

ritarismos burocráticos, mas também os perigos que oferecem certas formas de neo-anarquismo.

A ruptura com a URSS se dá em meio ao primeiro desses movimentos, e como conseqüência, entre outras coisas, da não aceitação pela direção maoísta da crítica a Stálin no XX Congresso do PC da URSS em 1956. A China rompe com a URSS no momento em que a burocracia russa atenuava o rigor do regime. Na China, houve (e há) campos de trabalho[3], fenômeno muito menos conhecido do que o do Gulag[4].

A repressão chinesa é um pouco diferente da que se exerceu na URSS. Mais do que no totalitarismo russo, faz-se um trabalho sobre a "alma" das vítimas. Através dos interrogatórios e das seções de autocrítica, trata-se de obter uma "conversão" das vítimas (os russos extorquiam falsas confissões, que preparavam a condenação à morte ou aos campos, mas no fundo se preocupavam pouco com as "almas" das vítimas). Essa característica não imprime ao regime comunista chinês um caráter menos violento, mas lhe dá um estilo peculiar de violência, muito mais sutil. Deixo de lado aqui o problema de saber se essa particularidade deriva em alguma medida das peculiaridades do passado político e religioso da China. Sobre a situação mais recente, ver mais adiante.

## Revolução Cubana

Como no caso chinês e russo, os revolucionários que, sob o comando de Fidel Castro, chegam ao poder em Cuba em 1959, enfrentam uma autocracia, e de novo se tem o fenômeno da ação de uma *intelligentsia* que se instala no campo. A história de Cuba, país que chega à independência política muito tardiamente e que permanece com uma relação de dependência direta para com os EUA – o que o distingue do caso dos demais países da América –, está marcada por uma grande mobilização dos grupos urbanos, especialmente os estudantes, num contexto de extrema violência. O movimento de Fidel Castro, no seu início, não parece se distinguir muito de outros movimentos que tiveram lugar na história de Cuba.

É preciso insistir sobre o que há de mítico na idéia de que, antes da vitória de Fidel Castro, Cuba vivia numa situação de grande miséria. Na realidade, havia miséria mas não fome em Cuba[5]; o país tinha uma

3. Ver a respeito, Harry Honda Wu, *Laogai*: le goulag chinois, Paris: Editions Dagorno, 1996 e *Chine*: le livre noir, coord. Vincent Brossel, prefácio de Marie Holzman e Liu Qing, Paris: La Découverte, 2004.
4. Ver Jean Pasqualini, *Prisonnier de Mao*: sept ans dans un camp de travail en Chine, en colaboration avec R. Chelminski, tradução francesa de A. Delaye, Paris: J. Tallandier, 1975.
5. Ver Hugh Thomas, *Cuba*: the pursuit of freedom, Londres: Pan Books, 1971, p. 968.

PARA UM BALANÇO CRÍTICO DAS REVOLUÇÕES   221

rede de serviços de saúde com relativa eficácia (salvo por ocasião das grandes crises), e era de qualquer modo um dos países cuja renda per capita estava, pelo menos, no grupo das cinco mais altas da América Latina[6].

Como no caso chinês, a tomada do poder foi marcada por uma atitude correta para com a população, mas desde o início começam as violências contra os adversários. Se Che Guevara executa após processo, sumário embora, Raul Castro liquida a frio, ao que parece, uma centena de prisioneiros[7]. À medida que o regime vai se declarando comunista e abandonando a perspectiva de uma revolução democrática, liquidam-se os representantes das tendências democráticas. Os políticos tradicionais do centro e do centro-esquerda são mais ou menos cegos ou impotentes diante das manobras do poder castrista. Com a tentativa de desembarque de uma força internacional claramente reacionária na baía dos Porcos, tentativa organizada pela CIA e por grupos de exilados de direita, e que é rechaçada com muita eficácia, o governo castrista liquida o que restava da oposição democrática. Já antes disso, em 1959, um herói da revolução, Huber Matos, que não aceita a deriva pró-comunista do poder, é condenado a vinte anos de prisão. Camilo Cienfuegos, um dos chefes da rebelião, morre em circunstâncias misteriosas. Cienfuegos hesitou, até certo ponto, no caso Matos (certamente não era comunista) e há fortes indícios de que foi liquidado pelo poder castrista[8]. Instaura-se assim o governo totalitário que se apresenta como modelo para as revoluções latino-americanas. Com o fim do apoio russo e o desaparecimento da URSS no início dos anos de 1990, o poder castrista enfrenta grandes dificuldades econômicas. Como para os casos precedentes, tratarei em seguida dos avanços ou pretensos avanços desse regime.

*Significação Geral e Resultados*

Antes de falar do que poderiam ter sido as conquistas desses regimes, detenhamo-nos um momento sobre o seu caráter e o seu destino. É evidente que as categorias usuais de extração marxista são impotentes diante desses novos fenômenos e dessas novas formas. Elas não dão conta deste objeto. Os regimes que surgem dessas três revoluções são neodespotismos burocráticos de estilo igualitarista[9].

Há certa regularidade no desenvolvimento desses três regimes. Começa-se por um período de transição, que sucede à tomada do poder

6. Idem, p. 707, 794 e 1038.

7. Idem, p. 726.

8. Ver, entre outros, o livro de Serge Raffy, *Castro, l'infidèle*, Paris: Fayard, 2003 e o de Carlos Franqui, *Camilo Cienfuegos*, Buenos Aires: Editorial Planeta, 2001.

9. Ver a esse respeito meu texto "Trótski, a Democracia, e o Totalitarismo" e também "Totalitarismo", ambos incluídos neste volume.

global, período em que existe certa mobilização popular, nem sempre isenta de fanatismo, e certos espaços de liberdade. Nesse período se constitui o germe da burocracia, e se afirma progressivamente o poder do (neo) déspota. Segue-se o período de maturidade. O neodespotismo se constitui plenamente como tal, assim como, por seu lado, a burocracia. No terceiro período, o déspota morre e cai (na realidade, morre física e depois politicamente): abre-se a época da dominação propriamente burocrática. Essa época corresponde com rigor à idéia tradicional da esquerda crítica, a de que se trata de um governo "da burocracia". Um problema é saber se esse governo ainda é totalitário, ou se passamos a uma autocracia. A resposta parece ser que ainda é totalitária. Segue-se a morte do sistema.

Esses momentos podem ser reconhecidos em cada um dos três casos, embora nem sempre com a mesma nitidez. Os primeiros anos do poder chinês, o início do poder castrista e os primeiros meses do poder bolchevista correspondem ao primeiro momento. Ao segundo, correspondem os momentos de "maturidade" das ditaduras maoísta, castrista e stalinista (a primeira de meados dos anos de 1950, até talvez "o grande salto para frente"; a segunda, depois do episódio da baía dos Porcos; a terceira, a partir do final dos anos 20). O terceiro momento é o do após-vigésimo Congresso do PC da URSS (1956) – apesar da ocorrência de um interregno neo-stalinista; o do poder chinês depois do fim da Revolução Cultural ou da morte de Mao (1976); e, provavelmente, o do poder burocrático cubano posterior à morte de Castro. Aqui estamos no plano das hipóteses, mas a hipótese é provável: o poder pós-Castro deverá ser muito dependente dos interesses coletivos da burocracia, se não se tornar, simplesmente, o poder de uma burocracia sem déspota.

Como vimos, em dois desses regimes houve genocídios de uma extensão só comparável ao genocídio perpetrado pelos nazistas. Aliás, em termos quantitativos, eles superam, e de longe, esse último. O terror, como momento de liquidação mais ou menos indiscriminada de adversários e supostos adversários, só existiu de forma bem caracterizada em um deles (URSS dos anos de 1930). Genocídio coincidindo com o terror, foi o que ocorreu no caso limite do Camboja. Mas nos três regimes comunistas considerados houve violência de Estado e ditadura totalitária, com sacrifícios (morte, prisão ou exílio) para milhões de pessoas.

E o pior. Depois de tudo, não tivemos "o porvir que canta". Para dois desses poderes, já sabemos o que veio depois, pelo menos em grandes linhas; para o terceiro, o que virá é ainda da ordem da "dedução histórica", mas a sua figura provável vai aparecendo com nitidez crescente. Com a queda do regime burocrático russo tivemos e temos um capitalismo autoritário, com práticas mafiosas. O regime chinês vai provavelmente na mesma direção, mas por caminhos dife-

PARA UM BALANÇO CRÍTICO DAS REVOLUÇÕES 223

rentes e muito mais complicados. O capitalismo chinês parece mais "selvagem" e talvez menos mafioso do que o russo. Tem-se aí uma espécie de conjunção entre o capitalismo e o regime burocrático, que reúne, poderíamos dizer, o pior dos dois sistemas. Um estilo mais ou menos neomanchesteriano de ultra-exploração e competição selvagem coexiste com um autocratismo de um Estado que conserva muito dos traços, embora atenuados, do poder comunista. É preciso verificar em que medida subsistem algumas das medidas de proteção social que o regime burocrático havia instituído. Aparentemente resta alguma coisa, mas os camponeses não têm nenhuma proteção. É muito provável que, após a morte de Castro, e um interregno de burocratismo mais ou menos "puro" (sem déspota), Cuba venha a ter o mesmo destino. O que tudo somado, pelo menos, liberaria a esquerda mundial da hipoteca incômoda do totalitarismo pseudo-socialista.

*Conquistas?*

Mas, apesar de tudo, não teria havido "avanços" nesses regimes? Não se tomaram medidas de proteção social? E não houve ganhos, pelo menos nos domínios da saúde e da educação? A resposta é que de fato houve, mas esses ganhos não compensam tudo aquilo que esses regimes tinham ou têm de negativo. Não me parece correto dizer que se ganhou em parte e em outra se perdeu. Esses regimes representam um caminho errado e desastroso, que tem de ser evitado. As razões desse juízo são de três ordens: 1) mesmo que eles tivessem se estabilizado, seria muito discutível a idéia de que vale a pena sacrificar a liberdade para comer e beber. Claro que, sob certo aspecto, o comer e beber vem antes. Mas este é o ponto de vista do homem que morre de fome e de sede (dir-se-á que esta é a situação de muitas pessoas principalmente no chamado Terceiro Mundo). Porém não só se deve considerar que, apesar de tudo, a maioria não morre de fome e sede, como também que seria terrível supor que o preço da sobrevivência e uma vida decente seria a perda da liberdade. A acrescentar: não houve apenas cerceamento de liberdades, mas execuções arbitrárias, terror e em dois casos genocídio; 2) há um elemento essencial a acrescentar. Esses regimes não conseguiram se estabilizar. Depois da violência, do terror e do genocídio, tivemos a volta, efetiva ou provável, do capitalismo, e, nos casos efetivos, de um capitalismo selvagem ou mafioso; 3) quanto às chamadas conquistas, é claro que houve progressos em matéria de saúde, e em parte, mas aqui muito contraditoriamente, de educação – deve-se lembrar de novo que os regimes despótico-burocráticos antiigualitários (nazismo, fascismo) tomaram certas medidas de proteção social. O regime mussoliniano deu certamente algumas garantias sociais em termos de saúde etc. aos trabalhadores italianos, mesmo se elas não foram muito longe.

224 A ESQUERDA DIFÍCIL

# SOCIALDEMOCRACIA

## A Socialdemocracia e a Primeira Guerra Mundial

A fundação da Segunda Internacional (1889) sucede de alguns anos ao início do predomínio do marxismo no movimento socialista mundial[10]. Da Segunda Internacional, cujo principal partido era o partido socialdemocrata alemão, participavam grandes figuras do socialismo mundial, que alguns anos mais tarde iriam se degladiar. A história brilhante da segunda Internacional sofre um rude golpe com a atitude da grande maioria dos partidos socialdemocratas, que votam favoravelmente aos créditos de guerra em agosto de 1914. Apesar das diferenças, a aprovação pelos partidos socialdemocratas dos créditos de guerra em 1914 é uma catástrofe comparável à da hegemonia do bolchevismo sobre parte do socialismo mundial, que ocorreria depois da insurreição de outubro. Digamos que o socialismo do século xx, e em parte também o do século xxi nascente, está marcado por esses dois pecados originais. O balanço dos últimos cem anos deve ser feito a partir dessa dupla tragédia: a vitória de uma revolução que é duplicada por um golpe de Estado e que logo desemboca em um neodespotismo burocrático e numa ditadura sobre todas as classes inclusive o proletariado; e o fenômeno de direções socialdemocratas que aceitam uma guerra ilegítima (mais ilegítima do lado alemão – e é na Alemanha que estava o maior partido da Segunda Internacional – mas em geral ilegítima[11]).

## Excurso sobre a Primeira Guerra Mundial

Para que houvesse voto favorável aos créditos de guerra era preciso que tivesse havido declaração de guerra. E essa declaração, como o pedido dos créditos de guerra, não tem nada a ver com os socialistas. Esse fato, que faz recair o essencial da responsabilidade pela guerra sobre os ombros dos poderes dominantes (fossem eles democrático-

---

10. Segundo a *Histoire Génerale du Socialisme*, dirigida por Jacques Droz, Paris: PUF, 1974, v. 2, p. 7, n. 1, o termo "marxismo" só aparece, entretanto, por volta de 1895.

11. A oposição à guerra e aos créditos de guerra não implicava necessariamente na aceitação do "derrotismo revolucionário" de Lênin. Luxemburgo e o Trótski pré-bolchevista tinham, entre outros, uma posição antiguerra, mas eles não aceitavam a idéia de que a derrota do próprio governo era a melhor bandeira revolucionária. Impossível desenvolver aqui essa importante discussão, ocultada pela crítica comum ao chauvinismo, discussão que é elemento importante para uma avaliação crítica do bolchevismo. Ver Rosa Luxemburg, Die Krise der Sozialdemokratie (brochura de Junius), em *Gesammelte Werke*, Berlim: Dietz, 1990 e o volume *La crise de la social-démocratie*: suivi de sa critique par Lénine, Bruxelles: La Taupe, 1970. E também o importante texto de Trótski, *Der Krieg und die Internationale* (A Guerra e a Internacional), Zurich: ed. Borba, 1914.

PARA UM BALANÇO CRÍTICO DAS REVOLUÇÕES     225

capitalistas, capitalistas-burocráticos, ou autocráticos) – sem dúvida a situação era "nova", mas isso não elimina toda a responsabilidade –, é em certa medida escamoteado pela historiografia liberal (a qual tem o mérito de analisar de maneira implacável os partidos e os regimes comunistas, o que a historiografia de esquerda não faz). Não que a historiografia liberal não fale da guerra. Mas se fala, não julga, como julga, por exemplo, o bolchevismo. A guerra de 1914 aparece como se não tivesse responsáveis, e remetesse a um movimento mais ou menos inevitável de sociedades "normais". Ora, de algum modo, a guerra de 1914, e seus horrores, é a mãe de todas as desgraças do século. Sem ela, muito provavelmente não haveria nem insurreição de outubro (e, portanto, nem leninismo no poder, nem stalinismo), e nem nazismo, isto é, nem totalitarismo de direita. Claro que, ao votar os créditos de guerra, parte da esquerda se tornou co-responsável, mas precisamente co-responsável, a responsabilidade primeira não cabe a ela. O apoio à guerra por parte das esquerdas é um fenômeno central da sua história, mas ele não é tão central na história do mundo. A guerra não surgiu por causa de nenhuma política da esquerda. Quanto à idéia estranha de que, na raiz da guerra de 1914, está finalmente a democracia, por-que o massacre só foi possível depois que apareceu o gigantismo dos exércitos de conscritos, dever-se-ia observar: 1) que se a conscrição foi condição necessária, ela não foi de modo algum condição suficiente. Além disso, essa condição nasceu como um resultado insuspeitado da derrota das antigas instituições. Não há aí nem dolo, nem propriamente culpa; 2) que regimes que não tinham nada de democráticos pratica-vam a conscrição. O regime tzarista em particular. Claro que ela se pratica só a partir de certa época, e tem como condição a decadência de velhas instituições. Mas isso não significa democracia. Significa no máximo aburguesamento relativo do regime. Evidentemente, essas considerações sobre as responsabilidades da direita, e em boa medida do capitalismo, não absolvem a esquerda (a socialdemocrata chauvi-nista, e para além do problema da guerra, o bolchevismo) pelas faltas e crimes pelos quais foi responsável[12].

---

12. Isto é: a historiografia liberal costuma ler a história do socialismo, e em parti-cular a história do chamado socialismo totalitário, de uma perspectiva possibilista, que concebe as ações e resultados como conseqüências de projetos, o que legitima submetê-los ao julgamento do historiador. Essa atitude se justifica; e, de um modo geral, não se pode dizer, contrariamente ao que se afirma às vezes, que haja exagero no julgamento radicalmente negativo que mereceu, por parte daquela historiografia, o socialismo totalitário. O problema é que à perspectiva que lhe permite denunciar os horrores do socialismo de caserna, tal historiografia contrapõe freqüentemente, ao estudar "o outro lado", uma história senão naturalizada pelo menos lida num registro essencialmente determinista, como se se tratasse aqui de fenômenos, sem dúvida terríveis, porém "nor-mais". O desequilíbrio é evidente.

226    A ESQUERDA DIFÍCIL

## Desenvolvimento da Socialdemocracia

Mas a história da socialdemocracia não se resume à capitulação de 1914, como freqüentemente pressupõe o discurso bolchevista. No momento da votação dos créditos de guerra, havia na realidade três tendências no partido socialdemocrata. Uma esquerda radical anti-guerra, uma tendência social chauvinista e um centro, representado principalmente por Kautsky. O centro não era favorável à guerra, mas acaba cedendo. Diante da guerra, Kautsky foi muito mais um homem sem energia do que um renegado, e muito cedo ele começa a fazer uma crítica muito pertinente do bolchevismo, o que nunca lhe foi perdoado. De fato, contra a tendência de parte da socialdemocracia em tolerar o bolchevismo em nome do argumento mais ou menos racista de que os métodos do bolchevismo era inevitáveis num país de bárbaros, Kautsky denuncia, desde 1918, uma ditadura do proletariado que era na realida- de uma ditadura sobre o proletariado. E embora defendendo Marx com base em razões filológicas, não inteiramente convincentes, propõe que se abandone a palavra de ordem da "ditadura do proletariado".

A política chauvinista da socialdemocracia alemã deu origem as- sim a duas rupturas, uma de esquerda e outra de centro (na esquerda). A primeira, organizada no movimento spartakista, funda o partido comunista alemão no final de 1918. Este se envolve em manifestações que acabam tomando um cunho insurreicional. O assim chamado golpe spartakista fracassa. Luxemburgo e Liebknecht são assassinados pelas milícias de extrema direita, apoiadas pelo governo socialdemocrata de direita (em particular pelo muito sinistro Noske). A cisão de centro, que ocorre antes, e que na realidade reúne, de início, também membros da extrema esquerda, Luxemburgo inclusive, constitui o Partido Social Democrata Alemão Independente. A maioria dos membros deste par- tido acaba aderindo à Terceira Internacional. Ou antes, essa maioria é "engolida" pela Terceira Internacional. Os demais vão constituir um dos componentes da chamada "Internacional duas e meia"[13]. Fundada em 1921, esta teve como figuras mais importantes Friedrich Adler, J. Longuet, o suíço R. Grimm, G. Ledebour... e contou, entre outros partidos, com a participação dos mencheviques (cuja figura principal é Martov), e dos socialistas-revolucionários de esquerda russos. A Internacional duas e meia acabou se fundindo com a Segunda Inter- nacional, em 1923, formando a Internacional Operária Socialista, que

---

13. A denominação "Internacional duas e meia" foi inventada pelos comunistas (Radek), e tinha um caráter polêmico. Entretanto, ela se impôs até certo ponto universal- mente, em parte por causa do caráter não unívoco do seu nome, conforme se considere a versão inglesa, francesa ou alemã (International Working Union of Socialist Parties, Union des Partis Socialistes pour l'Action Internationale, Internationale Arbeitsgemeins- chaft der Sozialistischen Parteien). Talvez o melhor fosse denominá-la, como fazem alguns, União de Viena, em consideração à cidade em que foi fundada.

PARA UM BALANÇO CRÍTICO DAS REVOLUÇÕES 227

subsistiu até o início da Segunda Guerra Mundial. Depois da guerra, é fundada em Frankfurt uma nova Internacional Socialista, que teve como uma de suas grandes figuras o sueco Olof Palme, assassinado em 1986. Mas os partidos que compõem a Internacional Socialista são, sem dúvida, de caráter muito heterogêneo.

## Socialdemocracia Nórdica e Outros Desenvolvimentos

A socialdemocracia escandinava teve uma história particular. Ela se desenvolve desde o final do século xix, e dado o não envolvimento dos países escandinavos na Primeira Guerra Mundial, escapa da crise que sofreram os partidos socialdemocratas da Europa do centro e do sul. Desde cedo, estando os trabalhadores organizados em centrais sindicais muito representativas, constituiu-se um *ethos* de negociação, de preferência ao de enfrentamento[14]. A socialdemocracia sueca chega ao poder de forma estável, com um governo de coalizão, no início dos anos de 1930, e se mantém durante muito tempo (ela só perde o poder nos anos 70, para recuperá-lo no início dos 80). Como na Noruega e na Dinamarca a socialdemocracia sueca tem, desde os anos 20, experiências mais ou menos efêmeras de governos de coalizão presididos por um socialdemocrata (o sueco Brantig participa do governo desde 1917, também o dinamarquês Thorvald Stauning, pouco antes). A Finlândia – país que é nórdico mas, a rigor, não escandinavo – tem uma história particular, porque estava submetida à Rússia. Sua independência resulta de um longo processo, que passa, em 1917, por um governo de coalizão cuja figura principal é um socialista e por uma declaração de independência, em dezembro do mesmo ano, reconhecida pelo governo bolchevique (reconhecimento que, entretanto, não implicou na retirada das tropas russas nem evitou a guerra civil). Na Noruega, o peso da extrema esquerda foi maior do que na Suécia e na Dinamarca. O partido norueguês dos trabalhadores (dna) se filia à Terceira Internacional em 1921, mas se separa pouco tempo depois. Em ritmos diferentes – o da Finlândia, pelas razões históricas apontadas, é a mais lenta –, em todos esses países surgem governos socialdemocratas fundados numa aliança com os camponeses, aliança que já ocorrera aliás anteriormente, no final do século xix, por ocasião da luta pelo sufrágio universal.

Além da preferência pela negociação, a socialdemocracia sueca se caracterizou por uma tendência não excessivamente estatizante, no sentido de que ela não se empenhava em nacionalizar grande número de firmas. Deu-se ênfase a taxas altas de imposto de renda para

---

14. Isso não significa que não tenha havido grandes movimentos de massa, como as greves gerais sueca e norueguesa de 1909; nem que nunca tenha havido violências por parte do Estado. Mas estas últimas foram, em geral, excepcionais.

228 A ESQUERDA DIFÍCIL

as faixas superiores, uma política que também faz apelo ao Estado, mas de um outro modo. O modelo norueguês foi mais estatizante, enquanto na Dinamarca foi muito grande o peso da pequena burguesia urbana e da pequena propriedade agrária, organizadas fora do partido socialista[15].

De 1930 para cá, antes e depois da Segunda Guerra Mundial, a socialdemocracia tem um desenvolvimento irregular. Fora da Escandinávia suas experiências mais importantes de governo foram (às vezes para o melhor, mas nem sempre) as do *front populaire* francês (Blum) nos anos 30 e do PS (Mitterrand) nos anos 80 e 90, a do Labor Party logo depois da guerra (governo Attle), as do partido socialista austríaco (anos 70 e 80) e as do SPD alemão (anos 70 e virada do século), além de outras (Espanha, Portugal, Grécia...)[16]. Na história da socialdemocracia, encontramos o melhor e o pior. O pior: a aceitação ou a prática do colonialismo com Guy Mollet (já Bernstein utilizava argumentos iluministas para justificar a dominação colonial), o apoio às aventuras da direita extrema americana (Blair); também uma atitude capitulacionista diante do capitalismo inclusive diante de modelos neoliberais. O melhor está no fato de que é principalmente dela que derivam, efetivamente, as principais conquistas sociais do século, em matéria de saúde, de educação e de direitos sociais. Não sem alguma hesitação, em certas ocasiões, os comunistas apoiaram essas medidas (na França, elas dependeram também dos gaulistas, e, na Europa em geral, desde o século XIX, da iniciativa de governos "burgueses" ou burocráticos – o melhor exemplo é o de Bismarck – preocupados com o caráter explosivo da "questão social"); mas tais medidas encarnam melhor o que foi o projeto socialdemocrata. Entre elas se incluem aposentadoria, seguro-desemprego, férias, previdência social, ensino gratuito, transporte público de bom nível. Além da limitação da jornada de trabalho, que começa no século XIX, e do direito de greve.

---

15. Para a análise diferencial do desenvolvimento das socialdemocracias dinamarquesa, sueca e norueguesa, e em geral para a análise do socialismo escandinavo, ver o livro de Gøsta Esping-Andersen, *Politics Against Markets*: the social democratic road to power, Princeton, New Jersey: Princeton University Press, 1985. No que se refere à formação ideológica do socialismo escandinavo, Esping-Andersen acentua o papel que teria tido sobre ele o chamado austro-marxismo (Otto Bauer, Max Adler). O austro-marxismo teria fornecido aos escandinavos um projeto cujo espírito difere tanto do reformismo de Bernstein como da "ortodoxia centrista" – se posso dizer assim – de Kautsky, como também do bolchevismo, porque é um projeto que tenta reunir reforma e revolução. O que explicariam finalmente, por que, embora renunciando à revolução violenta, o socialismo escandinavo sempre tenha tido alguma coisa de radical.

16. Sobre a história da socialdemocracia no século XX, ver Donald Sassoon, *One Hundred Years of Socialism*: the west european left in the twentieth century, London/ New York: Tauris Publishers, 1996. Para o período 1945-2005, ver também Tony Judt, *Post-War*: a history of Europe since 1945, London: W. Heinemann, 2005.

PARA UM BALANÇO CRÍTICO DAS REVOLUÇÕES 229

O modelo socialdemocrata, como se sabe, está hoje ameaçado pela crise do chamado Estado keynesiano e pelo que se pode considerar como uma verdadeira ofensiva das classes dominantes visando liquidar as conquistas obtidas no período anterior. Retomo esse ponto mais adiante.

## OUTROS MOVIMENTOS

Evidentemente a história da esquerda no século XX não se reduz ao comunismo e à socialdemocracia. Ao delimitar assim o tema, excluí até aqui muita coisa. Socialdemocracia e comunismo são formas políticas com expressão institucional partidária, ou partidária e governamental. Mas, para além desse tipo de formas, há os movimentos sociais. Aqui seria preciso considerar tanto certos tipos de movimentos sociais como casos pontuais, cujo perfil é dado pela sua própria emergência enquanto evento. No segundo caso, dever-se-ia considerar principalmente os movimentos de 1968, grande mobilização estudantil, que desencadeia, na França, uma imensa greve operária. Se existe uma literatura considerável sobre 1968, a esquerda mundial, inclusive a européia, está muito longe de ter feito o balanço crítico desse movimento. Em geral, a atitude se polariza na idealização do movimento ou na crítica radical dele. A meu ver, há uma ambigüidade no seu interior, e por isso mesmo ele nos interessa particularmente. Trata-se de uma grande mobilização em torno de objetivos libertários (crítica das hierarquias, luta pela liberdade sexual etc.); mas ao mesmo tempo ele continha elementos claramente autocráticos. O peso do trotskismo e sobretudo do maoísmo não deve ser visto, a meu ver, como um aspecto irrelevante. Embora o movimento não se reduza a isto, há em 1968, uma espécie de "anarquismo autoritário" (oximoro objetivo) que não deixa de ter algum parentesco, mesmo se em forma muito atenuada, com a chamada Revolução Cultural chinesa. Volto mais adiante sobre a importância da crítica desse tipo de autoritarismo.

Por outro lado, há o movimento sindical que, em parte, se subordina a determinadas correntes políticas, e em parte mantém uma autonomia mais ou menos real. Por razões óbvias [e para o melhor como para o pior], o sindicalismo interessa muito para estudar o caso brasileiro.

Mas a limitação em que se incorre ao dar um privilégio às duas correntes políticas principais (além do fato de omitirmos outras, como o anarquismo – ou os anarquismos – que continuam existindo, embora minoritárias) é uma limitação de certo modo geográfica. Sem dúvida, socialdemocracia e comunismo não foram de forma alguma movimentos apenas europeus. O comunismo principalmente, pois se a sua origem é centro-européia, ele se expande e floresce fora do centro

230  A ESQUERDA DIFÍCIL

da Europa, e depois na Ásia e na América. E, em certos momentos e lugares, ele se entrelaça, mais ou menos, com os movimentos nacionalistas dos países coloniais ou dependentes. Mas estes movimentos não se confundem com ele.

A história dos movimentos nacionalistas dos países coloniais ou dependentes é de um interesse considerável. Eles levaram em geral à independência do que restava de países coloniais, e conseguiram, em maior ou menor medida, promover certo desenvolvimento dos países dependentes. Porém o destino desses movimentos é problemático. Eles se perderam, freqüentemente num nacionalismo estreito ou no autoritarismo. Os fundamentalismos religiosos têm alguma coisa a ver com esse processo de degenerescência. Ou mais precisamente são uma forma paralela de um descaminho que na sua primeira forma, em geral, é laico. Os fundamentalismos religiosos e o terrorismo em que eles descambaram são, em alguma medida, uma espécie de patologia social dos movimentos de libertação, um pouco como o stalinismo o é do socialismo em países, em geral, mais desenvolvidos. A observar que esses movimentos não nascem apenas da luta contra o poder hegemônico dos Estados Unidos, eles surgem também, num caso específico, mas decisivo, no contexto de uma luta contra o expansionismo da burocracia dita soviética. Neste último caso, os islamistas foram apoiados substancialmente pelos americanos, e sua radicalização alimentada pelo ódio ao invasor russo[17].

Assim, por um lado, os movimentos nacionalistas obtiveram um resultado da maior importância, que, de qualquer forma, foi um dos grandes avanços do século: a independência política do que restava das antigas colônias. Por outro, enquanto projeto político e social de caráter mais amplo, eles fracassaram, já que, na maioria dos casos, desembocaram em regimes corruptos e autocráticos, que o fundamentalismo religioso emergente viria minar em seu próprio benefício.

---

17. Na emergência dos movimentos fundamentalistas religiosos é preciso observar – creio – principalmente dois elementos: o vazio ideológico criado pela decomposição dos socialismos de caserna, vazio que criou condições favoráveis ao desenvolvimento do que eram tendências político-religiosas com peso limitado no plano mundial; e o fato de esses movimentos terem conseguido se apropriar de técnicas e materiais modernos para a guerrilha e o terrorismo, o que por sua vez tem a ver tanto com a extensão da guerra fria "quente" ao oriente muçulmano (invasão do Afeganistão) como em geral com o desenvolvimento tecnológico e econômico da indústria de armamentos (um material moderno ou suficientemente moderno foi posto à disposição de movimentos "arcaicos", o que não acontecia anteriormente).

# O MARXISMO E A EXPERIÊNCIA DO SÉCULO XX (SOBRE-TUDO A DO COMUNISMO)

## Introdução

O conjunto dessas experiências deve ser posto em relação com o marxismo que, como vimos, foi a tendência dominante dentro da esquerda, desde os vinte últimos anos do século XIX. O confronto deveria ser feito a propósito do conjunto da experiência, e portanto de todos esses movimentos. Mas vou dar maior enfoque ao caso do comunismo, porque é lá que o descompasso entre marxismo e experiência efetiva aparece melhor.

## Descompassos e "Recuperação Teórica"

Como vimos, e como é bem conhecido, o curso das revoluções do século XX não seguiu o modelo canônico de Marx (digo "canônico", porque ele considerou, apesar de tudo, mas de um modo um pouco marginal as outras possibilidades). As revoluções que se intitularam comunistas se deram na periferia ou semiperiferia, onde o proletariado era minoritário. A acrescentar que, em dois dos casos considerados, o proletariado teve um papel, finalmente, limitado. Esse tipo de problema, que é clássico, não é o que mais nos interessa – a ênfase sobre ele, até certo ponto, mascara as dificuldades maiores –, mas ele pode servir como ponto de partida. Para dar conta dessa característica das revoluções ditas comunistas já vitoriosas ou no caminho do poder, os dirigentes marxistas do século XX inventaram fórmulas como a do "capitalismo que se rompe pelo seu elo mais fraco" (Lênin), ou teorias (quase-teorias) como a da "revolução permanente" de Trótski. Esta última afirmava que as chamadas revoluções burguesas, as únicas que em princípio poderiam ocorrer nos países atrasados, tendiam a se prolongar em revoluções proletárias. A idéia de revolução permanente era antes a da "revolução contínua" e transcrescente. A teoria se apoiava na tese, em si mesma fecunda, de que o que havia, pelo menos nesse país da periferia-do-centro que era a Rússia, não era uma economia pré-capitalista, mas uma economia que combinava traços pré-capitalistas com características do capitalismo mais avançado. Assim, o desenvolvimento "desigual e combinado" funcionava como base do esquema de uma revolução burguesa "transcrescida" e transfigurada em revolução proletária. Na realidade, Trótski acreditava – utilizando a sua linguagem – que, no essencial, era o proletariado no poder que realizaria as chamadas "tarefas democrático-burguesas". Porém o problema era outro. De fato, na Rússia, como na China e em Cuba, por meio de um processo que pode ser chamado de contínuo, ultrapassaram-se certos limites, em alguma medida respeitados nos primeiros

232    A ESQUERDA DIFÍCIL

tempos. Só que essa ultrapassagem foi *passagem a outra coisa que não uma sociedade "reconciliada" [ou forma social de transição a tal sociedade]*. A revolução engoliu a fase democrático-burguesa, mas no pior sentido. Engoliu o "burguês", porém mais ainda o "democrático". E mesmo se o caráter particular da estrutura econômica e social dos países em que uma revolução comunista veio a ser vitoriosa teve algum papel na emergência de uma sociedade despótico-burocrática, nada nos leva a crer que numa sociedade mais desenvolvida o processo não teria, no essencial ou em grandes linhas, o mesmo curso. Isso significa também que não basta criticar o stalinismo, ou mesmo o stalinismo e o leninismo, como pretendem os "luxemburguistas". Mesmo se marxismo, leninismo e stalinismo não se confundem, e mesmo se há, sem dúvida, certa descontinuidade entre eles, existem, ao mesmo tempo, apesar de tudo, certos fios de continuidade que ligam o primeiro ao segundo, e o segundo ao terceiro.

### Dificuldades: Violência, Genocídio, Terror, e Ditadura

Na descrição dos horrores dos regimes comunistas, mostramos violência, terror, ditadura e genocídio. Examinemos um pouco, por meio de alguns exemplos sintomáticos, qual o lugar dessas figuras no pensamento teórico-prático de Marx e de Engels. Como esses textos, embora conhecidos, são em geral pouco comentados, ao contrário do que ocorreu até aqui, farei algumas citações. Uma parte desses textos é de Marx e uma outra parte, considerável, de Engels.

Começando com o tema da violência, talvez o texto mais sintomático a respeito da atitude de Marx e Engels em relação à violência seja a discussão das idéias de Dühring tal como é feita por Engels no *Anti-Duhring*, desenvolvimento que foi objeto de publicações em separado. "Para Herr Duhring" – escreve Engels – "a violência é o mal absoluto, o primeiro ato de violência é para ele o pecado original, toda a sua exposição é um lamento (*Jammerpredigt*) sobre a contaminação completa de toda a história, até aqui, com o pecado original, sobre a falsificação vergonhosa de todas as leis naturais e sociais pela força diabólica, a violência"[18]. Em oposição a essa atitude, Engels faz valer o que seria o papel criador da violência revolucionária:

> Mas que a violência possa desempenhar ainda um outro papel na história, um papel revolucionário, que nas palavras de Marx ela seja a parteira de toda forma social que esteja grávida de uma nova forma[19] que ela seja o instrumento com o qual o movimento social abre caminho (*durchsetzt*) e quebra formas sociais entorpecidas e mortas – sobre

18. *Werke*, Berlim: Dietz, 1990, v. 20, p. 171 que abrevio por *W.*

19. Engels se refere a um texto do livro I do *Capital*, em que Marx escreve: "A violência é a parteira de toda velha sociedade, que está grávida de uma nova. Ela mesma [a violência] é uma potência [*Potenz*] econômica" ver *W*, v. 23, p. 779.

PARA UM BALANÇO CRÍTICO DAS REVOLUÇÕES

isso Herr Duhring não diz uma única palavra. Só entre suspiros e gemidos, ele admite a possibilidade de que, para derrubar o regime econômico de exploração talvez seja necessária a violência – infelizmente! pois cada uso da violência desmoraliza aquele que o utiliza[20].

E, em contraposição, Engels exprime o que é para ele, mais ainda do que o papel criador da violência, o seu papel quase formador:

> E isto diante do grande elã (*Aufschwung*) moral e espiritual que foi a conseqüência de cada revolução vitoriosa! E isto na Alemanha, onde um choque violento, que pode mesmo ser imposto ao povo, teria pelo menos a vantagem de extirpar a dependência servil que penetrou na consciência nacional a partir da humilhação da guerra dos trinta anos. E essa maneira de pensar de predicador, maneira pálida, sem gosto e sem força tem a pretensão de se impor ao partido mais revolucionário que a história conheceu?[21]

O que é insatisfatório na posição de Engels não é a afirmação de que a violência pode ter um papel positivo na história, nem a distinção entre diferentes formas de violência na história. Insatisfatória, para não dizer mais, é a ausência de toda alusão aos perigos eventuais no uso da violência revolucionária. Essa cegueira histórica aparecerá nos outros textos dos dois clássicos, que irei citar, e *a fortiori* na tradição do marxismo radical.

Isto quanto ao tema geral da violência. A propósito da violência de massa [quero dizer, aquela cujo *objeto* são massas de indivíduos] cujo limite é o genocídio, o que me parece perturbador em Marx e Engels, é a tendência a afirmar que as vantagens do resultado compensam os sacrifícios e os horrores do presente. É verdade que, em geral, os textos se referem aos sacrifícios que o capitalismo impõe; e também que a atitude de Marx é até certo ponto ambígua. A respeito desse problema, há um mote que reaparece várias vezes nos textos de Marx, uma citação (poética) do "An Suleika" de Goethe. Os versos são os seguintes: "Devem essas torturas nos torturar se elas aumentam o nosso prazer. A dominação de Timus não consumiu miríades de almas?". Esses versos são citados, pelo menos três vezes (numa delas parcialmente), em contextos diferentes: num artigo para a *Neue Oder-Zeitung* (n. 33, 20 de janeiro de 1855)[22], num artigo para o *New York Daily Tribune*, de 25 de junho de 1853[23], e numa passagem dos manuscritos de 1861-1863, publicados pela primeira vez nos anos de 1970[24]. Nos dois últimos textos, trata-se de justificar historicamente – em certo sentido pelo menos – os horrores do capitalismo, na medida em que ele precede o socialismo e cria as condições para este último. No primeiro texto,

20. Idem, ibidem.
21. Idem, ibidem.
22. *W*, v. 10, p. 607.
23. Die britische Herrschaft in Indien, em *W*, v. 9, p. 133.
24. *W*, v. 43, p. 351.

234 A ESQUERDA DIFÍCIL

pelo contrário, Marx atribui "objetivamente" a citação à "escola de
Manchester", empenhada em justificar o sacrifício de "toda uma geração de operários", enquanto, ao mesmo tempo, ela derrama "lágrimas
sentimentais" diante das vítimas que custa a guerra contra a Rússia
– que Marx aprova – e "qualquer guerra".

Mais interessante do que isto, para a nossa discussão, são alguns
dos textos sobre a questão nacional que Engels escreveu para a *Nova
Gazeta Renana*, e que se caracterizam por um ideologia radical do
"progresso", ideologia implacável diante dos sacrifícios em que a
marcha da história implicaria. Se o termo "desaparecer" (*verschwinden*), que se encontra em um desses textos, implica, aqui, em primeiro
lugar, no desaparecimento "enquanto alguma coisa", no caso enquanto
povo distinto e não o desaparecimento puro e simples – esse lado
benigno aparece quando Engels insiste em que se trata de incorporar
certos povos ao "desenvolvimento histórico" – o sentido absoluto vem
junto, de algum modo, porque se trata de um desaparecer que ocorre
em processos violentos, de guerra em particular. De resto, o tema ideológico do "serviço ao progresso" – ver a política colonial no século
XX – teve, como se sabe, um significado ideológico muito sinistro.
Aqui nos interessa a questão da violência em geral: "A próxima guerra
mundial fará desaparecer da superfície da terra não somente classes e
dinastias reacionárias, ela fará desaparecer também povos reacionários
inteiros. *E isto também é um progresso*"[25]. Num texto pouco posterior, Engels ironiza a propósito daqueles que lamentam o fato de que
pequenas nações sem vocação histórica sejam "reunidas pela força"
(*zusammenschlagen*):

que "crime", que "maldita política" [estaria no fato de] que os alemães e os húngaros, na
época em que em geral na Europa as grandes monarquias eram uma "necessidade histórica", tenham reunido pela força todas essas naçõezinhas mutiladas e impotentes num
grande império e com isso as tenham capacitado a participar de um desenvolvimento
histórico, ao qual elas teriam permanecido totalmente estranhas, se abandonadas a si
mesmas! Sem dúvida, tais coisas não podem ser impostas, sem quebrar violentamente
muita florzinha nacional suave. Mas sem violência e sem férrea brutalidade nada se
imporá na história, e se Alexandre, César e Napoleão tivessem possuído a mesma emo-
tividade, para a qual apela hoje o pan-eslavismo em favor dos seus clientes em ruínas, o
que teria sido a história! E os persas, celtas e germanos cristãos, não valem os tchecos,
os ogulinos e os serescanos[26]?

25. Der magyarische Kampf, *Nova Gazeta Renana*, 13/01/1849, *W*, v. 6, p. 176,
grifo de RF.
26. *W*, v. 6, p. 278, 279, Der demokratische Panslavismus, *Nova Gazeta Renana*,
15/02/1849. Duas notas do volume 6 das *Werke* (respectivamente, n. 269, p. 637 e n.
81, p. 614), e uma nota da tradução francesa (ver *La Nouvelle Gazette Rhénane* (Neue
Rheinische Zeitung), trad. e notas de L. Netter, Paris: Ed. Sociales, 1971, t. 3, p. 73, n.
2) nos informam que eram chamados de "ogulinos" os membros de um regimento [do
exército austríaco] estacionado em Ogulin, no oeste da Croácia; e que os "serescanos",
também chamados de capotes vermelhos, eram "tropas especiais de cavalaria adjuntas às

PARA UM BALANÇO CRÍTICO DAS REVOLUÇÕES 235

Se se tratasse de mera descrição do que ocorreu na história até aqui, nada a objetar. Nem se poderia afirmar que a violência é evitável em todas as situações. O texto de Engels vai muito mais longe. Na legitimação da violência, Engels vai mais longe do que Marx, que justifica mas lamenta. Independentemente da discussão da questão nacional[27], há aí um à vontade diante da violência, e mais do que isso, um real entusiasmo, que fecha a porta a toda reflexão sobre uma possível *hybris* da violência, e oblitera toda crítica de suas virtualidades negativas. Não é por acaso que na esteira dessa leitura da história, não só do passado como também do futuro – e independentemente do problema nacional em tela –, os dirigentes bolcheviques, por exemplo, tenham sido inteiramente impassíveis, para não dizer mais, diante dos horrores da guerra civil russa[28].

A atitude de Marx e Engels a respeito do terror (os textos que vou citar são na realidade de Engels) é ainda mais característica do quanto a idéia de história que eles tinham era estranha à possibilidade de uma *hybris* das chamadas forças do progresso. Os textos principais a esse respeito são três cartas de Engels, uma de 1870, e as outras duas do final da década de 80[29].

A defesa de Paris, se não acontecer nada de inusitado, será um episódio divertido. Esse pequeno pânico eterno dos franceses – que sempre nasce do medo do momento em que finalmente eles terão de aprender a verdade – dá uma idéia muito melhor do reino do terror. Considera-se que este significa o domínio de gente que inspira terror. Pelo contrário, é o domínio de gente que eles próprios estão aterrorizados (*erschroken*). O terror implica em geral em crueldades inúteis perpetradas por gente atemorizada visando se reassegurar. Estou convencido de que a culpa pelo reinado do terror em 1793 repousa quase que exclusivamente sobre burgueses, fora de si de tanto medo e se mostrando como patriotas, sobre os pequenos filisteus tremendo de medo e sobre o submundo que sabe como obter lucro do terror. São essas mesmas classes [que estão lá] também no terror pequeno de agora[30].

Vê-se que, para Engels, o terror nasce do medo: medo *por parte* dos governantes. Nos outros textos tem-se a mesma tese, mas articu-

---

tropas austríacas estacionadas nas fronteiras", famosas pela sua "particular crueldade". Como se vê, para desmoralizar as veleidades nacionais dos "eslavos do sul", Engels vai até a caricatura.

27. Ver a respeito, meu comentário sobre esses textos em *Marx: Lógica e Política*: investigações para uma reconstituição do sentido da dialética, Editora 34, 2002, t. III, p. 83, nota 129.

28. Ver, em geral, sobre a atitude dos bolcheviques diante da violência, os meus textos "Trótski, a Democracia e o Totalitarismo" e "Kautsky e a Crítica do Bolchevismo" ambos incluídos neste volume.

29. Esses textos foram comentados por Hal Draper, em *Marx Theory of Revolution*, Monthly Review Press, 1976-1990, 4 v., no volume III. Ver as referências precisas, no meu texto *Sur la Politique de Marx*, publicado em posfácio no livro *Le Capital et la Logique de Hegel*: dialectique marxiste, dialectique hégélienne, Paris: l'Harmattan, 1997, incluído neste volume.

30. Engels a Marx, 4 de setembro de 1870, *W*, v. 33, p. 52, 53.

236 A ESQUERDA DIFÍCIL

lada com a idéia de que, em parte, poder-se-ia atribuir ao terror uma certa funcionalidade:

> No que concerne ao Terror, era essencialmente medida de guerra, enquanto tinha sentido. A classe ou grupo de frações de classe que, só ele, podia assegurar a vitória da revolução, através disso, não só se manteve no poder (*am Ruder*) (era o mínimo depois da vitória sobre as revoltas), mas se assegurou liberdade de movimentos, campo livre para a ação, possibilidade de concentração das forças no ponto decisivo, a fronteira. No final de 1793 isso estava bastante assegurado. 1794 começou bem, os exércitos franceses progrediam quase por toda parte. A comuna com sua tendência (*Richtung*) extrema se tornou supérflua; seu propagandismo da revolução se tornou um obstáculo tanto para Robespierre como para Danton, ambos os quais – mas de maneiras distintas – desejavam a paz. Naquele conflito de três elementos venceu Robespierre, mas então *o Terror se tornou, para ele, meio de auto-sustentação*, e portanto absurdo. No dia 26, em Fleurus, Jourdan pôs toda a Bélgica aos pés da República, com o que ele [o Terror] se tornou insustentável; no dia 27 de julho caiu Robespierre e começou a orgia burguesa[31].

Assim, o terror teve "sentido" (*Sinn*) até um certo momento, isto é, enquanto teria servido à revolução, e depois perdeu o sentido, quando se tornou simples instrumento de sustentação de Robespierre. A mesma dualidade de sentido do Terror (ou antes, para Engels, a dualidade entre o sentido e o sem sentido) se encontra expressa numa carta a V. Adler, do final de 1889, mas aqui o momento "supérfluo" do terror sofre como que um curto-circuito, porque o seu início coincide com o fim do terror:

> se o domínio do terror cresceu até à loucura (*Wahnsinnige*) porque ele era necessário, para, nas condições existentes, conservar Robespierre no poder, ele se torna totalmente supérfluo com a vitória de Fleurus, em 26 de julho de 1794, a qual não só libertou as fronteiras, mas entregou a Bélgica e indiretamente a margem esquerda do Reno à França; então também Robespierre se tornou supérfluo e caiu em 28 de julho[32].

Em todos esses textos (deixando de lado aqui a questão da validade da explicação "funcional" dada por Engels, contestada por autores contemporâneos) impressiona o fato de que só tem "sentido" o terror que serve à revolução. Para além disso, o terror seria escória da história e nada mais. Que ele contivesse potencialidades regressivas, embora limitadas pelas circunstâncias históricas, isso fica fora do horizonte de Engels.

Resta o tema do poder revolucionário (ou pós-revolucionário). O documento mais característico a respeito são as notas críticas de Marx sobre o livro de Bakunin *Instituição do Estado (Staatlichkeit) e Anarquia*[33]. Apesar do seu anarquismo, Bakunin não representa de modo algum um modelo de política antiautoritária (no plano da organização).

---

31. Engels a Kautsky, 20 de fevereiro de 1889, *W*, v. 37, p. 155, 156, grifo de Engels.

32. Engels a Adler, 4 de dezembro de 1889, *W*, v. 37, p. 317.

33. Ver *W*, v. 18, p. 597 e ss.

PARA UM BALANÇO CRÍTICO DAS REVOLUÇÕES 237

Mas no confronto com Marx (construído pelo próprio Marx, por meio de citações do livro de Bakunin, que ele submete à crítica), Bakunin se sai, por assim dizer, muito bem. Suas críticas ao Estado "operário" (a terminologia não é de Marx), embora ambíguas no sentido de que ele critica todo poder, inclusive o democrático, apontam para o futuro com uma lucidez impressionante, enquanto o grande pensador Marx, em geral muito realista, se perde num registro utópico, espécie de "robinsonada" socialista, à sua maneira. O problema é o das condições do exercício de um poder do proletariado. Bakunin se pergunta (sempre segundo as citações de Marx):

O que significa que o proletariado organiza isto [o poder de Estado] enquanto classe dominante? [...] É todo o proletariado que estará talvez no topo do Estado?[...]
Marx: Num sindicato, por exemplo, [é] todo o sindicato que constitui o seu comitê executivo? [...] Certamente, pois a coisa começa com o autogoverno das comunas.

Até aqui, a discussão não se separa do problema geral da representação. Pouco a pouco, ela vai se centrar na questão específica do poder revolucionário. A posição de Marx não é cômoda.

Marx: Havendo propriedade coletiva, desaparece a chamada vontade do povo, para dar lugar à vontade efetiva do [corpo] cooperativo (*Wille des Kooperativs*).
Bakunin: Tem-se assim o seguinte resultado: controle da grande maioria da massa do povo por uma minoria privilegiada. Mas essa minoria, dizem os marxistas...
Marx: Onde?
Bakunin: ...será constituída por trabalhadores. Sim, com licença, por *ex-trabalhadores*, mas do momento em que eles se tornaram apenas representantes do povo, eles *deixaram de ser trabalhadores*.
Marx: [Deixaram] tão pouco [de ser] como um fabricante hoje deixa de ser capitalista pelo fato de se tornar conselheiro municipal.
Bakunin: E eles verão o conjunto do mundo comum dos trabalhadores do alto do poder de Estado; eles não representarão mais o povo, mas a si mesmos e às suas exigências no governo do povo. Quem duvida disso, não conhece absolutamente nada da natureza do homem.
Marx: Bastaria que o sr. Bakunin conhecesse a posição de um *manager* numa fábrica [organizada em] cooperativa de trabalhadores, para que ele mandasse para o diabo todos os seus sonhos sobre a dominação (*herrschäftliche Traumen*). Ele deveria perguntar: que forma teriam as funções administrativas na base desse Estado operário, se ele quer denominá-lo assim[34].

A leitura desse texto de uma extrema arrogância (omiti as "amabilidades" que Marx dirige a Bakunin: "burro!", "burrada escolar!") nos mostra um Marx extremamente ingênuo diante dos perigos dos poderes revolucionários. Apesar do imbricamento dessa questão com o problema mais geral da representação, Bakunin é de uma grande

---

34. *W*, v. 18, p. 634-635, grifo de RF, salvo em "deixaram de ser trabalhadores". Assinalei o interesse dessas passagens na Introdução de *Marx: Lógica e Política*, t. I, São Paulo: Brasiliense,1983, p. 22, nota 9.

238 A ESQUERDA DIFÍCIL

lucidez em relação ao que poderia ocultar um "poder dos trabalhadores". Marx é mais ou menos cego diante desses perigos.

Em resumo, a análise de um certo número de textos de Marx e de Engels em torno da violência, da "destruição" de povos, do terror, mostra como o marxismo, sem se comprometer com nenhum modelo do tipo daqueles que apareceriam nos Estados despótico-burocráticos do século xx, descarta a possibilidade de sua emergência, ou pelo menos elimina os elementos que permitiriam imaginar a sua possibilidade. Bakunin à esquerda, e por exemplo Nietzsche, sem dúvida, à direita, descreveram de modo muito realista os seus traços gerais.

## BALANÇO

*Revoluções*

Assim, onde estamos? As revoluções levaram à violência arbitrária, ao terror, ao genocídio, à ditadura sobre o proletariado e as demais classes. Nos melhores casos, tivemos "apenas" o primeiro e o último (ou os dois primeiros e o último) desses horrores. E para além desses resultados, essas revoluções redundaram, em dois casos, na volta ao capitalismo, e no terceiro, em uma volta muito provável. E volta a um capitalismo "mafioso" num deles, a um capitalismo autocrático *sui generis*, mistura de capitalismo selvagem com violência burocrática num outro. O "porvir que canta", enquanto durou, ultrapassou as piores coisas que o capitalismo já produziu, e o que veio depois foram capitalismos do tipo mais sinistro. Assim, "as miríades de vítimas" dos versos de Goethe não serviram para nenhuma felicidade futura. Esse o balanço – de fato, ainda não inteiramente completo – das revoluções comunistas ou assim chamadas, do século xx.

*Socialdemocracia*

A história da socialdemocracia não é brilhante. Ela é marcada por uma renúncia histórica que poderia ser chamada de criminosa, passa por momentos pró-colonialistas e abertamente capitulacionistas em relação ao capitalismo mais ortodoxo, mas não inclui genocídios (embora tenha uma co-responsabilidade pelo morticínio que foi a Primeira Guerra Mundial), nem terror em sentido estrito (embora no seu passivo se inclua a cumplicidade no assassinato de Luxemburgo e Liebknecht, além de outros[35]), nem despotismo burocrático. Aos

---

35. Como já assinalei, os principais dirigentes e ideólogos socialdemocratas, Kautsky em primeiro lugar, haviam deixado o partido, quando ocorreram esses crimes. E o partido a que passaram a pertencer, o Partido Socialdemocrata Alemão Independente, já havia abandonado, então, a coalizão governamental pós-revolucionária de que fizera parte.

PARA UM BALANÇO CRÍTICO DAS REVOLUÇÕES

governos socialdemocratas, ou de frente popular, se deve uma série de conquistas sociais que a ofensiva neoliberal recente tenta eliminar, mas dificilmente poderá fazê-lo de forma profunda e duradoura. À social democracia, na sua variante escandinava principalmente, se devem os governos mais democráticos e igualitários que a história moderna, pelo menos, já conheceu.

*Movimentos*

O movimento sindical subsiste, embora tenha perdido muito da sua força na Europa ocidental. Dos movimentos sociais, os movimentos denominados alter-mundialistas são hoje os que têm maior peso no registro da luta tradicional anticapitalista. Como vimos, os movimentos anticoloniais obtiveram resultados, mas acabaram se cristalizando em formas autoritárias e claramente regressivas. A eles se somam os fundamentalismos religiosos e suas práticas terroristas, que são, de certo modo, como já disse, formas "degeneradas" (ou patológicas) dos movimentos anticoloniais, comparáveis, até certo ponto, ao stalinismo na sua relação com os movimentos originários do Primeiro Mundo.

Há ainda movimentos sociais que tomam às vezes figura de partido (ecologia). Em parte eles continuam movimentos antigos, mas que só agora ganharam plena força (feminismo) [este envolvendo a metade da humanidade], ou são essencialmente novos enquanto movimentos (homossexuais). Seus resultados são variáveis de país para país, mas globalmente eles se impõem no mundo ocidental. O feminismo, embora também não tenha escapado dos fundamentalismos, é talvez o movimento que teve maior êxito, e aquele cujos resultados representam da maneira mais nítida – como já foi observado, às vezes com auto-ironia – o que pode haver de progresso autêntico na história do século XX e do XXI nascente.

A acrescentar uma tendência histórica crescente – traduzida inclusive na legislação de alguns países (reconhecimento legal do crime de "assédio moral") – no sentido de coibir as violências interindividuais não necessariamente baseadas em dominação econômica, política, ou na diferença de sexos.

## CONCLUSÕES GERAIS

*A Experiência do Século XX e o Destino do Marxismo*

A primeira coisa a analisar são os efeitos que essas experiências tiveram, ou devem ter, sobre a atitude em relação ao marxismo, a dou-

240 A ESQUERDA DIFÍCIL

trina hegemônica no interior da esquerda, aproximadamente do início dos anos 80 do século XIX ao início do anos 80 do século XX.

Nem o argumento de que o fracasso das revoluções comunistas do século XX não serve como experimento crucial, dado o fato de que essas revoluções se deram na periferia ou na periferia-do-centro e não no centro do sistema, nem o fato de que os regimes despótico-burocráticos estejam em pleno processo de decomposição, justifica a idéia de que a experiência trágica desses regimes dispensa um reexame das bases do marxismo. A experiência foi forte e violenta demais, para que se possa passar rapidamente sobre ela e suas conseqüências. Difícil supor que uma revolução comunista num país avançado, supondo que ela seja possível, levaria a resultados muito melhores. E a morte relativamente precoce dos regimes burocrático-despóticos não justifica um balanço superficial. Se Marx não é sem mais o "responsável" pelo Gulag, como pretende certa crítica liberal extremista, também não é verdade que o marxismo seja inteiramente inocente. Basta pensar na perigosa idéia de ditadura do proletariado, mesmo se Marx e Engels empregaram o conceito com uma certa prudência, insuficiente entretanto.

Em grandes linhas, os efeitos sobre a avaliação do marxismo que deve ter, e em parte já teve, a tragédia das revoluções no século, são principalmente de duas ordens: 1) a experiência despótico-burocrática obriga a repensar o problema da democracia e o das relações entre democracia e capitalismo. A democracia nunca foi para Marx uma ficção ideológica (e em geral a ideologia nunca foi para ele simples *flatus vocis*). Mas a democracia é para Marx a forma jurídica que, sob certas circunstâncias, toma o capitalismo, o que não deixa de ter alguma verdade[36]. Porém o essencial, e aqui está o problema, é que ele vincula o destino daquela ao destino deste. A idéia de que capitalismo e democracia tenham histórias essencialmente diferentes, ou mais precisamente, que a democracia possa sobreviver ao capitalismo, não é uma idéia marxista. Ora, a experiência do século XX, assim como a reflexão sobre as histórias da democracia e do capitalismo, levam a considerar essa possibilidade. Ao revelar o destino funesto que tiveram as "ditaduras revolucionárias", a experiência do século XX mostra, ao contrário, a importância fundamental da forma democrática. Democracia e capitalismo têm, historicamente, relações complexas. Se

36. Observe-se – como assinalei em outro lugar – que, como mostra a leitura dos seus textos sobre a política francesa no século XIX, Marx não acreditava que a forma política dominante dos países capitalistas mais avançados viesse a ser, no futuro, a democracia (o que, entretanto, não o levou a acreditar na viabilidade de uma luta contra o capitalismo sob bandeira democrática). Não sabemos o que reserva o *nosso* futuro, mas, com exceção do interregno vichysta, a França (sem falar da Grã-Bretanha e dos EUA) teve desde então, contra o prognóstico de Marx, cento e cinqüenta anos de democracia política. Quanto à Alemanha, o que ela veio a conhecer não foi a ditadura bonapartista, que estava no horizonte de Marx, mas a ditadura totalitária.

PARA UM BALANÇO CRÍTICO DAS REVOLUÇÕES        241

a democracia for entendida como algo mais do que a existência de um governo constitucional, o capitalismo se instala sem que haja democracia, e é por meio de uma longa luta que ela vai se impondo. É pensável que a história das relações entre capitalismo e democracia atravesse *grosso modo* três fases: a primeira, de luta entre eles; a segunda, de uma relativa convergência, e a terceira, de luta outra vez. De qualquer forma, é impossível pensar o capitalismo e a democracia como se a última não tivesse nenhuma autonomia, e dependesse essencialmente do primeiro. Pelo menos potencialmente, existe uma oposição fecunda entre os dois termos, oposição que é preciso desenvolver. O marxismo não se abre para essa perspectiva[37], o que invalida muito da política de Marx (mas não o cerne da crítica marxiana da economia política); 2) a experiência do século XX parece nos levar a um segundo resultado. O de tornar problemática a relação que Marx estabelece entre, de um lado, a chamada circulação simples e mesmo a propriedade privada em geral, e, de outro, o desenvolvimento do capitalismo. Marx supõe que haja uma contradição entre os dois termos, mas ao mesmo tempo supõe que, dados o primeiro – nas condições modernas – ele deve se transformar no segundo, por um processo de interversão. Aparentemente, a experiência do século passado até reforça essa idéia. Vimos e continuamos a ver a transformação de produtos que não eram mercadorias em mercadorias e de simples mercadorias em mercadorias produzidas com finalidade capitalista (valorizar o valor). Entretanto, há dois elementos que nos levam a problematizar a necessidade dessa passagem. Por um lado, mesmo se até aqui a liquidação do capitalismo veio sempre junto com a liquidação da democracia, nos países em que dominou ou domina um poder socialista democrático foi-se muito mais longe do que Marx supôs, na imposição de limites ao capital. Leia-se, por exemplo, o *Manifesto Comunista* ou os textos de Marx sobre a política francesa, para ver como, embora o que se obteve seja ainda muito insuficiente, Marx estava longe de acreditar que se chegasse até onde se chegou (penso em medidas do tipo previdência, férias coletivas, aposentadoria, seguro-desemprego, imposto de renda progressivo etc.). Por outro lado, a idéia de uma sociedade transparente em que não há mais propriedade privada vai aparecendo cada vez mais como uma utopia, e uma utopia perigosa (sem dúvida, o objetivo imediato era o fim da propriedade privada dos meios de produção, mas o fim da propriedade privada em geral era o objetivo último, como pode ser lido no *Manifesto*). Assim – trata-se de um projeto político alternativo ao de Marx, projeto que se baseia na experiência dos últimos cento e cinqüenta anos – parece razoável ter como objetivo não o fim de toda circulação de mercadorias, mas a liquidação ou pelo menos a neutralização do capital. O que

---

37. Ver principalmente certos textos dos *Grundrisse* que citei no segundo ensaio deste volume.

242 A ESQUERDA DIFÍCIL

significaria considerar como utópico o que Marx considerava como realista (ainda que só como objetivo final, o comunismo), e considerar como realista o que Marx considerava como utópico: o bloqueio total ou parcial da passagem da propriedade privada e do dinheiro, para o capital e para o capital na sua forma mais desenvolvida. Isso – já disse – não significa negar todo valor ao conjunto da construção crítica de Marx. Mas significa sim pôr em xeque pelo menos o núcleo do modelo político marxiano. E é suficiente para que possamos dizer que o ciclo da hegemonia do marxismo no pensamento de esquerda e no movimento socialista, hegemonia que durou mais ou menos cem anos, se encerra ou parece se encerrar. É a idéia do comunismo que cai por terra. Os comunistas e o bolchevismo em particular usaram e abusaram do discurso que remetia os adversários, os socialistas-democráticos em particular, ao famoso "lixo da história". Este foi, aliás, evocado por Trótski contra a esquerda menchevique na noite da insurreição de outubro[38]. Na realidade, se se quiser empregar a expressão, sem dúvida brutal, tudo se passa – ironia da história – como se fosse o comunismo (a distinguir do movimento socialista) e o bolchevismo em particular, o melhor candidato à tão famosa lata.

## A Experiência do Século e os Movimentos de Massa

Um ponto importante a destacar é que, dadas certas experiências, o que se torna problemático não é apenas o socialismo de Estado. Em muitos meios, inclusive entre gente muito lúcida no exercício da crítica, domina a idéia de que o perigo está no poder de Estado (nas derivas do Estado revolucionário) e no burocratismo despótico de partidos. Enfim, que o problema viria da cristalização nefasta de certas estruturas ou instituições. Na realidade, se os perigos estão aí, eles estão também no seu oposto, aparentemente tão inocente e generoso, o movimento de massas. Sob certas condições, este pode desenvolver formas autocráticas, e as desenvolve paradoxalmente a partir do próprio "espontaneísmo" desses movimentos. É uma ilusão, que nasce de uma leitura unilateral da chamada degenerescência de partidos e poderes de Estado, a idéia de que o seu oposto (ou oposto aparente) é o melhor antídoto contra aqueles "desvios". Nos movimentos mais espontâneos podem surgir, e surgiram historicamente, formas de violência descontrolada e de autocratismo pseudolibertário. Sem dúvida, em muitos casos houve manipulação de cima. Mas nem sempre se tratou de pura manipulação. É desse ponto de vista, como já disse, que se deve considerar fenômenos como a chamada "revolução cultural" chinesa, a violência camponesa antes e depois da insurreição de outubro, e num plano diferente, porque muito mais atenuado, certos momentos das

---

38. Ver, neste volume, "Trótski, a Democracia e o Totalitarismo".

PARA UM BALANÇO CRÍTICO DAS REVOLUÇÕES 243

mobilizações de 1968 no Ocidente. Um estudo de todos esses casos mostra que não basta criticar partidos e poderes de Estado. É preciso mostrar também os perigos de um certo anarco-autoritarismo[39]. Isto significa, num plano mais geral, que a crítica à política marxista deve ser também uma crítica à política anarquista (ou de um certo anarquismo). Numa época em que, mesmo na América Latina, a política de partidos e poderes de Estado supostamente revolucionários está, apesar de tudo, bastante abalada, é importante salientar esse ponto, porque as ilusões com a pureza dos movimentos "espontâneos" parecem ainda muito sólidas, principalmente entre os jovens.

*Reformismo*

Mas em que medida um julgamento como este implicaria abraçar o famoso "reformismo"? Já Adorno, que não se iludia nem com certos socialismos de Estado e de partido nem com os anarco-autoritarismos, se perguntava se uma crítica da violência não implicaria adesão ao reformismo[40] entendendo, sem dúvida, por reformismo, uma política de reformas superficiais que finalmente faria o jogo do sistema. A distinção entre uma perspectiva como a que defendo, e o que se poderia chamar de reformismo, em sentido mais ou menos pejorativo, poderia ser feita, em primeiro lugar, pela afirmação de que as reformas propostas seriam simplesmente o primeiro passo para um processo que, embora não violento – a menos que o lado de lá saísse da legalidade, mas tratar-se-ia em princípio de contra-violência e, conforme as circunstâncias, de contra-violência legal –, levaria a uma transformação radical do sistema, sob a forma, digamos, de uma neutralização do poder do capital. Tratar-se-ia, de certo modo, de inverter, porém mais precisamente, de modificar a ordem e a natureza dos objetivos políticos. Na tradição, supunha-se uma ruptura revolucionária, depois uma série de medidas que, em determinadas condições, poderiam se fazer pacificamente, as quais levariam, a longo prazo, a uma ruptura social. Em vez disso, teríamos um processo de reformas que levariam progressivamente a uma ruptura, no sentido de uma mutação radical.

Mas essa promessa de mutação radical não é ilusória? Que garantia teríamos de que as reformas levariam a essa mutação? Assim, seria preciso distinguir desde o presente a diferença entre a alternativa proposta e uma perspectiva propriamente reformista. Como escrevi na introdução deste livro, creio que, em grandes linhas, a diferença poderia ser a seguinte. O reformismo propõe simplesmente o trabalho

39. Oximoro objetivo, cf. o famoso "fascismo de esquerda", de que falava Habermas, no final dos anos 60.
40. Ver Theodor W. Adorno, Marginalien zu Theorie und Praxis, *Stichworte*: Kritische Modelle 2, Frankfurt am Main: Surkamp, 1969.

244    A ESQUERDA DIFÍCIL

parlamentar, ou pelo menos põe todo peso em tal tipo de trabalho. Ora, se a posição aqui defendida abandona a idéia de ilegalidade e de violência propriamente dita, isso não significa que ela reduza a luta política à luta parlamentar (ou que privilegie esta última de forma quase exclusiva).

A crítica da violência e dos projetos revolucionários não implica nem a crítica de toda violência enquanto contra-violência (o problema é saber em que condições a violência como contra-violência se justifica, ela não se justifica sempre e em qualquer medida), nem – e esse é o ponto que nos interessa agora – a crítica da *quase-violência* que é admitida de fato e de direito pelos Estados democráticos do Ocidente. Assim, os movimentos sociais fazem manifestações, exercem pressões, e às vezes contribuem para a mudança de governo. Esse tipo de ação é na maioria dos casos legal e no entanto ele não tem um caráter parlamentar. Ele é, de resto, freqüentemente virtual. O socialismo escandinavo e o seu movimento sindical praticaram muito mais a negociação do que o confronto (O confronto é sem dúvida o horizonte essencial de toda negociação, sem essa possibilidade, a negociação seria impossível). Porém, confronto não é sinônimo de violência. Podemos dizer assim que é preciso ficar no plano da quase-violência (o que significa no *limite* da violência[41], mas sem jamais atravessar o Rubicão...). Conseqüência um pouco paradoxal talvez, mas a que se

---

41.  Isto se refere à política preconizada por partidos ou direções sindicais. Com o que não se exclui a possibilidade de que haja explosões populares, cujos efeitos, em cada caso, é preciso examinar. Por outro lado, talvez fosse importante ressaltar que, se é preciso proscrever a violência como projeto essencial para a esquerda lá onde existe democracia, não se deve exagerar além dos limites esse *ethos* de não-violência. Pela razão seguinte. A possibilidade, evocada pelos clássicos, de que as classes dominantes venham a romper a legalidade se as reformas democráticas forem suficientemente radicais, é perfeitamente real (embora não seja de modo algum desejável). A lição histórica é em grande parte a de uma *hybris* da violência por parte de partidos e poderes de esquerda. Mas a lição não é apenas essa. A insuficiência inversa também existiu. O caso principal é talvez o do nazismo. Houve aí duas coisas. De um lado uma jogada "legal" (a nomeação de Hitler para a chancelaria), mas que, de forma notória, significava o fim do democracia. O que certamente justificaria a violência (no caso contra-violência), se esta se revelasse possível. Por outro lado, e de forma mais imediata, se o ato final do acesso de Hitler ao poder foi aparentemente legal, é preciso observar que ele foi precedido por uma série de ações ilegais, em primeiro lugar a intervenção na Prússia. Ora, não só o partido comunista alemão, cuja atitude em relação a Hitler foi simplesmente criminosa, mas também o partido socialdemocrata foi incapaz de organizar um movimento de resistência. Além do *ethos* não violento da socialdemocracia (embora uma parte dela tivesse sido guerreira, mas no pior sentido, em 1914...), é possível que a experiência desastrosa das tentativas insurrecionais da esquerda, na Alemanha, tenham contribuído para uma atitude de expectativa impotente. Assim, a lição geral é a de que, se é preciso erradicar a mitologia da violência no interior da esquerda, não se deve descartar a hipótese (em si mesma não desejável) de que, por causa da atitude das classes dominantes, a exigência de uma contra-violência democrática venha, em determinadas situações, a ser posta na ordem do dia.

PARA UM BALANÇO CRÍTICO DAS REVOLUÇÕES          245

impõe. A passagem à violência efetiva implica a *hybris*, o que significa interversão dos objetivos originais no seu oposto, regressão social, em vez de progresso. Observe-se, a esse respeito, embora se trate de um caso diferente, o papel que tiveram as "revoluções de veludo" na queda final dos regimes burocráticos. Elas mostram que a história contemporânea não pôs em xeque todo ideal "revolucionário", em sentido bastante amplo entretanto. A notar que se tratava de uma luta contra autocracias antidemocráticas nesse caso, e que a violência poderia se justificar como contra-violência. Mas mesmo aí, como se viu, o que se teve foi uma combinação de um trabalho político – que, no caso, não era parlamentar – com uma grande mobilização popular não armada.

Para o caso das lutas no interior das sociedades capitalistas, e de forma geral, as considerações anteriores não implicam uma recusa absoluta da idéia de luta de classes; a meu ver, até a reabilitam de algum modo, embora mudando bastante sua significação e limites. A luta de classes, entendida não como luta do proletariado, mas como luta de toda a massa de assalariados pobres, ou de recursos médios, continua sendo um elemento essencial. Mas ela não "conduz necessariamente à ditadura do proletariado", como Marx o pensava[42]. E, por isso mesmo, a articulação do movimento de massas com a luta parlamentar deve ser pensada de um modo que não é mais, rigorosamente, marxista, e muito menos leninista.

## Situação Atual

Como se sabe, há um elemento novo na história dos últimos trinta anos[43], o processo de globalização[44]. Processo que se caracteriza por uma grande mobilidade, sobretudo especulativa do capital em nível mundial, e pelo peso decisivo que toma o capital financeiro. Esse processo é um dos determinantes da chamada crise do modelo keynesiano, modelo que dominou o momento anterior até mais ou menos o início dos anos de 1970. A esse quadro econômico soma-se, no plano

42. Ver carta de Marx a J. Wydemeyer, de 5 de março de 1852, Marx; Engels, *Lettres sur "le Capital"*, apresentadas e comentadas por G. Badia, Paris: Éditions Sociales, 1967, p. 59, *W*, v. 28, p. 508.

43. Nessa história, como na história do século xx em geral, o capitalismo é um "momento" essencial. Mas ela não se reduz à história do capitalismo. Primeiro porque "capitalismo" não designa formas políticas, que são elementos a considerar necessariamente; e segundo porque (no plano econômico), se o capitalismo tende a se impor de maneira universal, há ainda, entre outras coisas, restos e impregnações dos regimes burocráticos.

44. Simplifico. Como assinala a literatura recente, pode-se dizer que, no plano econômico e demográfico, há, em geral, três elementos decisivos: a globalização, o envelhecimento da população, e uma grande mutação tecnológica e social (redistribuição dos setores). Ver a respeito Alain Lefebvre; Dominique Méda, *Faut-il brûler le modèle français?*, Paris: Seuil, 2006, p. 9.

político, a crise geral dos regimes despótico-burocráticos, que culmina com a queda do muro de Berlim em 1989; o processo difícil, mas ascendente de constituição da União Européia; a emergência da China como grande potência com uma estrutura político-econômica *sui generis* (capitalista autocrática, impregnada por elementos burocráticos, mais ideologia "revolucionária"), potência de estilo agressivo senão expansionista, cuja oposição ao outro grande poder, os EUA, aparece de maneira cada vez mais evidente, com todos os riscos que ela comporta. A acrescentar, o desenvolvimento do terrorismo fundamentalista, sobretudo islâmico, cujo batismo simbólico se deu em 11 de setembro de 2001. E um quinto fator, talvez conjuntural, mas que de qualquer maneira marcou decisivamente a história mundial nos últimos anos, o avanço de uma direita extrema norte-americana (a distinguir, por ora, de uma extrema direita, mas que é de qualquer forma um fenômeno extremamente grave).

Que significa esse quadro geral para as lutas – lutas contra todas as formas de exploração e de opressão – e contra os riscos de natureza ecológica que ameaçam o conjunto da humanidade? A globalização dá ao capital poderes extraordinários, de que ele não dispunha no período anterior. A mobilidade superior do capitalismo globalizado permite que ele pratique constantemente a chantagem efetiva ou potencial das "deslocalizações". A situação se agrava, porque, como já vimos, dado o peso que tinham os partidos comunistas sobre as centrais sindicais, pelo menos em determinados países (e dada a confusão, ilusória sem dúvida, mas infelizmente com certos efeitos práticos, entre o destino dos poderes comunistas e o destino do socialismo), o movimento sindical (principalmente) sai paradoxalmente enfraquecido da crise dos poderes burocráticos. A resposta só pode vir de uma internacionalização do movimento sindical, internacionalização que começa a se processar em escala européia; mas por ora, é só um começo. No plano teórico-prático, as dificuldades do *welfare state* clássico exigem da esquerda um trabalho considerável, o de formular um programa não fundado apenas ou essencialmente nas nacionalizações. Provavelmente, o peso decisivo residirá no que foi e é o pilar dos poderes socialistas mais bem-sucedidos, os Estados nórdicos: uma taxa fortemente progressiva, e, nas faixas superiores, muito alta, de imposição do imposto de renda, que assegure fundos para, entre outras coisas, garantir uma cobertura correta e prolongada aos trabalhadores, nos períodos de interrupção do emprego. Esse tipo de proposta não exclui uma racionalização das despesas do Estado, e uma atitude intransigente em relação aos privilégios e ao parasitismo (um pouco como uma política que dê grande latitude ao trabalho extraparlamentar não implica uma atitude laxista do tipo greve pela greve, indiferente às conseqüências que, em cada caso, uma mobilização social pode ter para os trabalhadores e também para os usuários do serviço em questão). Junto com isso, importa levar adiante projetos potencialmente anticapitalistas. No plano econômico,

PARA UM BALANÇO CRÍTICO DAS REVOLUÇÕES 247

em primeiro lugar, uma atividade de que se fala pouco, e que se situa ao mesmo tempo dentro e fora do sistema: a economia cooperativa. Projeto que, se Marx não condenava em geral, não estava no centro da estratégia marxista, mas na dos proudhonianos. A importância das cooperativas não é, de resto, apenas econômica. Elas são a única solução para um problema que, junto com o do desenvolvimento de uma extrema direita chauvinista, representa cada vez uma ameaça para a democracia: o da asfixia econômica de toda mídia independente.

No plano político, impõe-se não o desmonte da democracia como pretendem alguns, nem a substituição da democracia representativa por uma hipotética democracia direta, mas, sem dúvida, a implementação de formas paralelas, também representativas, porém de estilo diferente das que existiram até aqui, e que, *duplicando* as instituições existentes, poderiam reforçar o conjunto do sistema representativo e democrático. Os chamados orçamentos participativos são tentativas que vão nessa direção[45].

## EPÍLOGO

A lição geral a tirar da experiência do século xx não é a do fim do movimento socialista, mas a do fim de uma primeira vaga do movimento socialista, uma vaga que é, por assim dizer, um *faux départ* (falsa partida). É como se, nessa primeira vaga, o movimento socialista tivesse caído numa espécie de *hybris* que o levou a um resultado ainda mais negativo do que o do capitalismo (em todo caso, o do capitalismo democrático). Precisaríamos de uma filosofia da história que levasse em conta essa possibilidade, que é visível pelo menos desde o jacobinismo. E o jacobinismo, não por acaso, foi o grande modelo do bolchevismo, e indiretamente das outras revoluções "comunistas" (ou comunistas) do século xx[46].

45. Certa extrema esquerda gosta de insistir na "fragilidade" da democracia. Curiosamente, isto lhe serve de argumento para ver com bons olhos a liquidação da democracia... O exemplo – muitas vezes utilizado – da República de Weimar, que teria "levado" Hitler ao poder, é sofístico: se a democracia alemã de entre-guerras fracassou, isso se deveu também ao antiparlamentarismo militante da extrema esquerda (principalmente comunista, mas não só) que acabou facilitando o trabalho de sapa dos nazistas. A democracia é frágil, razão a mais para lutar pelo seu fortalecimento. Hoje, além dos regimes totalitários e populistas do Terceiro Mundo, e da deriva imperial do governo Bush, a democracia é ameaçada por dois tipos de forças: os grupos neofascistas, bastante fortes em alguns países da Europa, e o poder corruptor da mídia conservadora (não de toda mídia), que, como na Itália deseduca eleitores, corrompe eleitores e eleitos e desfigura o processo democrático.

46. Sobre as implicações mais gerais dessa perspectiva para uma filosofia da história, remeto à *Marx: Lógica e Política*: investigações para uma reconstituição da dialética, op. cit., t. III.

248 A ESQUERDA DIFÍCIL

Num plano mais imediatamente político, para o caso da Europa ocidental, que me interessa principalmente aqui, poderíamos dizer que há dois elementos a considerar. De um lado, as forças políticas organizadas em partidos, e aí os partidos socialdemocratas são o elemento importante, juntamente com os Verdes; os partidos restantes parecem destinados a ter um papel pequeno no futuro. O segundo elemento são os movimentos sociais. Entre estes, os de tipo altermundialista parecem ser os mais significativos. Diria que é na interseção desses dois vetores que se pode pensar numa política socialista para a Europa ocidental. Evidentemente, não tenho nenhuma receita mágica a propor. Mas de um modo geral, poderíamos dizer que importa trabalhar nesses dois planos, e de maneira simétrica: injetar democracia nos movimentos sociais em geral essencialmente "negativos" e sujeitos a tentações quase-totalitárias; e desenvolver um espírito radical democrático nos socialistas e verdes. Teórica, mas também praticamente, a grande dificuldade é distinguir o que deve de fato ser mudado no antigo modelo de *welfare state*, e o que representa uma aquisição essencial, obtida na luta sindical e política, e que a direita, em ofensiva, ameaça. Tudo isso mostra a dificuldade da situação atual, muito agravada por uma atmosfera dissolvente, alimentada pelo impacto de uma mídia majoritária – a minoritária sobrevive dificilmente – sensível à vulgaridade, à violência e ao niilismo, antivalores que a ideologia neodarwinista social do capitalismo *dernier cri* (última moda) (é o mínimo que se pode dizer) não ajuda a combater[47]. Mas não se deve supor que não haja saídas.

47. Um problema que não pode ser omitido, embora seja impossível discuti-lo suficientemente aqui, é o da delinqüência. O fenômeno não é novo em si mesmo, e foi objeto de interesse no interior da esquerda, no século XIX, mas hoje ele toma proporções que implicam uma nova qualidade. A esquerda discutia (e em parte ainda discute) para saber se, para transformar a forma social dominante, é justificável ou não transgredir as leis. Os que eram favoráveis ao não respeito das leis supunham que se tratava de uma transgressão a serviço do progresso. Ora, independentemente do problema de saber se essa tese se revelou verdadeira (isto é, se a transgressão revolucionária levou efetivamente ao progresso social), é preciso observar que sempre houve outro tipo de transgressão, a praticada pelos "delinqüentes". Ora, a delinqüência cresceu enormemente, tornou-se uma potência mundial sob a forma do comércio internacional da droga, mas ela se manifesta também, entre outros fenômenos, sob a forma do *casseur* (quebrador) que incendeia automóveis e ataca a sede de administrações. O fenômeno tem certamente a ver com o desenvolvimento das mídias (desde a televisão até o celular), com a mundialização, e com a formação de uma imensa população marginal, resultado do disfuncionamento da economia no plano nacional e internacional (miséria e abandono do Terceiro Mundo). As relações dos grupos delinqüentes com a política são muito ambíguas. Em muitos países (Rússia, Itália...) eles tiveram e continuam tendo uma relação estreita com parte da direita. Na Europa, os *casseurs* atacam os manifestantes de esquerda (mesmo se em certas ocasiões estes últimos, objetivamente, em parte pelo menos, expressaram o seu descontentamento por meio de ações das quais aqueles não estiveram inteiramente ausentes). Na América Latina, eles mantêm relações com movimentos guerrilheiros,

PARA UM BALANÇO CRÍTICO DAS REVOLUÇÕES 249

Da perspectiva deste texto, há razão para algum otimismo, mas um otimismo moderado. A possibilidade de catástrofe não está afastada. Primeiro, catástrofe de ordem ecológica[48]. A acrescentar, as catástrofes produzida pelos movimentos terroristas, também possíveis senão prováveis. Os dois riscos podem, de resto, se "cruzar"... Mas não é porque a catástrofe é possível, que o discurso radical-revolucionário se justifica. O nazismo não foi freado, mas se beneficiou desse tipo de discurso. Só uma retomada lúcida do projeto democrático-socialista (duplicado por uma consciência ecológica, ausente até os anos de 1970) pode contribuir para que o século XXI não nos presenteie com um quadro de tanto horror como o século XX, esse século em que Marx e Engels depositavam tantas esperanças. A lição da experiência do século XX é a de que, sem abandonar aquilo a que o marxismo serviu e ainda serve (essencialmente a visão crítica global em relação ao capitalismo), é preciso retomar a tradição do socialismo não-marxista no que ela teve de democrático, de não-comunista, ou de sensível aos problemas de natureza ecológica. Tudo isso se encontra, de forma mais ou menos difusa, em diferentes autores. Mesmo se as figuras representativas

dando origem a uma muito sinistra narco-esquerda. Digamos, para resumir, que o fenômeno põe à prova a política da esquerda, a qual tem de evitar os dois escolhos, o do angelismo, que se limita a propor a erradicação das causas da delinqüência (perspectiva em si mesma justificável, mas unilateral) e a da simples repressão, que fecha os olhos para as causas mais profundas do fenômeno e para a responsabilidade dos governos (de direita, e freqüentemente também de esquerda). Digamos que o fenômeno da grande delinqüência sobredetermina os dois objetivos da política da esquerda: por um lado, ela mostra a urgência de soluções sociais democrático-radicais (o que desmistifica toda política de contemporização do estilo da dos partidos de centro, mesmo se não corruptos ou bem-intencionados), por outro lado, mostra a importância do respeito à lei e da democracia em geral. Ao risco de uma *hybris* da violência revolucionária em violência despótica, se soma o risco da violência *tout court* ou da *hybris* nessa violência. Lei e democracia – se sabe – significam também garantias de segurança, aspecto essencial dos direitos individuais.

48. Como se sabe, a utilização de energia, a partir de matérias de origem fóssil que produzem aquecimento da temperatura média do planeta, já está tendo conseqüências muito graves para os habitantes de diversas regiões da Terra. Uma catástrofe ecológica de tipo crônico, se podemos dizer assim, se anuncia aí. A exploração da energia nuclear nos faz passar da ameaça de catástrofe crônica para a de catástrofe aguda. O aniversário do desastre Chernobil foi a ocasião para que se examinassem muitos documentos sobre o evento e se fizessem muitas reflexões sobre ele. Quando se descobre que uma porção da superfície da terra se tornou inabitável por... 24 mil anos, quando se sabe que a explosão de um segundo reator em Chernobil – o que foi um risco possível, embora não muito provável, logo após o acidente – teria poluído a Europa sabe-se lá por quanto tempo, quando se sabe que o número de mortos sobre o qual se mentiu à vontade (e a mentira não foi só dos russos) deve ser de mais de uma centena de milhares etc. – é-se às vezes tentado a pensar que todos os outros problemas são secundários em relação a este, e que é preciso, urgentemente, iniciar o desmantelamento das usinas nucleares, substituindo a energia de origem nuclear não pelas energias de origem fóssil, mas por energias alternativas. Sobre Tchernobyl, ver Galia Ackerman, *Tchernobyl*: retour sur un desastre, Paris: Buchet-Chastel, 2006, sobre a poluição multissecular, ver p. 93.

250 A ESQUERDA DIFÍCIL

desse socialismo não-marxista não foram sempre grandes figuras, ele é o repositório de idéias e projetos, a partir dos quais, *mutatis mutandis* é claro, será possível construir um projeto para o que representa uma segunda vaga. Teoricamente e de forma geral, o problema é o de uma refundação do projeto socialista, refundação que, entre outras coisas, passa necessariamente por uma reflexão sobre as relações entre socialismo e liberalismo, ou mais precisamente entre socialismo, *Aufklärung* e crítica da *Aufklärung*. [Num plano mais político e concreto. É preciso, de fato, recolher temas, teses, idéias, que se encontram em forma mais ou menos dispersa na tradição não-marxista: ecologia (começando por Fourier), antiestatismo (nos anarquistas sobretudo), busca de uma alternativa entre o jacobinismo e o capitalismo (Proudhon: "a terceira forma social"). Mas além disso, há, a meu ver, duas outras referências essenciais. De um lado, o socialismo nórdico, ao qual me referi mais de uma vez neste texto. A outra é a tradição de uma esquerda radical antibolchevique (o socialismo nórdico não vem daí). Penso na galáxia centrista ou radical "libertária" que se manifesta de diferentes maneiras por volta do início dos anos de 1920: luxemburguismo – antes disso, o jovem Trótski – Internacional duas e meia, socialistas-revolucionários de esquerda russos, menchevismo internacionalista etc. Claro que há aí movimentos de espírito diverso e cujos projetos é preciso considerar de forma crítica. Mas há alguma coisa comum em tudo isto, sobre o que importa refletir: a tradição, mesmo se a sua vida foi curta, de uma esquerda radical e antichauvinista, majoritariamente marxista, mas em parte não-marxista, que recusou o bolchevismo. A revolta de Cronstadt – acontecimento cuja importância se subestima – é sem dúvida a grande expressão desse tipo de atitude política no plano da história prática. O bolchevismo e depois o stalinismo enterraram esse passado multiforme por meio de fórmulas caluniosas e de falsificações históricas].

Concluindo. O "passado de uma ilusão" é o passado do comunismo não do socialismo, o passado de uma esquerda que se perdeu numa *hybris* jacobina [e muito pior do que jacobina], não o passado da esquerda em geral. É verdade que no interior dessa *hybris*, os povos tiveram experiências, muito deformadas embora, do que podem representar certas garantias sociais. Mas o preço foi demasiadamente alto. Aliás, a lei geral dos neodespotismos modernos – e mesmo no nível micropolítico, família, universidade – parece ser a de alienar a liberdade em troca de alguma proteção social. A passagem por esses regimes tem um duplo resultado: de um lado, os povos se vacinam contra o despotismo. De outro, eles têm uma experiência – trocada por liberdade – de certa segurança econômica, que entra em choque com as condições do capitalismo, mesmo democrático, que eles vêm a conhecer. Nesse sentido, mas só nesse sentido, a experiência dos neodespotismos igualitaristas não foi inteiramente inútil. O que não significa que eles se justifiquem historicamente. Mas a partir dela, e da experiência do capitalismo reinstalado, vai-se forjando um projeto anticapitalista, antiburocrático e ecológico, que pode servir de base para uma nova vaga.

# Notas Sobre os Artigos

1. TOTALITARISMO

O texto reproduz com algumas modificações conferências que pronunciei no Rio e em Curitiba, em setembro de 1999. Eliminei o subtítulo, não de minha responsabilidade, que apareceu no folheto de apresentação. As notas são de dezembro de 1999. Uma versão um pouco diferente foi publicada em Adauto Novaes (org.), *A Crise do Estado-Nação*, Rio de Janeiro: Civilização Brasileira, 2003. Agradeço a Adauto Novaes e à editora por terem autorizado a republicação do artigo

2. SOBRE A POLÍTICA DE MARX

Esse texto, escrito originalmente em francês, foi incluído em apêndice no meu livro *Le Capital et la Logique de Hegel*: dialectique marxienne, dialectique hégélienne, Paris: L'Harmattan, 1997. Em português, ele foi publicado pela revista *Dissenso*, Universidade de São Paulo, n. 2, primeiro semestre de 1999, numa tradução de Sílvio Rosa Filho. Retrabalhei bastante o texto original, principalmente sua parte intermediária, e a presente versão é bem diferente da que foi publicada. Lá onde o texto não foi modificado, a tradução utiliza elementos da versão de Silvio Rosa Filho, a quem agradeço, mas se serve também de uma outra, que eu mesmo havia feito. Dada a quan-

254 A ESQUERDA DIFÍCIL

tidade das modificações introduzidas, só as mais importantes foram assinaladas por colchetes.

## 3. ACERTOS E DIFICULDADES DO *MANIFESTO COMUNISTA*

Este texto foi publicado pela revista *Estudos Avançados*, publicada pelo Instituto de Estudos Avançados da Universidade de São Paulo, v. 12, n. 34, p. 104-117, set./dez. 1998. Introduzi algumas modificações ao texto original, e fiz alguns acréscimos assinalados em geral por colchetes.

## 4. TRÓTSKI, A DEMOCRACIA E O TOTALITARISMO

Esse texto foi publicado pela *Lua Nova*: revista de cultura e política. Centro de Estudos de Cultura Contemporânea, São Paulo, n. 62, 2004. Fiz pequenas alterações ao texto. Os posfácios são de 2005.

## 5. KAUTSKY E A CRÍTICA DO BOLCHEVISMO

Esse texto foi publicado em *Lua Nova*: revista de cultura e política. Centro de Estudos de Cultura Contemporânea, São Paulo, n. 53, 2001, sob o título (que é da redação da revista) "A Polêmica sobre o Poder Bolchevista". Redigido originalmente em francês, foi apresentado a um colóquio consagrado a Marx, realizado em Paris, no final dos anos de 1990.

## 6. O COMUNISMO DIFÍCIL

Esse texto foi publicado em versão ligeiramente reduzida, na *Folha de São Paulo*, 10 abr. 1999, Jornal de Resenhas, n. 49. Com agradecimentos a Andréa Fernandes, Sílvio Rosa Filho e Natália Maruyama, pela revisão.

## 7. O ZERO E O INFINITO

Parte desse texto, terminado em julho de 2004, foi publicado, pelo suplemento Mais!, na *Folha de São Paulo*, 1º ago. 2004, sob o título, que é da Redação, "A Zona Cega do Radicalismo".

NOTAS SOBRE OS ARTIGOS     255

## 8. A TEORIA DA REVOLUCÃO DO JOVEM MARX

O texto foi publicado no Jornal de Resenhas, suplemento de *Folha de São Paulo*, 11 maio 2002, sob o título, que é da Redação, "Gênese do Marxismo".

## 9. LÊNIN, OUTUBRO: O CHARME DISCRETO DA ORTODOXIA

Uma versão bastante reduzida desse texto foi publicada pelo suplemento Mais! na *Folha de São Paulo*, 1º maio 2005, sob o título, que é da Redação, "O Oráculo Falso do Guru".

## 10. STÁLIN: O DÉSPOTA E O BUROCRATA

Esse texto foi publicado sob o título "A Nova Face de Stálin", título que é da Redação, na *Folha de São Paulo*, 18 nov. 2004, Mais! Introduzi algumas modificações.

## 11. ADORNO OU LUKÁCS?

Esse texto foi publicado pela revista *Lua Nova*: revista de cultura e política, do Centro de Estudos de Cultura Contemporânea, São Paulo, n. 42, 1997. Uma versão reduzida foi publicada no Jornal de Resenhas da *Folha de São Paulo* (11/04/1997).

## 12. A EUROPA, O TRATADO E OS REFERENDOS

Uma versão bastante reduzida desse texto foi publicado sob o título "A Europa e os Referendos" na *Folha de São Paulo*, 5 jun. 2005.

## 13. CHINA, CAPITALISMO E REPRESSÃO: A PROPÓSITO DA VISITA DO PRESIDENTE DA REPÚBLICA À CHINA.

Esse artigo que se destinava a um jornal de São Paulo permaneceu inédito.

## 14. PARA UM BALANÇO CRÍTICO DAS REVOLUÇÕES

Há alguns anos, anunciei um balanço das revoluções no século xx (ver meu discurso "Universidade, Democracia, Sociedade Justa",

USP, pronunciado em agosto de 1998, e publicado em opúsculo em novembro de 2003), tema que foi se ampliando num balanço geral da política de esquerda no século xx. O projeto avançou lentamente, primeiro sob a forma de diferentes estudos, alguns dos quais se encontram nesse livro, e depois na forma de um texto sistemático, em preparação. Em agosto de 2004, por iniciativa do Centro Acadêmico XI de Agosto, fiz uma conferência na Faculdade de Direito do Largo São Francisco, sob o título e o subtítulo indicados (invertendo título e subtítulo...), e que além das revoluções, se ocupou também de alguns dos movimentos de reforma do sistema. Apresento aqui uma versão desenvolvida dessa conferência, de estilo pedagógico, eliminando certas passagens que coincidem mais ou menos com o que pode ser encontrado em outros textos desse volume. Nas notas introdutórias à conferência esclarecia que o termo "revolução" era utilizado de forma puramente descritiva: ele não pressupõe nada de mais preciso sobre o caráter dessas revoluções.

POLÍTICA NA PERSPECTIVA

*Peru: Da Oligarquia Econômica à Militar*
Arnaldo Pedroso D'horta (D029)
*Entre o Passado e o Futuro*
Hannah Arendt (D064)
*Crises da República*
Hannah Arendt (D085)
*O Sistema Político Brasileiro*
Celso Lafer (D118)
*Poder e Legitimidade*
José Eduardo Faria (D148)
*O Brasil e a Crise Mundial*
Celso Lafer (D188)
*Do Anti-Sionismo ao Anti-Semitismo*
Léon Poliakov (D208)
*Eu Não Disse?*
Mauro Chaves (D300)
*Sociedade, Mudança e Política*
Hélio Jaguaribe (E038)
*Desenvolvimento Político*
Hélio Jaguaribe (E039)

*Crises e Alternativas da América Latina*
Hélio Jaguaribe (E040)
*Os Direitos Humanos como Tema Global*
José Augusto Lindgren Alves (E144)
*Norbert Elias: A Política e a História*
Alain Garrigou e Bernard Lacroix (Org.) (E167)
*O Legado de Violações dos Direitos Humanos*
Luis Roniger e Mário Sznajder (E208)
*Os Direitos Humanos na Pós-modernidade*
José Augusto Lindgren Alves (E212)
*A Esquerda Difícil: Em Torno do Paradigma e do Destino das Revoluções do Século XX e Alguns Outros Temas*
Ruy Fausto (E239)
*A Identidade Internacional do Brasil e a Política Externa Brasileira*
Celso Lafer (LSC)
*Joaquim Nabuco*
Paula Beiguelman (LSC)

Impresso em São Paulo, em julho de 2007,
nas oficinas da Gráfica Palas Athena,
para a Editora Perspectiva S.A.